평가 문항 출제의 정석

영어과
선다형 시험 평가 문항
어떻게 만들어지나?

머리말

흔히들 "요람에서 무덤까지 우리는 평가를 받는다!"라고들 한다. 다시 말해, 우리는 태어나면서부터 죽을 때까지 매 생애주기마다 평가를 받는다는 것이다. 특히 영어 능력은 한국과 같은 EFL(English as a Foreign Language) 상황에서 입학, 유학, 취업, 승진 등과 같은 매 생애주기마다 '문지기(gatekeeper)' 역할을 한다. 한국 사회에서 개인의 생애 주기마다 영어 능력이 진정한 문지기 역할을 수행하기 위해서는 영어 능력 평가는 공정하고, 타당하고, 신뢰할 수 있어야 한다. 이에 이 책의 저자들은 공정하고, 타당하고, 신뢰할 수 있는 영어 능력 평가를 위한 일종의 지침과 안내를 독자(특히, 현직 교사 및 예비 교사)들에게 제공하기 위해 본서를 집필한다.

이 같은 목적을 위해 본서는 어떤 원칙에 따라 어떤 문항 유형을 어떻게 조합하여 영어 시험에 타당한 검사지를 구성할 것인가에 대해 '문항 유형 결정 원리'와 '검사지 구성 원칙'을 제안하였다. 또한 평가 도구를 개발하기 위한 일반적 절차와 방법을 제시하였다. 아울러 『2015 개정 영어과 교육과정』의 성취 기준에 따라 7개의 모듈을 구성하여 각 모듈별 문항 유형의 특성과 문항의 성립 요건을 제시하고, 이에 따른 실제 문항을 개발 구성하는 방법을 구체적으로 제시하여 독자의 이해도를 높이고자 하였다.

본서는 크게 이론편과 실전편으로 구성되어 있다. 이론편은 〈평가의 개요와 방법〉, 〈대학수학능력시험의 출제 과정〉, 〈영어영역 평가 목표 및 출제 지침〉으로 구성되어 있으며, 실전편은 〈중심 내용 파악〉, 〈세부 정보 파악〉, 〈맥락 파악 1〉, 〈맥락 파악 2〉, 〈언어 형식 · 어휘〉, 〈간접 쓰기〉, 〈장문의 이해〉로 구성되어 있다.

이론편에서는 〈평가의 개요와 방법〉을 통해, 영어 시험 문항 유형 결정 원리와 문항 구성 원칙을 이해함으로써 대규모 시험이나 학교 단위 영어 시험에서 검사지를 어떤 문항 유형으로 어떻게 구성할 것인가를 이해할 수 있을 것이다. 또한 〈대학수학능력시험의 출제 과정〉을 통해, 대규모 시험 출제 과정을 이해함으로써 학교 현장에서 시험 출제 과정의 바람직한 방향을 모색할 수 있을 것이다. 마지막으로 〈영어영역 평가 목표 및 출제 지침〉을 통해, 학교 단위에서 영어 시험의 출제와 검토의 세부적 사항을 이해할 수 있을 것이다.

실전편에서는 영어 시험의 각 모듈별(중심 내용 파악, 세부 정보 파악, 맥락 파악 1, 맥락 파악 2, 언어 형식ㆍ어휘, 간접 쓰기, 장문의 이해) 문항 유형에 따라 제시된 '출제 시 고려 사항'을 통해 문항 유형을 이해하고, 이에 따른 지문 선택 및 선택지 구성의 고려 사항을 이해할 수 있을 것이다. 또한 '기출 문항 분석'을 통해, 지문 및 선택지 구성의 적합성을 분석할 수 있는 능력을 신장할 수 있을 것이다. 마지막으로 '문항 출제 연습'을 통해 실제 문항 출제 능력을 강화함으로써 단위 학교 내에서의 각종 고사나 국가 규모의 다양한 시험 출제에도 충분히 대비할 수 있으리라 본다.

이 책이 진지하게 영어공부를 시작하는 수험생, 장차 영어교사가 되고자 준비하는 예비 교사, 현장에서 중간, 기말고사 등을 출제하는 현직 교사, 공ㆍ사립 영어 관련 교육기관, 다양한 평가나 출제 시스템에 관련된 출제 전문가들에게 큰 도움이 되길 바란다.

2021.11

대표저자 강문구

이론편

I 평가의 개요와 방법

1.1 영어 시험 문항 유형 결정과 문항 구성의 원칙   8

1.2 평가 도구의 일반적 개발 과정과 문항 제작 절차   13

1.3 선다형 문항 제작 원리   18

1.4 문항 분석   20

II 대학수학능력시험의 출제 과정

2.1 문항 개발 절차   23

2.2 출제 문항의 검토 과정   25

III 영어영역 평가 목표 및 출제 지침

3.1 대학수학능력시험 영어 영역 평가 목표   27

3.2 출제 지침   28

3.3 수능 영어 영역의 문항 제작   30

3.4 수능 영어 영역의 문항 검토 지침   44

실전편

IV 중심 내용 파악

Unit 1 요지 추론   50

Unit 2 주제 추론   59

Unit 3 제목 추론   69

V 세부 정보 파악

Unit 4 도표 자료 내용 일치 / 불일치   78

Unit 5 내용 일치 / 불일치   88

Unit 6 실용 자료 내용 일치 / 불일치   98

VI 맥락 파악 1

Unit 7 글의 목적 추론   110

Unit 8 심경 추론   118

Unit 9 분위기 추론   128

Unit 10 필자의 주장 추론   136

VII 맥락 파악 2

Unit 11 빈칸 추론 (1)   145

Unit 12 빈칸 추론 (2)   156

Unit 13 연결어 빈칸   166

Unit 14 함축 의미 추론   174

VIII 언어 형식·어휘

Unit 15 어법   182

Unit 16 어휘   189

Unit 17 지칭 추론   196

IX 간접 쓰기

Unit 18 무관한 문장 파악   203

Unit 19 글의 순서 파악   211

Unit 20 문장 삽입   219

Unit 21 요약문 완성   226

X 장문의 이해

Unit 22 1지문 2문항   234

Unit 23 1지문 3문항   242

• 실전편 해설   252

DRY

이론편

평가의 개요와 방법 / 대학수학능력시험의 출제 과정 / 영어영역 평가 목표 및 출제 지침

평가의 개요와 방법

본 장에서는 공정하고, 타당하고, 신뢰할 수 있는 영어 능력 평가의 일반적 원칙과
평가 도구의 일반적 개발 절차와 방법에 관한 지침을 제시한다.

1.1
영어 시험 문항 유형 결정과 문항 구성의 원칙

먼저 어떤 원칙에 따라 어떤 문항 유형을 어떻게 조합하여 영어 시험에 타당한 검사지를 구성할
것인가에 대한 질문에 가능한 답을 얻기 위한 이론적 틀로서 '문항 유형 결정 원리'와 '검사지 구성
원칙'을 제시하여 일선 단위 학교 및 국가 수준에서 이를 활용할 수 있게 한다(김용명, 2010a/b).

1.1.1
문항 유형 결정 원리

"어떤 문항이 좋은 문항인가?"에 대한 이론적 근거는 Bachman과 Palmer(1996)의 시험 유용성
(test usefulness) 모델에서 찾을 수 있다. 이들은 시험 자질(test qualities)을 통제하는 일종의 규
준으로 6개의 자질을 제안했지만, 이에 대한 이론적 논의는 자제하고, 수능 영어 시험 및 학교 현장의
영어 평가에서 활용할 수 있는 4요소, 즉, 연계성(connection), 실제성(authenticity), 상호작용성
(interactiveness), 환류 효과성(washback effectiveness)에 관해 구체적으로 논의하고자 한다(상세
한 논의는(김용명, 2010a, pp. 377-385) 참조).

연계성(Connection)이란? 영어과 교육과정(교육부 제2015-74호 [별책 14])의 성취기준과 실제 수업에
서의 수업 내용, 그리고 교수 내용에 대한 평가는 상호 연계되어야 한다는 원리를 말한다. 따라서 수능

영어 시험은 평가 목표, 평가 내용, 수준 및 평가 요소는 영어과 교육과정(교육부, 2015)의 교육 목표, 교육 내용, 성취 기준과 연계되어야 할 것이며, 일선 학교 현장에서는 중간, 기말 시험은 각 학년별, 영어 교과목별 성취 기준과 이에 따른 수업 내용과 평가 내용은 서로 연계되어야 할 것이다. 이런 점에서 연계성 원리는 시험의 출제 체제 구성에 논리적 타당성을 제공하며, 특히 시험의 출제 범위, 평가 내용, 평가 기준 설정에 논리적 근거를 제시해 준다.

실제성(Authenticity)이란? 시험 상황에서 시험 과업의 수행 결과(점수)를 실제 언어 사용 상황으로 일반화하는 것과 관련된 개념이다. 다시 말해, 시험 상황에서 문항 유형과 실제 언어 사용 상황에서의 수행할 언어 행위와 일치할수록, 시험 상황에서 시험 결과(수행력)와 실제 언어 사용 상황에서 실제 영어 사용 능력과 일치할 가능성은 높아질 것이다. 따라서 실제성 원리는 영어 시험의 평가 목표 이원분류표상의 내용 영역 및 행동 영역 체계의 주요 구성소를 설정하고, 이의 타당성을 검증하는 수단이 된다.

상호작용성(Interactiveness)이란? 시험 과업과 학습자(수험자)의 언어 능력이 상호작용하는 정도를 말한다. 구체적으로 말해, 가령, 교실 평가에서 짝을 이룬 두 명의 학습자에게 '물건 사기' 시험 과업을 제시하고, 이를 실제로 수행하게 한다면, 학습자는 이를 수행하기 위해 '물건 사기'의 경험에서 얻은 다양한 배경 지식을 활용하여 물건 사기에 어떤 언어 기능이 필요할 것인가, 또 이 기능을 어떤 언어 형식을 빌려 표현할 것인가, 또한 어떤 전략을 구사하여 물건 값을 협상할 것인가 등을 실시간 상으로 결정해야할 것이다. 이 경우, 주어진 과업은 상호작용성이 높다고 할 것이다. 그러나 물건 사기의 전형적인 대화 구조에서 특정 부분을 삭제한 대화문을 글로 제시하고, 생략된 부분을 채우게 하는 과업은 상호작용성의 정도가 낮다고 할 수 있다. 이런 점에서 상호작용성이 높을수록, 시험 과업의 수행력(점수)은 그 수험자(학습자)가 갖고 있는 실제적 언어 능력과 일치할 가능성이 높을 것이다. 따라서 상호작용성이 높은 문항일수록 언어 능력과 관계하는 정도가 높으므로 상호작용성 원리는 문항의 질적 통제 역할을 한다.

환류 효과성(Washback Effectiveness)이란? 시험의 수행 결과는 교육과정, 교수·학습 활동, 평가에 긍정적 영향을 주어야 한다는 원리로 교육과정, 교수·학습, 교육 평가 간의 괴리를 줄이고, 일체화에 기여한다.

1.1.2
문항 구성 원칙

"어떤 검사지가 주어진 상황에서 최상의 검사지인가?"에 대한 가능한 답으로 김용명(2010a, pp. 386-392)은 검사지 구성의 4원칙, 즉, 상보성(complementarity), 통합성(integration), 주축성(pivotality), 위계성(hierarchicality)을 제안한다.

상보성(Complementarity)이란?　상보성은 평가와 관련된 모든 요소, 모든 영역, 모든 내용은 서로 상보적 분포(complementary distribution)를 이루어야 하며, 동시에 각 요소의 하위 구성 요소들 간에도 서로 상보적 관계(complementary relationships)에 있어야 한다는 원칙이다. 이를 부연 설명하면, 검사지 A가 문항 유형 a에서 z로 구성 되어 있을 때, 평가하고자 하는 언어 능력의 구성소, 재고자 하는 내용 영역의 구성소, 측정하고자 하는 행동 영역의 구성소 각각에 대하여 상보적 분포를 이루고 있을 때, 상보성 원칙을 만족시킨다고 할 수 있다. 예를 들면, 내용 일치, 빈칸 추론, 목적 찾기 문항은 사실적 이해력, 추론적 이해력, 종합적 이해력을 각각 측정하고, 또한 각각 상향식, 상호작용식, 하향식 읽기 이해 능력을 평가한다는 점에서 상보적 분포를 이루고 있으므로 상보성 원칙을 만족시킨다고 할 수 있다. 반면, 주제, 제목, 요지 추론 문항은 모두 추론적 이해력을 측정하고 동시에 모두 하향식 읽기 능력을 평가한다는 점에서 동일한 능력을 측정하고 있으므로 상보성 원칙에 위배된다. 이런 점에서 상보성은 '필수 불가결한 문항을 필요 최소한'으로 검사지를 구성해야 한다는 원칙으로 이해할 수 있으며, 따라서 상보성 원칙은 검사지를 몇 문항으로 구성해야 하는가에 대한 논리적 타당성을 제공해 줄 수 있다.

통합성(Integration)이란?　언어 능력은 구분가능(divisible)하다는 전제에 따라 각 기능별 시험(듣기, 말하기, 읽기, 쓰기)은 해당 기능의 고유한 능력만을 측정해야 한다는 논리와 최근 교수 이론(Bachman과 Palmer, 1996; Brown, 2007; Ellis, 2003)과 영어과 교육과정(교육부, 2015)에서 강조되고 있는 4 기능의 통합 교수 원리를 토대로 구성한 개념이다. 따라서 통합성 원칙은 각 기능별 시험은 기능 독립형 문항으로 검사지를 구성하되, 기능 연계형 문항(듣기와 말하기 및 읽기와 쓰기를 연계)도 필요 최소한으로 문항에 포함되어야 한다는 원칙을 말한다.

주축성(Pivotality)이란?　하나의 바퀴가 주축과 살로 구성되어 수레를 굴리듯이, 하나의 검사지도 주축 문항(pivot items)과 주변 문항(peripheral items)으로 구성되어 시험으로서 기능을 한다. 주축 문항은 평균 정답률을 기준으로 정답률의 편차가 상대적으로 작으며, 문항의 복잡도(어휘적, 언어적, 개념적, 인지적 복잡도)가 높아지면, 이에 따라 난이도도 올라가는 경향을 보인다(문항의 복잡도와 난이도는 정비례 관계). 이런 경향성에서 주축 문항은 학습자의 언어 능력에 지배를 받는다는 것을 추론할 수 있으며, 시험의 항상성 유지와 동등화에 기여할 수 있다는 점을 예상할 수 있다. 반면 주변 문항은 정답률의 편차가 상대적으로 크고, 문항의 복잡도가 높아지면, 일정 수준까지 난이도가 올라가지만, 그 수준 이상에서 더 이상 난이도의 변화가 없는 시험 고원(testing plateau) 현상이 생겨나는 경향을 보인다. 이런 점에서 주변 문항은 언어 능력보다는 시험 요령, 학습자의 정의적 특성, 배경 지식 등의 지배를 받는다는 것을 추론할 수 있으며, 시험의 다양성에 기여할 수 있다는 점을 예측할 수 있다. 따라서 주축성 원칙은 주축 문항을 시험의 항상성과 동등성을 유지할 만큼 필요 최대한으로, 시험의 다양성을 해치지 않을 만큼 필요 최소한으로 검사지 구성에 포함해야 한다는 원칙을 말한다.

위계성(Hierarchicality)이란?　위계성은 Kim(2006, 2007)의 시험가능성(testability)에 근거한 개념으로

문항의 난이도 또는 복잡도와 수험자의 언어 수행력과 일치하는 정도로 정의할 수 있다. 예를 들어, '물건 사기' 시험 과업이 충분한 실제성과 상호작용성을 갖추고 있다 할지라도 수험자가 현재 이 과업을 수행할 만한 충분한 언어 수행력을 갖추지 못했을 경우, 즉, 수행가능성이 낮을 경우, 학습자들은 이 과업을 수행할 수 없을 것이며, 설사 수행한다 할지라도 단순한 단어의 나열 또는 비언어적 수단에 의존해 이를 수행할 것이다. 더구나 이와 같은 수행 결과를 토대로 학습자(수험자)의 언어 능력에 대한 타당성 있는 해석(추론 및 일반화)을 하기는 상당히 어려울 것이다. 이런 점에서 위계성은 시험 과업의 난이도 또는 복잡도(difficulty or complexity)와 수험자의 언어 수행력(language proficiency)과의 관계로 파악할 수 있다. 따라서 위계성(hierarchicality) 원칙은 검사지를 구성하고 있는 각 문항의 복잡도 또는 난이도는 각 수험자(또는 각 집단)의 수행 가능 단계와 일치할 수 있도록 위계화하여야 한다는 것을 의미한다.

이제 어떻게 문항의 복잡도 또는 난이도를 위계화(hierarchy of test tasks difficulties)할 수 있는지를 구체적으로 살펴보자. 수능 외국어(영어) 영역의 문항 분석(한국교육과정평가원, 2005~2010학년도) 결과에 따르면, 문항에 대한 수험자 (학습자)의 반응에 따라 다양한 문항 반응 곡선들이 나타날 수 있지만, 그림 1에서 보는 바와 같이, 문항 유형의 특성에 따라 이 다양한 곡선들을 다소 추상화하여 세 유형, 즉, L형, M형, H형으로 정형화할 수 있다(L형, M형, H형은 각각 low, mean, high의 첫 글자를 딴 것으로 하위 학습자, 중위 학습자, 상위 학습자를 더욱 잘 변별한다는 의미를 담고 있다).

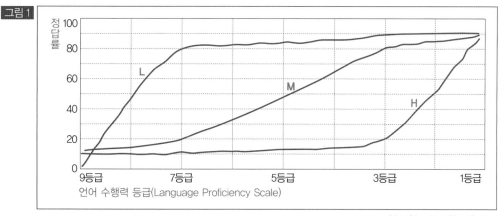

그림1

L형, M형, H형 문항 반응 곡선

L형 문항 반응 곡선은 하위 등급(예, 9, 8, 7등급)에서는 등급이 올라감에 따라 정답률이 올라가지만, 일정 등급(예, 7등급) 이상을 넘어서면 정답률(예, 80%대)이 고정되어 시험 고원을 형성하는 문항 유형을 말한다. L형 반응 곡선의 특성을 보이는 문항 유형에는 주제, 요지 등 대의 파악 유형이 여기에 속하며, 이 유형들은 하위 등급 간의 난이도 및 변별도 조정에 결정적 역할을 한다. M형의 문항 반응 곡선은 하위 등급(예, 7등급 이하)에서 정답률이 정체(예, 20%대)되어 시험 고원을 형성하지만, 일정 등급(예, 7등급)에 도달하면 등급이 올라감에 따라 정답률이 올라간 후, 다시 일정 등급(예, 3등급)을 넘어서면 정답률이 정체(예, 80%대)되어 또 하나의 시험 고원을 형성하는 유형을 말한다. M형 곡선의 특성을 보이

는 문항 유형에는 사실적 이해 및 간접 쓰기 등의 유형이 여기에 속하며, 이런 문항 유형들은 중위 등급 간의 난이도 및 변별도 조정에 결정적 역할을 한다. 마지막으로 H형의 문항 반응 곡선은 일정 등급(예, 3등급)까지는 정답률이 정체(예, 30%대)되어 시험 고원을 형성하지만, 일정 등급(예, 3등급)을 넘어서면 등급이 올라감에 따라 정답률이 민감하게 반응하는 유형을 말한다. H형의 문항 반응 곡선의 특성을 보이는 문항 유형에는 어법 문항과 빈칸 추론 등 상호작용 유형이 여기에 속하며, 이들 문항 유형은 상위 등급 간의 난이도 및 변별도 조정에 결정적 역할을 한다.

이상에서 논의한 문항 유형의 특성에 따른 문항 반응 곡선을 토대로, 그림 2와 같이, '문항 유형 난이도 위계화 좌표'를 구성할 수 있다. 이 좌표에서 x 축은 일종의 내포 척도 (implicational scaling)로 구성된 언어 수행력 등급(proficiency scale)을 나타내며, y 축은 문항 유형에 대한 학습자(수험자)의 언어 수행력에 따른 정답률(난이도)을 나타내며, 이 역시 정답률에 따른 내포 척도로 구성되어 있다고 전제한다.

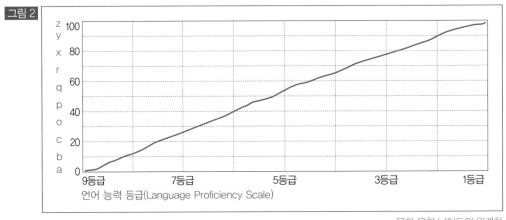

그림 2

문항 유형 난이도의 위계화

이제 그림 2의 문항 유형 난이도 위계화 좌표상의 문항 난이도 위계화 곡선을 이용하여 검사지를 구성하고 있는 각 문항 유형의 난이도를 위계화할 수 있다. 먼저 검사지에 포함될 각 개별 문항의 문항 반응 곡선 유형을 위계화 좌표상에 좌표로 나타낸다. 그런 다음 이를 문항 난이도 위계화 곡선을 따라 위계화한다. 이를 통해 각 문항 유형이 각 수험자(학습자)의 언어 수행력 단계(등급)와 일치하는지를 예측할 수 있을 뿐만 아니라 검사지의 총체적 난이도 및 변별도를 조정할 수 있다. 예를 들어, L형에 속하는 문항 유형(예, 대의 파악 유형)의 비율을 늘리면, 검사지 전체의 난도는 내려갈 것이며, 그 결과 하위 학습자(수험자)에 대한 변별력이 높아지는 경향을 보일 것이다. 역으로 H형에 속하는 문항 유형(빈칸추론, 어법)의 비율을 늘리면, 검사지 전체의 난도는 올라갈 것이며, 그 결과 상위 학습자(수험자)에 대한 변별력이 높아지는 경향을 보일 것이다. 따라서 한 검사지에서 L형, M형, H형의 구성 비율을 조정함으로써 검사지 전체의 적정 난이도와 변별도를 통제할 수 있고, 더 나아가 시험의 안정성과 항상성을 유지할 수 있을 뿐만 아니라 시험의 동등화에도 기여할 수 있다.

1.2
평가 도구의 일반적 개발 과정과 문항 제작 절차

본 절에서는 일반적인 평가 도구 개발 과정과 문항 제작 절차를 제시한다. 영어 능력 평가 도구 및 영어 문항도 이 같은 일반적 평가 도구 개발 과정과 절차를 따라서 개발되어야 한다.

1.2.1
일반 평가 도구의 개발 과정

평가 도구의 개발 과정은 평가하려는 목적의 명료화, 평가영역과 내용의 결정, 평가 도구의 제작, 평가 도구의 양호도 검증 등의 상호 관련된 절차들로 구성된다. 이러한 절차들은 상호 관련되어 있어 반드시 순서적으로 전개되는 것은 아니며, 각 단계 내에서 이루어져야 하는 의사결정과 활동에 의해 특징지어진다.

평가하려는 목적에 따라 평가 도구의 구체적인 모습이 달라지므로, 평가의 목적을 구체적으로 확인하고 그러한 목적에 비추어 평가 도구를 선택 또는 개발하는 준거를 명료화해야 한다. 가령 교사는 자신의 수업에 대한 피드백을 얻기 위한 목적으로 평가를 실시할 수도 있고 학생의 내신등급을 결정하기 위해 평가를 실시할 수도 있다. 그러나 수업 개선의 목적으로 한 평가인가 또는 내신등급 부여를 위한 평가인가에 따라 평가 도구의 유형, 평가 도구의 난이도 수준 등이 달라진다. 평가의 목적에 따라 평가의 전반적인 모습이 달라지므로 평가 도구 개발에 앞서 평가하는 목적을 구체적으로 확인할 필요가 있다.

평가하려는 목적을 확인하고, 평가영역과 내용을 선정한 후에는 평가정보 수집을 위해 어떤 평가 도구를 이용할 것인가를 결정해야 한다. 평가하려는 내용을 가장 잘 드러내고 변별해 낼 수 있는 평가 도구를 선택하는 일이 무엇보다 중요하다. 또한 평가 도구의 선택에 대한 타당한 이유를 확보하고 있어야 한다. 예컨대 학생의 글쓰기 능력을 평가하기 위해 논술형 문항으로 구성된 평가 도구를 사용하는 경우 그 이유가 무엇인지를 명확하게 밝힐 수 있어야 한다.

평가 도구의 유형이 결정되면 구체적으로 평가에 사용하게 될 평가 도구를 개발하거나 기존에 개발된 검사 중에서 선택하는 작업을 하게 된다. 이때 선택형과 서답형 평가 도구의 개발에 필요한 원리와 절차를 이해하고 적용할 수 있어야 하며 수행평가를 활용할 경우에는 수행평가 과제와 채점기준의 개발 원리와 절차를 이해하고 적용할 수 있어야 한다. 교사는 평가 도구를 직접 개발하여 사용할 수도 있고 표준화 검사와 같이 이미 개발된 검사 도구를 사용할 수도 있지만, 평가 도구의 유형에 따른 개발 원리와 절차를 이해하고 적용할 수 있는 능력은 필수적이라 하겠다.

직접 평가 도구를 개발하여 사용하고자 할 경우, 평가 도구의 개발과정과 유형별 평가 도구의 특징과장·단점을 잘 이해하고 평가 대상에 적합하고 양호한 평가 도구를 개발하기 위해 노력해야 한다. 타당도, 신뢰도와 같은 평가 도구의 기술적 기준과 문항난이도, 변별도와 같은 평가 문항의 양호도 개념을 명확하게 이해하고 평가 도구의 질을 스스로 점검하고 개선할 수 있어야 한다. 또한, 평가 도구를 직접 개발하지 않고 기존에 개발된 평가 도구를 활용하고자 하는 경우에도 그 평가 도구가 검사목적에 비추어 타당하고 결과의 신뢰성을 확보할 수 있는지를 점검하는 것이 필요하다.

학교 현장에서의 평가가 어떠한 기능을 수행하든 '좋은 평가'가 되기 위한 조건으로 여러 가지를 들 수 있으나, 양질의 평가 도구 사용이 관건이 된다. 더 나아가 양질의 평가 도구가 되기 위해서는 무엇보다 문항의 질이 담보가 되어야 한다. 문항은 모든 평가 도구의 최소 단위라 할 수 있다. 학교에서 일반적으로 실시되는 지필 시험이나 대규모 학업성취도 평가의 개별 단위는 문항이다. 또한 논술이나 면접에서 사용되는 질문도 문항이며, 학교생활기록부 평가나 포트폴리오 평가에서 사용하는 평가 관점이나 항목 또한 하나의 문항이다. 따라서 평가 전체의 양호도를 확보하기 위해서는 먼저 평가 문항의 질이 전제되어야 한다. 즉, 평가 도구를 구성하는 개별 문항이 양질의 문항이어야 '좋은 평가'가 이루어질 수 있다.

1.2.2
평가 문항의 일반적 제작 절차

평가 도구의 구성 단위인 평가 문항을 제작함에 있어서 평가의 목적, 내용 등에 따라 제작 절차가 다소 상이할 수 있지만, 일반적으로 다음과 같은 절차를 거친다.

• **과목별 교사 협의회를 통하여 출제 계획서를 작성한다.**

출제 영역(내용 및 행동 영역), 문항 유형, 문항 수, 배점 등을 설정하고, 출제 이원분류표를 작성한다.

[표 1] 이원분류표의 예

[예시 1]

내용소 ＼ 행동소	지 식	이 해	적 용	분 석	종 합	평 가	합계
○○○○							
△△△△							
⋮							
합계							총 문항

[예시 2]

문항번호	내용영역 (단원명)	행동 영역			
		지식이해	의사소통	문제해결	…
1	○○○○	◎			
2	△△△△			◎	
3	○○○○		◎		
⋮	⋮				
합계 (문항 수)					

• **출제할 내용 및 행동 영역에 비추어 평가 목표를 상세화한다.**

이원분류표에 근거하여 평가를 통해 측정하고자 하는 능력 및 내용을 행동적 목표 진술 방식에 따라 상세하고 명료하게 진술한다. 즉, 이 단계에서는 출제하고자 하는 각 문항의 측정 내용과 행동을 재확인하고 구체화하는 일을 한다.

• **평가 목표에 부합하는 문제 상황을 결정하고, 문항의 체계 및 발문을 구상한 후 문항 초안을 제작한다.**

각종 기법을 최대한 활용하고 창의적인 아이디어를 최대한 발휘하여 평가 목표에 따라 구체적인 문항을 작성하는 단계로, 문항 제작상의 유의점을 고려하면서 문항을 제작한다. 특히, 서술형·논술형 문항의 경우에는 채점 기준표와 모범 답안(유사 답안 포함)을 함께 제작해야 한다. 그리고 초안을 완성한 뒤에는 문항 카드에 기록한다.

• **문항을 검토하고 수정한다.**

출제자의 관점에서보다도 학생의 입장에서 검토하는 자세가 필요하다. 특히, 학생이 질문을 이해하여 출제자가 의도하는 방향으로 응답할 수 있는지, 채점 기준이 명료한지, 소요 시간이 적정한지 등을 중점 검토한다. 그리고 동교과 혹은 동학년 교사들끼리 검토팀을 구성하여 공동으로 검토하는 작업도 매우 유용할 것이며, 문항 검토 항목 등을 체크리스트 형태로 만들어 사용하는 것도 권장할 만하다.

• **최종 문항을 확정하여 편집·인쇄한다.**

검사 문항의 수정·보완 작업을 마친 후에는 문항 편집 지침에 따라 최종 문항과 검사를 편집하고 인쇄한다. 문항 내용과 관련 정보를 아래와 같은 양식의 문항 카드에 기록하여 관리하는 것이 바람직하다.

문 항 카 드

교과명			학교급 학년			제작 일자	
						년 월 일	
문항특성	문항 유형		내용 영역		행동 영역	예상 정답률	
문항내용							
정답 (예시 답안)							
채점 기준						※ 서답형 문항에만 해당됨	
특이 사항							

[예시 1: 선택형 문항 카드]

시험명 : ○○년도 ○학기 ○○고사

문 항 카 드

문항번호

과 목 명		제작일		년 월 일	소재	교과서 내( )
						교과서 외( )
출제 영역	내 용 영 역			행 동 영 역		
평가 목표			난이도 (예상 정답률)		%	정답

〈문항내용〉

※ 지시문과 답지 등 문항의 내용을 기입 ⇒ 별지 사용 가능

〈풀이〉

출제 근거	도서명	저자	발행처	발행연도	쪽수

문항 분석	응시 인원	난이도 (실제 정답률)	변별도	답지반응률(%)					
				①	②	③	④	④	기타
	명	%							
특이사항 및 총평									

[예시 2: 서답형 문항 카드]

출제 문항 카드

과목명 : (　　　　)　　　　　　　　　　　　　　　　　　출제자 : _____ ㊞

문항 번호. _____

출제 영역		행동 영역	평가 목표			배점	난이도	예상 소요시간
대영역	소영역							

문항 내용

모범 답안(예시)

채점 기준

특이사항 및 총평

1.2.3
평가 문항 제작자의 조건

　　좋은 문항 제작자가 되기 위해 구비해야 할 조건과 이를 갖추기 위해 학교 상황에서 교사가 수행해 볼 만한 활동을 제시하면 다음과 같다.

• **교육 목표, 교과 내용, 교과 과정에 대한 충분한 이해가 있어야 한다.**
　- 교과의 교육목표와 내용, 그리고 교수 및 학습 원리 등이 무엇이며 어떻게 연계되어 있는지, 교과서는 이를 어떻게 반영하고 있는지 등을 분석해본다.
　- 교과 내용(사실이나 원리, 개념 등)이 학교급 간, 학년 간, 교과목 내 단원 간 혹은 교과목 간에 어떤 체계를 이루고 있는지, 어떤 관련성을 가지고 있는지 등을 분석해본다.
　- 교과의 학습 과정에서 자주 나타나는 오류나 오개념 등이 무엇인지를 정리해본다.

• **교수 · 학습이론과 인지심리학에 대한 이해가 필요하다.**

• **수험자 집단의 특성을 잘 알고 있어야 한다.**
　- 학생의 인지 및 학습 발달 수준을 파악한다.
　- 다른 지역, 다른 학교와 차별되는 지역, 학교, 학생의 특성을 파악해본다.
　- 학생의 어휘 수준이나 그들이 주로 사용하는 어휘들을 파악한다.
　- 학생들이 문항을 충분히 맞출 수 있음에도 불구하고 어떤 특정 어휘 때문에 문항을 틀렸던 경험 사례를 조사하여 정리해본다.
　- 학생들이 매우 어려워하거나 쉬워하는 문항들의 특성을 파악한다.

- 문항제작에 대한 기본 원리와 검사 이론을 숙지하여야 한다.
  - 문항 제작 관련 지식과 기능을 숙지하고, 이를 적용해본다.
  - 문항을 제작 · 활용할 때, 학교 차원 혹은 교사 개인 차원에서 나름대로의 제작 절차를 수립하고 이를 실천해본다.
  - 검사 이론을 숙지하고, 그에 따라 검사 결과를 분석해본다.
  - 검사 후 문항 난이도, 변별도, 답지매력도, 타당도, 신뢰도를 산출하고 평가해본다.
- 명료한 언어구사력과 문장력이 필요하다.
  - 자신의 생각을 글로 표현하는 습관을 들인다.
  - 문항에 대한 아이디어가 떠오르면 즉시 이를 메모하고, 시간적 여유가 있을 때 질문과 답지로 전환하는 연습을 한다.
  - 자신이 작성한 글이나 문항을 다른 동료 교사, 특히 국어 교사에게 검토 받는 과정을 거친다.
  - 다른 사람이 작성한 문항을 검토하면서 표현이 부적절한 것을 찾아본다.
- 문항제작/검토의 경험이 풍부해야 한다.
  - 문항을 제작하고 검토하는 시간을 정기적으로 할애하고 이를 실천해본다.
  - 동료 교사와 평가 도구 제작 및 검토 협의회를 구성 · 운영해본다.
  - 지역이나 국가 차원의 출제 업무에 능동적으로 참여해본다.
- 다양한 의견을 수용할 수 있는 자세를 가져야 한다.
- 성별, 인종, 직업, 사회 계층 등에 관한 편견이 없어야 한다.

1.3
선다형 문항 제작 원리

선다형 문항은 선택형 문항 유형 중 가장 많이 쓰이는 문항으로 두 개 이상의 답지가 부여되어 그 중 맞는 답지나 혹은 가장 알맞은 답지를 선택하는 문항이다. 선다형 문항은 답지를 어떻게 제작하느냐에 따라 문항 난이도가 변화되는 특징을 지니고 있다.

- 문항은 중요한 학습 내용을 포함하여야 한다.
- 문항마다 질문의 내용이 하나의 사실을 묻도록 단순, 명쾌하게 구조화되어야 한다. 가능한 한 전문적인 용어를 사용하지 않도록 하고 복잡한 어구의 배열을 피해야 한다. 특히, 종속절이나 조건이 많은 복

합문, 긴 문장은 사용하지 않는 것이 좋다.

- 정의나 개념을 묻는 질문에서 정의나 개념을 질문하고 답지에 설명을 나열한다. 용어나 술어의 정의는 대부분 그 용어와 가까운 단어를 사용하여 진술되는 경우가 많기 때문에, 그 정의를 문제의 문두에 놓게 되면 '정답의 단서'를 줄 가능성이 커진다. 그리고 용어의 정의나 개념을 질문에 서술하고 답지에서 용어를 선택하게 하는 경우에는 학생이 복잡한 용어를 정확히 이해하고 있는 정도를 측정할 수 없다. 따라서 용어를 질문에 설명하고 그 용어에 대한 정의나 개념을 답지에 열거하여 가장 옳은 답지를 선택하게 하는 것이 고등정신능력을 측정하는 데 바람직하다.

- 문항이나 답지의 서술이 간단하고 명확한 단어로 서술되어야 한다.

- 문항의 질문 형태가 가능하면 긍정문이어야 한다.

- 문항의 질문 내용 중 답을 암시하는 내용이 포함되어 있지 않아야 한다.

- 그럴듯하고 매력적인 틀린 답지를 만들어야 한다.

- 답지들 중 정답이 두 개 이상일 경우 최선의 답을 선택하게 환기시켜야 한다.

- 답지 안에 옳은 답지를 선택하거나 틀린 답지를 제거시킬 수 있는 단서를 제공하지 말아야 한다.

- 답지만을 분석하여 문항의 답을 찾게 하지 말아야 한다.

- 가능하면 답지를 짧게 하는 것이 바람직하다.

- 문항의 답지들의 내용이 상호 독립적이어야 한다.

- 각 답지에 똑같은 단어들이 반복되는 것을 피한다.

- 답지들의 형태를 유사하게 하여야 한다.

- 유사한 답지끼리 인근 답지가 되게 하여야 한다. 답지 내용의 유사성이 있다면 유사한 내용의 답지들이 인접하게 배열한다. 그림으로 제시된 답지의 경우도 유사한 그림을 인접하게 배열한다.

- 답지 사이에 중복을 피해야 한다.

- 답지의 길이를 가능하면 비슷하게 하고, 다소 상이할 때는 짧은 길이의 답지부터 배열하는 것이 타당하다.

- 답지들이 숫자나 연도로 서술될 때, 일반적으로 작은 수부터 큰 수로 배열한다. 또한 답지들이 간단한 하나의 단어로 표기될 때 가나다 순 혹은 abc 순으로 나열한다.

- 답지에 어떤 논리적 순서가 있다면 논리적 순서에 따라 배열한다.

- 답지 중 '모든 것이 정답' 혹은 '정답 없음' 이란 답지를 사용하지 말아야 한다.

- 질문에 그림이나 도표 등을 포함할 경우 그림, 도표, 질문 그리고 답지가 모두 동일 쪽에 인쇄되도록 한다.

- 정답의 번호가 일정 형태를 유지하지 않는 무선순에 의하도록 한다.

- 정답의 번호가 일정 번호에 치우치는 것을 삼가야 한다.

1.4
문항 분석

검사의 질은 그 검사를 구성하는 개별 문항들의 질에 달려 있다. 그렇다면 '좋은 문항'이란 무엇인가? '좋은 문항'이 갖추어야 할 속성은 검사의 목적에 따라 다를 수 있다. 개인 간 차이 변별이나 선발을 목적으로 하는 경우, 문항의 내용, 소재, 형식 등의 적절성 뿐 아니라 문항의 난이도, 변별도 등이 문항의 좋고 나쁨을 판단하는 중요한 기준이 된다.

문항의 질에 대한 평가는 크게 두 가지 방법으로 나뉜다. 하나는 질적 평가이며 다른 하나는 양적 평가이다. 문항에 대한 질적 평가는 문항이 측정의 목적에 부합되게 제작되었는지를 점검하는 방법으로 내용 전문가의 주관적 판단에 의존하는 것이다. 또한 문항이 문항 유형의 특성과 제작 원리에 따라서 제작되었으며 문항 편집 지침에 근거하고 있는지도 평가된다. 문항에 대한 양적 평가는 피험자의 응답 결과를 검사 이론에 입각하여 문항난이도, 문항변별도, 문항추측도, 답지의 매력도 등을 분석하는 것이다.

1.4.1
질적 문항 분석

문항의 내용과 형식에 대한 분석을 통해 질적 평가를 할 수 있다. 내용 분석을 위해서는 문항 제작 이전에 작성한 이원분류표와 문항의 내용이 일치하는가를 검토하여야 한다. 이는 내용타당도를 확인하는 과정이기도 하다. 이어서 각 문항이 유형별 제작 원리에 따라 제작되었는지를 점검하여야 한다.

문항의 내용 및 형식에 대한 분석은 주관적일 수 있다. 그러나 보다 객관적인 방법을 통하여 체계적으로 문항을 분석하기 위하여 점검표를 사용할 수 있다. 아래 문항 내용 점검표는 문항의 내용상 측정 영역과 일정한 관계를 지니고 있으므로 측정 교과목에 따라서 다양한 점검 내용이 수록될 수 있다. 그 뒤에 이어지는 문항 형식 점검표의 문항 내용에 수록된 점검 내용은 문항 제작 방법 중에 중요한 내용들이 될 수 있고, 문항 유형에 따라 각기 다른 점검내용을 포함할 수도 있다.

[문항 내용 점검표의 예]

문항 내용 점검표

문항 번호:

평가자:

평가 일자: 2021년   월   일

1. 문항 내용에 대한 평가

평가 내용	예	아니요
1) 출제 의도에의 부합성		
① 측정하고자 하는 능력을 평가하는가?		
② 문항이 묻고자 하는 요점이나 지시문이 명료한가?		
③ 출제 범위를 벗어났는가?		
④ 학생들의 발달 및 능력 수준에 부합하는가?		
2) 문항의 교육적 기능 및 공정성		
⑤ 문항의 내용이 지나치게 특수하거나 세부적인가?		
⑥ 너무 지엽적이고 단편적인 지식을 측정하고 있는가?		
⑦ 문항(특히 지문)의 내용이 비교육적이거나 반사회적인가?		
⑧ 지역이나, 성별, 취미, 기호 등에 따라 특별히 유리/불리한 내용이 있는가?		
3) 문두와 답지		
⑨ 정답 시비가 야기되지 않도록 필요한 조건이 모두 포함되어 있는가?		
⑩ 정답에 대한 단서가 제시되어 있는가?		
⑪ 답지들은 모두 물음(문두)의 내용과 직접적으로 관련이 있는 것들인가?		

2. 특기사항 및 수정내용

문항 형식 점검표

문항 번호:

평가자:

평가 일자: 2021년   월   일

평가 내용	예	아니요
① 부정문을 사용하였는가?		
①-1. 사용하였다면 밑줄이 그어졌는가?		
② 문두의 내용이나 답지들이 간단한 단어와 단문으로 구성되어 있는가?		
③ 답지의 수가 4개 혹은 5개인가?		
④ 답지들의 문법적 구조가 동일한가?		
⑤ 답지들에 공통되는 단어, 구, 절들이 반복하여 포함되어 있는가?		
⑥ 답지들의 길이가 유사한가?		
⑥-1. 만약 그렇지 않다면 답지 길이 순으로 배열되었는가?		
⑦ 답지들이 연도나 수를 나타낼 때 작은 수부터 큰 수로 배열되었는가?		
⑧ '모든 것이 정답'이거나 '정답 없음'의 보기를 사용하였는가?		
⑨ 문항과 답지의 서술, 표현 형식이 문항 편집 지침에 부합하는가?		

1. 문항 형식에 대한 평가

2. 문항에 대한 총평:
　　(   ) 사용가
　　(   ) 수정 후 사용가
　　(   ) 사용 불가
3. 특기 사항 및 수정 내용

1.4.2
양적 문항분석

　　문항제작원리에 의하여 제작된 문항들이 양질의 문항인지를 평가하기 위하여 피험자가 응답한 자료를 분석하는 방법론으로 고전검사이론과 문항반응이론이 있다.

대학수학능력시험의
출제 과정

본 장에서는 국가 수준의 대학수학능력시험의 출제 과정을 추정하여 제시한다.
이와 같은 대학수학능력시험의 출제 과정을 일선 단위 학교의 중간 또는 기말 시험의 출제 과정에 유추 적용하여
혹시라도 발생할 수 있는 학교 단위의 출제 오류를 방지하고, 보다 공정한 평가 도구를 개발할 수 있을 것이다.

2.1
문항 개발 절차

좋은 문항을 개발하기 위해서는 좋은 출제 위원 및 검토 위원을 섭외하고, 문항 개발을 위한 계획을 체계적으로 세워 출제하는 것이 요구된다. 출제 계획 수립에서는 출제 목적(의도), 시험 시간, 문항 유형, 문항 수, 문항의 난이도 수준 등이 고려된다.

2.1.1
출제 위원 워크숍

워크숍은 전체 워크숍과 영역별 워크숍으로 이루어진다. 전체 워크숍에서는 전반적인 시험의 출제 방향과 목표 난이도, 이전 시험의 표준점수, 등급, 백분위 분포와 변화 경향, 출제 본부 구성 및 출제 절차 등에 대해서 안내하고, 영역별 워크숍에서 영역/과목별 출제 방향과 출제 원칙, 문항 개발 및 수정, 난이도 예측 연습, 출제 계획 수립 등을 시행한다.

1. 출제 목적(의도) 설정 및 이해

시험 출제가 성공적이기 위해서는 출제진 모두가 출제 목적과 의도를 이해하고 출제에 임해야 한다. 출제하려는 시험의 목적에 따라 출제 방향과 문항의 내용 수준이 달라진다. 입학 시험인가 아니면 전국

23

수준의 학업성취도평가를 위한 시험인가에 따라 출제 방향이 달라진다. 대학수학능력시험이나 고입선발 시험과 같은 입시전형자료로 사용되는 시험은 규준 지향 검사로서 피험자간의 상대적인 능력의 차를 나타내도록 측정하는 것이 중요하다. 따라서 문항의 변별도가 중요시되기 때문에 쉬운 문항에서 어려운 문항까지의 난이도 분포를 갖도록 출제된다. 반면에 전국학업성취도 평가 같은 경우는 일정 기간의 교육 후에 의도하는 교육 목표에 학생이 도달하였는지 여부를 판정하는 것이기 때문에 시험 문항이 의도한 교육 목표의 성취 여부를 제대로 평가하는지를 판단하는 문항의 타당도가 중요시된다. 따라서 일부러 난이도를 어렵게 하거나 쉽게 할 필요가 없는 것이다.

2. 출제 방향 설정

출제 목적이 설정되면 그러한 목적 달성을 위한 출제 방향을 정하게 된다. 출제 방향 설정 단계에서 합의되어야 할 중요한 내용 중에는 다음 사항이 포함된다.

- 목표 난이도 설정: 전체 및/또는 영역별
- 영역별 시험 시간 및 문항 수
- 차등 배점 여부
- 통합 문제 출제 여부 및 출제 방법
- 기타 특히 강조해야 할 사항: 예를 들면 학교 교육의 정상화와 관련지어 과학탐구의 경우 실제 실험 수행을 유도하기 위해 이에 관한 문항 출제를 강조한다든지, 문항 변별도 제고를 위해서 상위 50% 학생의 정답률별 문항 출제 계획 등에 관한 내용 등

3. 출제 계획표(평가 목표 이원분류표) 작성

이상에서 시험의 목적, 시험 시간, 영역별 문항 수 등이 결정되면, 구체적으로 내용 요소별 및 행동 요소별 출제 문항 수를 안배해야 한다. 이를 위해서는 출제 계획표(평가 목표 이원 분류표)가 필요하다. 이원분류표는 내용과 행동의 이차원으로 된 표로서 일반적으로 내용 요소를 세로축에, 행동 요소를 가로축에 표시한다.

이원분류표 작성 없이 문항을 출제하면 출제하기 쉬운 내용이나 행동 영역에 치우쳐 문항이 개발될 가능성이 높다. 이 출제 계획표는 실제로 문항을 개발하는 과정에서 대부분 부분적으로 수정된다.

이원분류표 작성이 끝나면 목표 난이도 달성을 위해서 대략적으로 난이도별 문항 수를 정하게 된다. 이때에는 아주 어려운 문항(정답률 20% 미만), 어려운 문항(20~39%), 보통(40~59%), 쉬운 문항(60~79%) 아주 쉬운 문항(80% 이상)의 5단계로 구분하거나 상, 중, 하의 3단계로 구분하여 각 단계별 문항 수를 정할 수도 있다.

4. 출제자별 출제 문항 분담

이원분류표가 작성되면 출제자별로 출제 문항을 배당하게 되는데, 이원분류표의 각 셀별로 하나의 문항을 개발하게 된다. 이때에는 각 출제자가 개발할 문항에서 난이도 별 문항 수를 지정하게 된다.

2.1.2
문항 초안 개발

출제 계획에 따라 출제 위원별로 문항 초안을 개발하고, 영역/과목별 출제 위원이 모여 검토 수정 작업을 수행한다. 탐구영역이나 제2외국어/한문 영역에서는 전공 과목별 검토, 유사 전공별 검토, 영역내 전체 검토 및 수정 작업을 진행한다.

> **예** 과학탐구의 경우: 전공별(물리학, 화학, 생명과학, 지구과학) 검토→ 물리학 및 지구과학, 화학 및 생명과학 공동 검토 → 과학 전체(물, 화, 생, 지 공동) 검토

2.2
출제 문항의 검토 과정

2.2.1
검토 대상

수험생과 같은 조건에서 시험을 보면서, 다음 사항에 대해서 검토한다.

- 교육과정 부합성: 범위와 수준
- 난이도
- 문항 및 정답 오류 여부
- 문항 편파성
- 기출 문항 여부
- 문제 풀이 소요 시간 등

영역/전공별 검토 위원들은 개별 검토 후 함께 모여 검토 의견을 조율하여 검토 의견을 평가 위원을 통하여 출제 위원에게 전달한다.

2.2.2
검토결과 반영 수정 및 기출 문항 검색

출제 위원은 자체 검토 및 검토 위원의 검토 의견을 수렴하여 문항을 교체, 수정 보완하는 작업을 계속하고, 교체 또는 수정된 문항을 검토 위원에게 보내어 문항의 완성도를 높이는 작업을 한다. 그리고 문항을 문제지 양식에 맞게 편집하여 수정 검토본을 제작한다.

2.2.3

영역간 교차 검토

시험 문항 출제에서는 제한된 여건 때문에 특정 영역/과목에 필요한 모든 분야의 전공자를 출제 위원으로 섭외하기가 어렵다. 또한 경우에 따라서는 관련 영역/과목간 문항 중복의 가능성도 있다.

2.2.4

문항 검토 수정 및 윤문 실시

교차 검토 결과를 반영하여 문항을 수정하고, 이 단계에서는 어느 정도 문항이 정착되었으므로 문제지에 대한 윤문을 시작하게 된다.

2.2.5

전체 종합 검토 실시

교차 검토 결과 교체되거나 대폭 수정된 문항, 사회적, 정치적 쟁점 여지가 있는 문항 등을 중심으로 전체 출제, 검토 위원이 모여 검토를 실시한다. (전문성이 높은 영역 제외).

2.2.6

문항 최종 검토 및 확정

전체 종합 검토 및 자체 검토 결과를 반영하여 문항을 최종 수정하고 확정한다.

이상에서 살펴본 국가 수준의 대학수학능력시험의 출제 과정을 물론 일선 중·고등학교 중간 또는 기말 시험의 출제 과정에 그대로 적용할 수는 없을 것이다. 가령, 검토 위원을 교외에서 따로 섭외할 수는 없지만, 학년별 출제 위원과 검토 위원을 상호 교차할 수 있을 것이다. 구체적으로 말해, 1학년 영어 담당 교사들이 1학년 기말 영어 시험을 출제하고, 2학년 영어 담당 교사들이 2학년 기말 영어 시험을 출제한다면, 이를 교차하여 1학년 영어 담당 교사들이 2학년 기말 영어 시험을 검토하고, 2학년 영어 담당 교사들이 1학년 기말 영어 시험을 검토하는 것이다. 이런 식으로 대학수학능력시험의 출제 과정을 일선 단위학교에 적용하는 방안을 모색할 수 있을 것이다. 이를 통해 일선 학교 현장의 중간·기말 시험에서 생겨날 수 있는 오류를 방지하고, 보다 신뢰할 수 있는 평가 도구와 문항을 개발할 수 있을 것이다.

영어영역 평가 목표 및 출제 지침[1)]

본 장에서는 대학수학능력 영어 영역의 평가 목표 및 유형별 출제 지침을 제시한다.
일선 단위학교에서도 이를 참고하여 중간/기말 영어 시험의 출제에 적용할 수 있을 것이다.

3.1
대학수학능력시험 영어 영역 평가 목표

3.1.1
평가 성격

• 영어 영역은 고등학교 영어과 교육과정 성취기준의 달성 정도와 일상생활에 필요한 실용 영어 사용 능력 및 대학에서 수학(修學)하는 데 필요한 영어 사용 능력을 측정한다.

3.1.2
평가 목표

• 영어 영역의 평가 목표는 간접 말하기를 포함한 듣기 이해 능력과 간접 쓰기를 포함한 읽기 이해 능력 측정을 기본으로 하며, 구체적인 하위 평가 요소는 다음과 같다.

---

1) 한국교육과정평가원(2021), "2021대학수학능력시험 학습방법안내 및 2021대학수학능력시험 이렇게 준비하세요!"를 참고하여 작성하였음.

중심 내용 파악	중심 내용 파악 능력이란 대화·담화를 듣거나 글을 읽고 전체적인 내용을 이해·추론할 수 있는 능력으로서, 대화·담화 또는 글의 주제, 요지, 제목 등을 이해하고 추론할 수 있는 능력을 의미한다.
세부 정보 파악	세부 정보 파악 능력이란 대화·담화나 글에 제시된 특정 정보를 사실적이고 정확하게 이해하는 능력으로서, 대화·담화나 글의 내용 일치/불일치, 그림·도표 등의 시각 자료와의 일치/불일치, 화자의 할/한 일, 부탁할/한 일, 숫자 정보나 기타 세부 정보를 파악할 수 있는 능력을 의미한다.
논리적 관계 파악	논리적 관계 파악 능력이란 대화·담화를 듣거나 글을 읽고 내용의 논리적인 관계(예를 들어, 원인과 결과 관계)를 파악하는 능력으로서, 대화·담화의 5W1H(누가, 언제, 어디서, 무엇을, 왜, 어떻게), 대화자의 관계, 장소 등을 파악하는 능력을 의미한다.
맥락 파악	맥락 파악 능력이란 대화·담화를 듣거나 글을 읽고 말하는 이나 글쓴이의 의도나 목적 등을 파악하는 능력으로서, 말하는 이나 글쓴이의 목적, 의견, 주장 그리고 글의 분위기나 등장인물의 심경 등을 파악할 수 있는 능력, 그리고 글에서 빠진 정보(단어, 구, 절, 문장, 연결어)를 글의 내용에 의거하여 추론할 수 있는 능력을 의미한다.
간접 말하기	간접 말하기 능력이란 가장의 의사소통 상황에 대한 대화나 담화를 듣고 전체적인 맥락과 의사소통 상황을 고려하여 가장 적절한 응답을 표현할 수 있는 능력을 의미한다.
간접 쓰기	간접 쓰기 능력이란 글의 전체적인 맥락과 문장 간의 논리적 흐름을 파악하여 가상의 글쓰기에 적용할 수 있는 능력으로서, 읽기 자료를 통해 흐름에 무관한 문장이나 주어진 문장의 적합한 위치 파악, 글의 순서 파악, 그리고 문단을 요약할 수 있는 능력을 의미한다.
언어형식·어휘	언어형식·어휘 능력이란 글의 전체적인 의미나 문장 간의 의미적 관련성을 통하여 언어형식의 적합성이나 어휘의 적합성을 파악하는 능력으로서, 문맥에 따른 언어형식이나 어휘의 정확성 파악 및 지칭 추론 등을 할 수 있는 능력을 의미한다.

3.2
출제 지침

3.2.1
출제 기본 방향

• 교육과정에 근거하여 문항의 소재를 선정하되 다양한 내용의 대화문/지문 자료를 활용하여 문항을 출제한다. 각 문항의 대화문/지문은 수험생의 배경지식에 부합하거나 배경지식과 언어 능력의 상호작용을 기반으로 이해할 수 있는 것이어야 한다.

- 듣기는 원어민의 대화·담화를 듣고 이해하는 능력을 측정하고, 말하기는 불완전 대화·담화를 듣고 적절한 의사소통 기능을 작용하여 이를 완성하는 능력을 간접적으로 측정한다.
- 읽기는 배경지식 및 글의 단서를 활용하여 의미를 이해하는 상호 작용적 독해 능력을 측정하고, 쓰기는 글의 내용을 요약하거나 문단을 구성할 수 있는 능력을 간접적으로 측정한다.
- 유창성과 함께 정확성을 강조하기 위해 언어형식 및 어휘 문항도 출제에 포함한다.

3.2.2
출제 범위 및 특이 사항

- 영어 영역은 2015 개정 교육과정(교육부 고시 제 2015-74호) 중 '영어 I', '영어 II'를 바탕으로 다양한 소재의 지문과 자료를 활용하여 출제한다.
- 어휘 수준은 시험 과목 중 교육과정상 최대 어휘를 포함한 과목인 '영어 II'의 약 2,500단어 수준으로 설정하고 여기에 교과서의 어휘수를 포함한다. 단, 빈도수가 낮은 어휘를 사용할 경우에는 주석을 달 수 있다.

3.2.3
수능 – EBS 연계 방식 및 유형

- 영어 영역의 연계 문항은 모두 간접 연계 방식을 사용하여 출제하고 있으며, 간접 연계 방식은 다음의 2가지 유형을 활용하고 있다.

1. 핵심 제재, 논지 활용 유형

핵심 제재·논지 활용 유형은 수능 – EBS 연계 교재의 지문과 주제, 요지, 소재가 유사한 지문을 활용하여 문항을 개발하는 방법이다.

2. 자료 활용 유형

자료 활용 유형은 수능 – EBS 연계 교재에서 사용된 시각 자료(그림 또는 도표)를 활용하여 문항을 개발하는 방법이다.

3.3
수능 영어 영역의 문항 제작

3.3.1
문항 제작의 기본 조건 및 좋은 문항의 예

- 제작하고자 하는 문항이 문항 개발의 기본 원칙을 충실하게 반영하고 있는지 객관적으로 평가해야 한다. 최종적으로 가다듬을 문항으로 선제할 것들은 문항 제작이 끝났을 때 다음의 질문에 긍정적으로 대답할 수 있는 것이어야 한다.

  1) 영어와 관련된 단편적 지식의 측정을 지양하고 영어를 의사소통의 수단으로 사용할 수 있는 능력을 측정할 수 있는 내용인가?

  2) 문항의 내용 및 수준이 교육과정의 목표, 내용 및 수준에 부합하는가?

  3) 대학 수학에 필요한 영어로의 언어사고 능력에 바탕을 둔 영어 사용 능력을 측정하는가?

  4) 음성 또는 인쇄 자료이든지 간에, 문항의 지문이 학생들이 배경지식 및 글의 단서 또는 이 둘의 상호작용에 의해 이해할 수 있는 내용인가?

  5) 음성 또는 인쇄 자료이든지 간에, 문항의 지문이 그 자체로서 하나의 완성된 텍스트를 구성하고 있는가? 이를 위해서 지문은 통일성, 일관성, 응집력 등이 확보돼야 하며, 무엇인가 추가하거나 또는 빼야 한다고 생각되어서는 안 된다.

  6) 음성 또는 인쇄 자료이든지 간에, 문항의 지문이 영어의 표현력을 잘 보여주고 있는가? 즉, 내용이 유익하고 재미있으면서도 학생들의 지적 호기심을 자극하고, 참신한 표현과 아이디어의 전개로 명료한 이미지를 심어주고 있는가? 한 마디로, 문항의 지문은 학생들이 익숙하게 생각하는 주제에 관한 것이지만 창의적인 내용과 표현 그리고 자연스런 내용 전개로 영어의 맛을 담고 있어야 한다.

  7) 문항의 지문이 기출 문제의 지문과 중복이 되어서는 안 된다.

3.3.2
읽기 영역의 모듈별 문항 개발 절차

1. 읽기 문항 제작의 공통 조건

  ① 지문이 authentic해야 한다. 시험 문제를 만들기 위해 자작한 지문은 되도록 피하고, 언어 표현이 생생하고 글의 전개가 자연스러운 지문을 활용해야 한다.

  ② 문항의 난이도가 요구하는 만큼의 문제 해결의 단서가 주어져야 한다. 문항 해결의 실마리는 기계

적인 문제 해결 전략의 사용에 의해 학생의 주의가 두드러지는 곳, 즉 지문의 처음과 끝 부분에는 가급적 오지 않아야 한다.

③ 지나치게 긴 문장이나 3-depth 이상의 embedding이 나오는 문장은 피해야 하며, 의미가 애매하거나 문맥상으로도 뜻이 분명하지 않은 중의적인 표현이 나오지 않도록 주의해야 한다.

④ 특정 수험생에게 유리한 내용이 나오는 글이거나 글을 이해하는 데 특정한 문화적 배경지식이 필요한 글은 지문으로 사용되어서는 안 된다.

2. 읽기 영역의 모듈별 문항 개발

읽기 영역의 문항 유형을 교육과정의 성취 기준에 따라 분류하면, 크게 7개의 모듈로 나눌 수 있다. 먼저 주어진 글의 전체적인 의미를 파악하는 능력을 측정하는 '중심 내용 파악' 모듈에는 주제, 제목, 요지 추론 등이 있다. '세부 사항 파악' 모듈에는 내용 일치/불일치, 도표 자료의 이해, 실용 자료의 이해 등이 있다. 또한 글쓴이의 의도나 목적 등을 파악하거나 글의 분위기나 등장인물의 심경 등을 파악할 수 있는 능력을 측정하는 '맥락 파악1' 모듈에는 목적, 의견, 주장 등이 있다. 그리고 상향 및 하향 이해 방식을 통합적으로 작동하여, 주어진 지문의 내용을 토대로 명시되지 않는 정보를 논리적으로 추론할 수 있는 능력을 측정하는 '맥락파악2(상호 작용)' 모듈이 있는데, 빈칸 추론(단어, 구, 절, 문장), 연결사 추론 등이 이 모듈에 속한다. 또한 상향 또는 하향 이해 방식을 작동하여 복합 지문의 대의나 구체적 세부 사항을 파악하는 능력을 측정하는 '장문의 이해(복합)' 모듈이 있는데, 대화, 담화문 2문항은 듣기 영역 해당인 관계로 1지문 2문항, 1지문 3문항이 이 모듈에 속한다. 그리고 읽기 자료를 통해 이해한 바를 가상의 쓰기에 적용할 수 있는 능력을 측정하는 '간접 쓰기' 모듈이 있는데, 흐름과 관계없는 문장 찾기, 주어진 문장 삽입, 글의 순서 찾기, 요약 등이 이 모듈에 속한다. 마지막으로 문법적 능력과 어휘적 능력을 측정하는 '언어형식 · 어휘' 모듈이 있다.

(1) 중심 내용 파악 모듈

중심 내용 파악 모듈에는 주제, 제목, 요지 추론 등이 있으며, 다음에서 이 모듈에 속하는 각 유형별 특성 및 세부 조건 등을 제시한다.

① 요지 파악

Ⓐ 유형별 특징: 이 유형은 글을 읽고 글의 요지를 파악하는 능력을 요구한다. 글의 주제문이 지나치게 두드러지는 지문을 가급적 피하고, 반드시 전체 글을 읽어야만 문제를 풀 수 있도록 출제해야 한다. 이 유형에는 요지를 평이한 말로 표현하는 스타일과 속담이나 경구로 표현하는 스타일이 있다.

Ⓑ 유형별 세부 조건
- 앞선 유형의 설명에 부합하는 주제에 대해서 통제 사상이 분명한(주제문이 있든지 없든지 간에) 지문을 사용한다.

- 일반적으로, 주제문이 있다면 주제문이 글의 맨 앞이나 맨 뒤에처럼 지나치게 두드러지는 곳에 오지 않는 지문을 활용하는 것이 이상적이다.
- 글에 나오는 극소수의 낯선 표현이나 어려운 개념이 요지 파악에 장애가 될 때, 이들을 학생 눈높이에 맞게 수정할 수 없다면, 이런 글을 지문으로 사용해서는 안 된다.

ⓒ 요지 파악 문항 구성의 유의점

(ⅰ) 지문이 일관성, 논리성이 있어야 한다.

(ⅱ) 지문의 내용이 학생들에게 너무 친숙하지 않아야 한다.(너무 친숙한 내용일 경우, 배경지식을 이용, 선택지만 보고 답을 찾는 경향 – 타당도 없음)

(ⅲ) 선택지 구성 방법

- 선택지 구성 시, 주제문을 변형, 정답을 먼저 구성한다.
- 정답을 구성한 후, 본문의 내용 중, 지나치게 지엽적 또는 지나치게 확대해석한 것을 토대로 오답지를 구성한다.
- 가령, 역접 연결사(however/on the contrary) 앞의 내용을 토대로 오답지를 구성할 수도 있다.
- 선택지를 속담, 또는 격언의 형식으로 줄 수도 있다.
- 요지 문제에서 정답지를 너무 "꽈배기"처럼 꼬아서는 안 된다(타당도 떨어짐).

(ⅳ) 난이도 조정

- 난이도를 높이려면, 주제문이 드러나지 않고, 요지가 지문 전체에 흩어져 있어서 공통점(추론)을 찾아야 하는 지문을 제공하거나, 영어로 선택지를 구성한다.
- 난이도를 낮추려면, 명시적으로 주제문이 드러난 지문을 제공하거나 선택지를 우리말도 주어도 된다.

② **주제 파악**

Ⓐ 유형별 특징: 이 유형은 글을 읽고 글의 주제를 파악하는 능력을 측정한다. 글의 주제와 관련된 어구가 적절하게 반복되도록 하며, 글의 대의를 파악하면 문제를 풀 수 있도록 출제해야 한다.

Ⓑ 유형별 세부 조건

- 지문의 전체 대강의 뜻을 파악했으면 문제를 풀 수 있어야 한다.
- 주제와 관련된 내용이 자연스럽게 적절한 간격으로 지문에 포함되도록 해야 한다. 즉, 주제와 관련된 어구(lexical equivalents: repetitions, synonyms, near-synonyms, or antonyms, overlapping, inclusion, etc)가 적절하게 반복되도록 한다.
- 지나치게 일반적이거나 구체적인 제재가 주제가 되는 글을 피하고, 고등학생 수준에 부합하는 추상성을 지닌 제재가 주제가 되는 글을 지문으로 활용한다.

ⓒ 주제 파악 문항 구성의 유의점

(ⅰ) 지문이 일관성, 논리성이 있어야 한다.

(ⅱ) 지문의 내용이 학생들에게 너무 친숙하지 않아야 한다.(너무 친숙한 내용일 경우, 배경지식을 이용, 본문을 읽지 않고 정답을 선택−타당도 없음)

(ⅲ) 일반적으로 주제문 또는 추론 된 주제를 변형, 명사구 형식으로 정답 및 선택지를 구성한다.(주제를 너무 구체적, 자세히 설명하면, 요지나 주장의 문제가 됨에 유의)

(ⅳ) 난이도 조정

  − 난이도를 높이려면, 주제문이 드러나지 않고, 추론해야 하는 지문을 제공하거나 선택지를 영어로 구성한다.

  − 난이도를 낮추려면, 주제문이 분명히 드러나고, 선택지를 우리말도 주어도 된다.

③ 제목 추론

Ⓐ 유형별 특징: 이 유형은 글을 읽고 글의 제목을 정하는 능력을 요구한다. 글의 요지를 파악해야만 문제를 풀 수 있도록 출제해야 하는데, 제목을 평이한 말로 표현하는 스타일과 상징적인 언어로 표현하는 스타일이 있다.

Ⓑ 유형별 세부 조건

  − 글의 요지가 분명한(주제문이 있든지 없든지 간에) 지문을 사용한다.

  −「주제 파악」 유형에 적용되는 세부 조건이 제목을 평이한 말로 표현하는 스타일에도 똑같이 적용된다.

  − 상징적인 언어로 표현하는 스타일의 정답은 주제와 통제 사상의 뜻을 내포해야 한다. 다른 오답들도 명제적(propositional) 성격을 띠어야 한다.

ⓒ 제목 파악 문항 구성의 유의점

(ⅰ) 지문이 일관성, 논리성이 있어야 한다.

(ⅱ) 지문의 내용이 학생들에게 너무 친숙하지 않아야 한다.(너무 친숙한 내용일 경우, 배경지식을 이용, 선택지만 보고 답을 찾는 경향 − 타당도 없음)

(ⅲ) 선택지 구성 방법

  − 선택지 구성 시, 주제문이나 요지를 토대로 정답을 먼저 구성한다.

  − 정답을 구성한 후, 본문의 내용 중, 지나치게 지엽적 또는 지나치게 확대해석한 것, 본문 밖의 통상적인 것 등을 이용하여 오답지를 구성한다.

  − 가령, 역접관계(however)에서 앞의 내용을 토대로 오답지를 구성할 수도 있다.

  − 선택지를 속담, 또는 격언의 형식으로 줄 수도 있다.

  − 요지나 주제 문제와 달리 상징적, 문학적 제목을 제시할 수도 있다.(의문문(수사의문문), 감탄문 형식)

(iv) 난이도 조정
  – 난이도를 높이려면, 지문 전체를 읽고 요지를 추론해야 하는 지문을 제공, 속담, 수사의 문문 형식의 선택지(영어)를 제공한다.
  – 난이도를 낮추려면, 명시적으로 주제문이 드러난 지문 제공, 선택지를 평이하게 우리말로 준다.

(2) 세부 사항 파악 모듈

세부 사항 파악 모듈에는 내용 일치·불일치, 도표 자료의 이해, 실용 자료의 이해 등이 있으며, 다음에서 이 모듈에 속하는 각 유형별 특성 및 세부 조건 등을 제시한다.

① 실용 자료 내용 일치(실용 자료 활용)

Ⓐ 유형별 특징: 이 유형은 실용문 중심의 사실적 글을 읽고 주어진 세부 사항을 파악하는 능력을 측정한다. 세부 사항의 정보가 최소한 네다섯 가지 정도 담긴 지문을 이용하여 출제해야 한다. 이 유형에는 일치형과 불일치형 두 가지가 있다.

Ⓑ 유형별 세부 조건

첫째, 요지를 뒷받침하는 주요 세부 사항이 네다섯 개 나오거나 사실적 사건(events)이 네다섯 개 이어지는 사실적 정보가 담겨 있는 안내문을 지문으로 활용한다.

둘째, 선택지는 가급적 문단의 주요 세부 사항과 관련된 내용을 가지고 만든다.

셋째, 선택지의 진위는 글의 명시적 내용 그리고 이의 함축된 내용에 의해서 확인될 수 있는 것이어야 한다.

② 도표(자료) 내용 일치

Ⓐ 유형별 특징: 이 유형은 도표 자료에 나타난 정보를 영어로 표현하는 능력을 측정한다. 자료의 제목, 출처, 그리고 다양한 세부 정보를 담고 있는 자료를 활용하는 것이 중요하다.

Ⓑ 유형별 세부 조건

첫째, 출처가 분명하고, 무엇에 관한 것인지 명확하게 보여주는 도표만을 활용한다.

둘째, 적어도 정보가 네다섯은 나올 수 있어야 하는데, 세부 내용의 비교가 다양한 구문 형태로 이뤄지는 것이 바람직하다.

Ⓒ 도표 자료 내용 일치 불일치 문항 구성의 유의점

(ⅰ) 도표는 반드시 사실적 객관적 자료여야 한다(가공의 data 사용 불가).

(ⅱ) 가급적이면 최근 자료여야 하며, 학생들의 관심을 끌 수 있는 것이면 좋다.

(ⅲ) 선택지의 구성:

  – 도표의 data에 대한 설명은 가급적 정해진 표현(관례적)에 따라 사실적으로 기술해야 한다.(즉, 객관적 사실을 필요 이상으로 꽈배기처럼 꼬는 표현을 써서 기술해서는 안 된다.)

- 도표에 나온 사항을 골고루 언급해야 한다. (도표엔 제시되고, 설명에는 빠지지 않도록).

(iv) 난이도의 조정

- 난이도를 높이고자 한다면, data 간 미묘한 차이, 세부 사항에 해당하는 것에 초점을 둔다.
- 난이도를 낮추고자 한다면, 전체적인 경향, 큰 차이가 나는 사항을 정답으로 한다.

③ 내용 일치 · 불일치(기초학술자료)

Ⓐ 유형별 특징: 이 유형은 글을 읽고 글의 세부 사항을 파악하는 능력을 측정한다. 세부 사항의 정보가 최소한 네다섯 가지 정도 담긴 지문을 이용하여 출제해야 한다. 이 유형에는 일치형과 불일치형 두 가지가 있다.

Ⓑ 유형별 세부 조건

첫째, 요지를 뒷받침하는 주요 세부 사항이 네다섯 개 나오거나 사건(events)이 네다섯 개 이어지는 일화를 지문으로 활용한다.

둘째, 선택지는 가급적 문단의 주요 세부 사항과 관련된 내용을 가지고 만든다.

셋째, 선택지의 진위는 글의 명시적 내용 그리고 이의 함축된 내용에 의해서 확인될 수 있는 것이어야 한다.

Ⓒ 내용 일치 불일치 문항 구성의 유의점

(ⅰ) 지문은 학생들의 친숙도(familiarity)가 낮아야 한다(ⓔ 기괴한 것, 옛 것, 알려지지 않은 것).

- 그렇지 못할 경우, 지문을 읽지 않고 배경지식을 활용하여 문항을 풀 수 있다(타당도 떨어짐).

(ⅱ) 선택지 구성 방법

- 선택지는 반드시 본문의 해당 부분을 직역해야 하며, 글의 순서대로 지문을 구성해야 한다.
- 의역하거나 추론해서 답을 찾도록 선택지를 구성할 경우, 복답 또는 무답 시비에 휘말릴 수 있다.
- 통상, 선택지는 단문의 형식으로 제공(복문일 경우, 복답 시비에 휘말릴 가능성, 문항이 너무 어려워짐)
- 각 선택지의 내용이 본문의 전, 중, 후반부에 적절히 안배되어 있어야 한다.
- 특정 어구의 해석에 유의, 특히 시간 부사(until, by, 등)의 경우, 우리말과 차이가 있음에 유의한다.

(3) 맥락 파악 모듈 1

맥락 파악 모듈은 글을 읽고 말하는 이나 글쓴이의 의도나 목적 등을 파악하거나 글의 분위기나 등장인물의 심경 등을 파악할 수 있는 능력을 측정하며, 이 모듈에는 목적, 의견, 주장, 심경, 분위기 등이 있으며, 다음에서 이 모듈에 속하는 각 유형별 특성 및 세부 조건 등을 제시한다.

① 글의 목적

　　Ⓐ 유형별 특징: 이 유형은 글을 읽고 글의 목적을 파악하는 문제이다. 글의 목적이 분명하게 나타
　　났으면서도 글을 전체적으로 이해해야만 문제를 풀 수 있도록 출제한다.

　　Ⓑ 유형별 세부 조건
　　　－ 글 전체 내용의 이해로부터 글의 목적을 유추할 수 있도록 출제한다. 일부만을 읽고 목적을
　　　　유추할 수 있는 지문은 곤란하다.
　　　－ 글의 목적이 정답의 목적으로밖에 이해될 수 없을 정도로 명확한 지문을 활용한다.
　　　－ 될 수 있는 한, 선택지를 만들기 쉬운 있는 지문을 활용한다.

② 글의 어조, 분위기, 심경 파악

　　Ⓐ 유형별 특징: 이 유형은 글의 어조(필자의 글의 주제에 대한 태도), 글의 분위기(글의 배경 또는
　　등장인물 사이에 흐르는 감정적 색채), 또는 등장인물의 심경을 파악하는 문제이다. 글의 내용,
　　글의 배경, 사용된 언어의 색채 등을 종합적으로 이해해야 문제를 풀 수 있도록 출제한다.

　　Ⓑ 유형별 세부 조건
　　　－ 글에서 묘사되고 있는 상황 또는 상황 묘사에 사용된 언어 표현에 의해, 글의 어조 또는 분위
　　　　기가 명확하게(unambiguously) 드러나는 글을 지문으로 사용해야 한다.
　　　－ 글을 전체적으로 이해해야만 답을 할 수 있도록 출제한다. 특정 부분만 읽고도 답할 수 있게
　　　　해서는 안 된다.
　　　－ 될 수 있는 한, 문학적 소재의 글로서, 선택지를 만들기 쉬운 지문을 활용한다.

(4) 맥락 파악 모듈 2(상호 작용 모듈)

　　상호 작용 모듈은 상향 및 하향 이해 방식을 통합적으로 작동하여, 주어진 지문의 내용을 토대로 명시
되지 않는 정보를 논리적으로 추론할 수 있는 능력을 측정하며, 이 모듈에는 빈칸 추론(단어, 구, 절, 문
장), 연결사 추론, 문맥상 의미 추론 등이 있으며, 다음에서 이 모듈에 속하는 각 유형별 특성 및 세부 조
건 등을 제시한다.

① 빈칸 추론(단어 · 구 · 절 · 문장)

　　Ⓐ 유형별 특징: 이 유형은 글을 읽고 빠진 정보를 글의 내용에 의거하여 추론하는 문제이다. 빈칸
　　에 들어가는 말이 무엇이냐에 따라 단어 넣기 유형과 구 넣기 유형으로 나누는데, 후자가 전자
　　보다 비교적 더 어렵다. 빈칸에 들어갈 내용은 글의 주제나 요지와 관계가 있거나 주요 세부 사
　　항과 관련된 것이다.

　　Ⓑ 유형별 세부 조건
　　첫째, 지문의 내용과 글의 흐름을 이해한 후, 추론의 기제에 의해 문제를 풀 수 있도록 출제한
　　다.

둘째, 글의 핵심적인 내용, 예를 들어, 통제 사상 또는 주요 세부 사항의 일부를 빈칸으로 한다. 즉, 지문 가운데 가장 정보 가치가 높은 것을 빈칸으로 한다.

셋째, 빈칸의 바로 앞 또는 뒤 부분만 읽고서도 답을 할 수 있도록 출제해서는 안 된다.

ⓒ 빈칸 추론 문항 구성의 유의점

(ⅰ) 흔히들 "수능"의 꽃이란 별칭을 갖고 있다. 타당도, 변별도, 난이도 조정이 쉽다.

(ⅱ) 지문이 일관성과 통일성이 있는가?

　　－ 빈칸이 주어진 글의 주제 또는 통제 사상을 담고 있는 부분인가?

(ⅲ) 선택지 구성 방법

　　－ 지문의 이독성의 정도와 선택지의 구성이 일치하는가?

　　－ 지문이 읽기가 어렵고, 추상적인 내용이면, 선택지도 그에 따라 추상적인 내용으로 구성한다. (지문은 읽기 어려운데, 선택지는 매우 쉽다면, 적정의 난이도와 변별력을 유지하기 어려움)

　　－ 빈칸으로 제시된 부분은 글의 요지, 주제를 담고 있는 부분이어야 한다. (그렇지 못할 경우, 선택지 구성이 힘들고, 나중에 복답 시비에 휘말릴 수 있음)

　　－ 빈칸에 들어갈 구문이 앞뒤의 단어와 문법적 collocation이 맞아야 한다.

② **연결사 추론: (접속어, 접속부사, 전치사구) 넣기**

Ⓐ 유형별 특징: 이 유형은 글을 읽고 빈칸에 적절한 연결어를 넣는 문제이다. 글의 전체적인 내용과 문장과 문장 사이의 관계를 이해해야 문제를 풀 수 있도록 출제한다.

Ⓑ 유형별 세부 조건

첫째, 문단의 위계가 분명하고, 문장 사이의 의미 관계가 명확한 지문을 활용한다.

둘째, 문장 연결어가 반드시 필요한 곳을 빈칸으로 해야 한다. 문장 연결어가 반드시 필요하지 않은 곳을 빈칸으로 해서는 안 된다.

셋째, 문제를 해결하기 위해 글 전체를 이해하도록 출제해야 한다. 빈칸의 앞뒤 문장만 읽고서도 답을 할 수 있는 문제는 곤란하다.

ⓒ 연결어 추론 문항 구성의 유의점

(ⅰ) 지문이 논리적, 위계적으로 구성된 글감을 선택해야 한다.

(ⅱ) 선택지 구성 방법

　　－ 글의 논리 전개 상, 연결어가 반드시 필요한 곳, 또는 논리 변화가 분명히 드러나는 곳에 빈칸을 두어야 한다.

　　－ 그렇지 못할 경우, 복답/무답 시비의 소지가 될 수 있다.

　　－ 오답지의 구성은 정답과 반대되는 연결어, 쓰임이 다른 연결어로 구성한다.

- 특히, 한국어와 영어의 연결어상의 차이가 있는 것에 유의한다.(⬥ on the other hand,
영어는 역접 관계에만 사용, 한국어는 순접/역접 모두 사용)

(iii) 복답 검증

- 관점에 따라 오답지의 연결어가 의미상으로 연결 가능하지는 않는가?
- 선택지의 구성이 올바르게 되어 있는가?

③ **문맥상 의미 추론**

Ⓐ 유형별 특징: 이 유형은 글의 특정 표현이 의미하는 바를 글의 내용으로부터 유추하는 능력을
요구한다. 그 자체로는 뜻을 짐작하기 쉽지 않으나 글의 대강의 뜻으로부터 의미를 짐작할 수
있는 표현을 활용한다.

Ⓑ 유형별 세부 조건

- 전체 글을 이해하지 않고도 밑줄 친 어구의 의미를 알 수 있게 해서는 안 된다. 지문 대강의
뜻과 추론 기제에 의해 어구의 의미를 유추할 수 있어야 한다.

(5) **간접 쓰기 모듈**

간접 쓰기 모듈은 읽기 자료를 통해 이해한 바를 가상의 쓰기에 적용할 수 있는 능력을 측정하며, 이
모듈에는 흐름과 관계 없는 문장 찾기, 주어진 문장 삽입, 글의 순서 찾기, 요약 등이 있으며, 다음에서
이 모듈에 속하는 각 유형별 특성 및 세부 조건 등을 제시한다.

① **무관한 문장 고르기(통일성)**

Ⓐ 유형별 특징: 이 유형은 글의 통일성을 파악하는 능력을 측정한다. 주어진 문장 가운데 글의 흐
름과 무관한 문장을 고르도록 하는데, 문단의 요지와 이를 뒷받침하는 주요 세부 사항을 활용한
다.

Ⓑ 유형별 세부 조건

- 글의 요지와 이를 뒷받침하는 주요 세부 사항이 서너 개 있는 문단을 활용하여 출제한다.
- 문단의 통일성을 해치는 문장이 글의 내용과 전적으로 동떨어진 것이어서는 안 되며 최소한
글의 주제나 요지와 관련된 내용이어야 한다.
- 세부 사항의 위계가 명확하고 글의 전이가 극히 자연스러운 글을 지문으로 이용하는 것이 그
무엇보다도 중요하다.

Ⓒ 글의 전체 흐름(흐름에 무관한 문장) 문항 구성의 유의점

(ⅰ) 지문이 고도의 일관성과 논리성을 갖고 있어야 한다.

- 따라서 글감은 반드시 단일의 소재, 단일의 주제를 담고 있는 것이어야 한다.(복수의 소
재, 복수의 주제를 다루는 지문 사용 불가)

(ⅱ) 이 문항에 부합되도록 출제하기 위해, 지문을 짜깁기 하는 것은 절대 금물이다.

(iii) 선택지의 구성

- 주제문에 해당하는 첫 문장은 비워둔다.
- 매력적인 오답지는 자작을 하기보다는 통상 해당지문을 발췌한 곳의 앞 뒤 내용을 쓰는 것이 주제의 일관성을 유지할 수 있어 좋다.

(iv) 난이도의 조정

- 정답률을 높이고자 한다면, 소재나 주제를 달리하는 문장을 지문에 삽입, 또는 내용의 흐름상 변화가 있는 곳에 엉뚱한 문장을 둔다(가령, 역접 다음에 순접의 내용을 둠, 주제 소재의 단절이 생기도록 함).
- 정답률을 낮추고자 한다면, 동일 소재나 주제이지만, 어긋나는 내용 또는 부자연스런 연결어(관사, 지시사, 연결사 등)를 사용하여 앞뒤 문장의 연관성을 흐리게 함(연결성에 단절이 생기도록 함).

(ⅴ) 복답의 검증

- 무관한 문장을 넣어서 전체적으로 일관성이 유지되면, 이는 복답 시비 생김.
- 무관한 문장을 넣어서 글의 일관성이 깨지면(앞 뒤 문맥이 단절되면), OK!

② 글의 배열(일관성)

Ⓐ 유형별 특징: 이 유형은 글의 일관성을 파악하는 능력을 측정한다. 주어진 글(대개 주제문 포함)에 이어질 글의 순서를 정하도록 하는데, 문단의 요지와 이를 뒷받침하는 주요 세부 사항을 활용한다. 지시적인 표현에 의해 문제가 너무 쉬워지지 않도록 해야 한다.

Ⓑ 유형별 세부 조건

- 많은 사고를 요하는 유형으로 비교적 적절한 길이의 글을 활용한다.
- 세부 사항의 위계가 명확하고 글의 전이가 극히 자연스러운 글을 지문으로 이용한다.
- 가급적, 지시적 표현 또는 연결어에 의해서라기보다는 글의 의미 관계에 의해 텍스트를 구성하도록 하되, 글의 배열 방법이 하나밖에 나올 수밖에 없도록 출제한다.

Ⓒ 글의 배열(일관성)에 관한 문항 구성 시, 유의점

(ⅰ) 지문이 고도의 일관성과 논리성을 갖고 있어야 한다.

- 따라서 글감은 반드시 단일의 소재, 단일의 주제를 담고 있는 것이어야 한다.(복수의 소재, 복수의 주제를 다루는 지문 사용 불가).
- 이 문항에 부합되도록 출제하기 위해, 지문을 짜깁기 하는 것은 절대 금물이다.

(ⅱ) 선택지의 구성

- 주제문 또는 도입부/서론에 해당하는 부분을 그냥 둔다.
- 글의 연결 관계(순접, 역접, 예시, 강화, 시간 순 등)를 고려하여 적당히 도입부를 제외한 부분을 나눈다.

– 이를 뒤섞은 후, 복답 여부를 검증한다.

(iii) 난이도의 조정

– 정답률을 높이고자 한다면, 문법적 연결 관계(지시사, 접속사, 관사)에 의존하여 정답을 추론토록 한다.

– 정답률을 낮추고자 한다면, 내용적 연결 관계(내용 지식)를 통하여 정답을 추론토록 한다.

– 가장 낮은 정답률을 보이는 경우는 사건이 시간 순으로 배열된 일화, 이야기체 글이 대부분이다.

(iv) 복답의 검증

– 정답 이외의 순서로 연결, 글의 흐름이 자연스러우면, 복답!!

– 정답 이외의 순서로 연결, 글의 흐름이 끊기면, OK!

③ 주어진 문장 넣기(일관성)

Ⓐ 유형별 특징: 이 유형은 글의 일관성을 파악하는 능력을 측정한다. 주어진 문장을 적절한 곳에 넣어 문단을 완성하도록 하는데, 문단의 요지와 이를 뒷받침하는 주요 세부 사항을 활용한다.

Ⓑ 유형별 세부 조건

– 세부 사항의 위계가 명확하고 글의 전이가 극히 자연스러운 글을 지문으로 이용하는 것이 그 무엇보다도 중요하다.

– 주어진 문장이 들어갈 자리가 하나밖에 나올 수 없도록 출제해야 한다.

– 가급적, 지시적 표현 또는 연결어에 의해서라기보다는 내용상의 연결에 의해서 문제를 풀 수 있도록 출제한다.

Ⓒ 주어진 문장 넣기 구성의 유의점

(i) 지문은 반드시 단일의 소재, 단일의 주제를 담고 있는 것이어야 한다.(복수의 소재, 복수의 주제를 다루는 지문 사용 불가).

(ii) 이 문항에 부합되도록 출제하기 위해, 지문을 짜깁기 하는 것은 절대 금물이다.

(iii) 선택지의 구성

– 통상, 주어진 지문에서 내용이나 연결에 반전이 있는 문장을 축출, 이를 주어진 문장으로 한다.

– 주제문에 해당하는 주어진 지문의 첫 부분은 그냥 둔다.

– 그런 다음, 빈칸을 만들어 주어진 문장을 넣어 복답이 되는지 확인한다.

(iv) 난이도의 조정

– 정답률을 높이고자 한다면, 문법적 연결고리(cohesion: 관사. 대명사, 지시사 등)를 통해 정답을 추론할 수 있도록 한다.

– 정답률을 낮추고자 한다면, 화용적 연결고리(coherence: 내용 지식)에 의존해 정답을 유

추토록 한다.

(Ⅴ) 복답의 검증

– 주어진 문장이 없어도 지문의 연결 관계가 자연스러우면(일관성 있으면) 복답!

– 주어진 문장이 없으면, 지문의 연결 관계가 부자연스러우면(일관성 없으면) OK!

④ **문단 요약**

Ⓐ 유형별 특징: 이 유형은 문단의 내용을 요약하는 능력을 측정한다. 즉, 문단의 요지를 적절한 영어 구문을 사용하여 표현하는 능력을 측정한다.

Ⓑ 유형별 세부 조건

– 요약하고자 하는 글의 요지가 명확해야 한다.

– 문제에 쓰일 지문은 적절한 길이의 한 문장으로 요약될 정도의 정보를 포함하고 있어야 한다.

ⓒ 문단 요약 문항 구성의 유의점

(ⅰ) 주어진 글은 일관성과 응집력을 갖고 있어야 한다(중심 사상과 보조 사상이 잘 조합된 글).

(ⅱ) 주어진 글의 친숙도(familiarity)가 지나치게 높은 글감은 피한다.(학생들이 주어진 글을 읽지 않고, 배경지식을 동원해 요약문만 보고 답을 찾을 우려가 있음)

(ⅲ) 요약문을 지나치게 비비 꼬아 제시해서는 안 된다.(문항의 타당도 떨어뜨림, 글의 요약 능력을 측정하는 것이지 독해 능력을 측정하는 것이 아님).

(ⅳ) 선택지의 구성

– 선택지 구성 시, 빈칸에 들어갈 단어가 앞뒤의 단어와 연결될 수 있어야 한다.(비문법적이거나 collocation이 어긋나서 선택지가 미리 정답에서 배제되지 않도록 구성해야 함)

(6) 언어 형식 · 어휘 모듈

언어 형식 · 어휘 모듈에 속하는 문항 유형의 특성 및 세부 조건 등을 제시한다.

① **문법 문항 유형별 세부 조건**

Ⓐ 유형의 특징: 이 유형은 글에서 문법적 오류 또는 문맥상 자연스럽지 못한 표현을 찾거나 주어진 표현 가운데 문법적인 표현을 선택하는 문제이다. 문법성 판단을 요구하기 때문에 이해하기에 다소 쉬운 지문을 활용해야 한다.

Ⓑ 유형별 세부 조건

– 문법성 판단의 문제는 난이도가 매우 높기 때문에, 비교적 이해하기 쉬운 그렇지만 유머러스하거나 시사성이 있는 짧은 글을 활용한다.

– 묻고자 하는 문법 항목이 micro한 것보다는 macro한 것이 더 바람직하다.

– 될 수 있는 한, 한 문항에서 같은 문법 항목이 중복적으로 측정되지 않도록 하며, 문맥적 정보를 이용하여 답할 수 있는 문법 항목에 대해 묻는다.

41

ⓒ 문법 문항 구성의 유의점

(ⅰ) 글감이 재미있고, 쉽게 읽을 수 있어야 한다(이야기체 글, 일화, 사건).

- 글의 내용이 지나치게 추상적이거나, 구문이 지나치게 복잡한 지문은 피해야 한다.

- 그렇지 못할 경우, 의미 해독에 시간과 노력을 쏟게 되어 문법 문항으로서 타당도가 떨어질 수도 있다.

(ⅱ) 선택지 구성 방법

- 문법성(grammaticality)뿐만 아니라 실제 언어 사용에서 용인 가능성(acceptability)까지 고려, 선택지를 구성해야 한다.

- 그렇지 못할 경우, 복답 시비가 생김, 즉, 학교 문법의 기준에서 보면 틀리지만, 실제 원어민들의 언어 사용의 관점에서 보면 맞는 표현일 경우, 복답/무답 시비를 야기할 수도 있다.

(ⅲ) 복답 검증

- 선택지가 acceptability까지 고려하고 있는가?

- 오답지도 단어의 앞 뒤 단어와 collocation이 맞아 들어가는가?

② **어휘(밑줄형/선택형)**

Ⓐ 유형의 특징: 이 유형은 밑줄 친 어휘를 문맥 속에서 파악하는 능력을 측정한다.

Ⓑ 유형별 세부 조건

첫째, 이 유형은 전체 글을 이해하지 않고도 밑줄 친 어구의 오답 여부를 알 수 있게 해서는 안 된다. 글 대강의 뜻과 추론 기제에 의해 어구의 오답 여부를 유추할 수 있어야 한다.

둘째, 어휘를 제시할 때, 제시된 어휘의 1차적 의미뿐만 아니라 2차적, 3차적 의미 및 jargon으로서의 의미까지 고려해야 한다.

ⓒ 어휘 문항 구성의 유의점

(ⅰ) 글의 내용을 토대로 어휘의 의미를 추론해야 하므로 글감이 쉽고 재미있어야 한다.

- 주제문이 문두에 제시되는 글이 좋다.

- 글의 내용이 지나치게 추상적이거나, 구문이 지나치게 복잡한 지문은 피해야 한다.

- 그렇지 못할 경우, 구문 해독에 너무 많은 시간을 보내게 되어 문항의 타당도가 떨어진다.

(ⅱ) 선택지 구성 방법

- 네모 안의 어휘는 네모를 전 후해서 바로 알 수 있는 것은 피하고, 글의 전체 내용을 토대로 추론 가능한 것이어야 한다.

- 두 개 중, 정답이 아닌 어휘도 본문의 인접 단어와 collocation이 부합되어야 한다.

- 다시 말해, 아예 문법적으로 연결이 불가능한 어휘를 오답지로 구성해서는 안 된다.

- 그렇지 못할 경우, 어휘 추론 문제가 아니라 문법 문제가 될 수 있다(타당도 떨어짐).

(iii) 복답 검증

- 주어진 어휘는 1차적 의미, 2차적 의미, jargon의 의미까지 고려해도 의미가 통하지 않는가?
- 단어의 앞 뒤 단어와 collocation이 맞아 들어가는가?

(6) 장문의 이해(복합 모듈)

상향 또는 하향 이해 방식을 작동하여 복합 지문의 대의나 구체적 세부 사항을 파악하는 능력을 측정하는 '복합' 모듈이 있는데, 읽기에 한정하여 서술하고 있으므로, 대화·담화가 아니라 1지문 2문항/3문항이 이 모듈에 속한다.

① 1지문 2문항/3문항

Ⓐ 유형의 특징: 이 유형은 장문의 글을 읽고 일련의 문제에 답하는 형식인데, 글의 형식에 따라 장문형과 텍스트 구성형으로 나누어진다. 장문형은 시사적인 내용의 글을 활용하여, 글의 제목과 어휘 밑줄 문항으로 주로 구성된다. 텍스트 구성형은 순서 없이 나열된 세 문단을 하나의 텍스트로 완성하는 문제인데, 글의 순서 배열, 지칭 추론, 세부 내용 일치 문항으로 주로 구성된다.

Ⓑ 유형별 세부 조건

첫째, 어느 형이든지 간에, 하나의 독립적인 텍스트로 이해될 수 있는 지문을 활용하여 출제한다.

둘째, 어느 형이든지 간에, 가급적 모든 문항이 전체 글을 이해해야만 답을 할 수 있도록 출제한다.

셋째, 장문형의 지문은 시사적인 내용의 글이 바람직하고, 텍스트 구성형의 지문은 글의 배열이 하나밖에 될 수 없는 글이어야 하며, 가급적 교훈이 담긴 이야기 형태의 지문을 활용한다.

3.4
수능 영어 영역의 문항 검토 지침

3.4.1
문항 검토 원칙

• 문항 검토 시에는 출제 전반에 대한 고려, 지문 내적 요소 및 외적 요소에 대한 고려가 있어야 한다. 출제 전반에 대해 검토할 때에는 교육과정과의 부합성 여부, 기출 여부, 출제 원칙 준수 여부 등이 고려되어야 한다. 지문 내적 요소에 대해 검토할 경우에는 난이도 및 변별도, 어휘 수준 등에 대한 고려가 있어야 한다. 지문 외적 요소에 대해 검토할 때에는 문두, 선택지, 배점, 편집 체계 등에 대해 적절한지 고려해야 한다.

1. 문항 전체적 요소

문항 전체적인 측면에서 검토해야 할 항목을 정리하면 다음과 같다.

구분	검토 영역	검토 항목	검토 결과
문항 전체적 요소 (출제 전반)	교육과정 및 교과 내용의 범위, 수준	교육과정 내용과 수준을 벗어난 문항은 없는가?	
		출제 범위에서 벗어난 문항이 있는가?	
	기출 여부	고등학교 교육과정을 정상적으로 운영하는 데 기여할 수 있도록 출제되었는가?	
		일부 교과서에만 수록된 내용을 담고 있는가?	
	출제 원칙 준수	시중 참고서나 모의고사, 학원 교재, 신문 게재 문제 등에 이미 나와 있는 문항인가?	
		출제 계획서에 부합하도록 출제되었는가?	
	소요 시간	특정 내용 및 행동 영역에 치중하여 출제하지는 않았는가?	
		문제를 푸는 데 너무 많은 시간이 소요되는가?	

2. 지문 내적 요소

영어 영역의 문항 출제 시에 지문의 선정은 절대적으로 중요하다 할 수 있다. 따라서 선정된 지문의 논리성이나 내용의 타당성, 편향성 여부에 대해 신중한 검토가 필요하다. 이런 지문 내적 요소에 대한 검토 항목을 정리하면 다음과 같다.

구분	검토 영역	검토 항목	검토 결과
지문 내적 요소	지문의 난이도 & 변별도	지나치게 쉬운 문제는 없는가?	
		지나치게 어려운 문제는 없는가?	
		쉬운 문제와 어려운 문제가 적절히 출제되었는가?	
		지문의 길이는 적절한가?	
		지문의 난이도와 변별도에 맞게 적절히 배점되었는가?	
	지문 내용	특정 집단 학생에게 유리한 내용을 담고 있는가?	
		비교육적이거나 정치적인 색깔을 띠는 내용을 담고 있는가?	
		지문의 소재가 편중되어 있는가?	
	어휘수준	지문에 사용된 어휘 수준이 적절한가?	
		주석을 달아주어야 할 어휘가 더 있는가?	
		지문은 authentic한가?	
	진정성 (authenticity)	텍스트의 논리전개가 자연스러운가?	
		글의 흐름이 자연스러운가?	
	정확성	문법적인 오류가 있는가?	
		철자 오류가 있는가?	
	단서	단서가 너무 많이 제시되어 내용을 모르는 수험생도 정답을 맞출 가능성이 있는가?	
		지문에서 단서의 위치가 어느 한쪽으로 치우쳐 있는가? (예, 지문의 도입부에 단서를 제공하는 문항이 지나치게 많은 경우)	

3. 지문 외적 요소

문항을 구성하는 데 있어서 내적 완결성과 함께 중요한 요소는 문두의 적절한 구성, 매력도가 높고 타당성이 있는 선택지의 구성, 가독성이 높은 편집 등이라 할 수 있다. 이런 지문 외적 검토 요소를 정리하면 다음과 같다.

구분	검토 영역	검토 항목	검토 결과
지문 외적 요소	문두(발문)	한 가지 사항만 묻고 있는가?	
		묻고자 하는 내용을 간단명료하게 묻고 있는가?	
		정답에 대한 단서가 제시되어 있지는 않은가?	
		부정적 표현의 어구에 밑줄이 있는가?	
	선택지	답지의 내용이 중복되는 것이 있는가?	
		선택지에 정답의 단서가 있는가?	
		선택지가 논리적 순서에 따라 배열되었는가?	
		선택지의 길이가 너무 다른 것은 없는가?	
		두 개 이상의 선택지에 공통적으로 포함되는 요소로 인하여 정답의 단서가 되는 것은 없는가?	
		오답의 매력도는 적절한가? (오답이라는 단서를 주는 선택지의 경우 매력도가 거의 없다.)	
		정답의 위치가 특정 선택지에 편중되어 있지는 않은가?	
		관점에 따라 정답이 정답으로 성립될 수 없는 조건이나 상황이 있는가?	
		관점에 따라 정답이 다를 수 있는가?	
		관점에 따라 정답이 복수가 될 수 있는가?	
	배점	배점별 문항 수는 정확한가?	
		문항의 배점 위치는 정확한가?	
	편집 체제	문항 순서와 선택지 순서가 제대로 되어 있는가?	
		발문과 답지에 오자, 탈자가 있는가?	
		발문과 답지의 띄어쓰기가 잘 되어 있는가?	

4. 문항 검토 과정

① 개별 검토에서는 수험자의 입장에서 첫 문항부터 마지막 문항까지 풀어본다.

② 개별 검토에서는 배부된 '문항별 검토표'의 정답란에 정답을 기재한다.

③ 개별 검토에서는 내용과 행동 영역, 예상 정답률, 전체와 개별 문항별 예상 소요 시간, 검토 항목에 근거한 문제점을 기재한다.

④ 공동 검토에서는 참고 도서를 활용하여 기출 문항 여부를 검토한다.

⑤ 공동 검토에서는 개별 검토에서 지적된 문항을 공동 검토하여 검토 의견서에 합의된 의견을 상세히 기록하여 문항 제작에 반영할 수 있도록 한다.

ICE

선다형 문항

실전편

중심 내용 파악 / 세부 정보 파악 / 맥락 파악 / 언어 형식 · 어휘 / 간접 쓰기 / 장문의 이해

IV

중심내용 파악

Unit 1 요지 추론

I.
출제 시 고려 사항

1. 유형의 이해

① 필자가 말하고자 하는 핵심 내용을 파악할 수 있는 능력을 측정한다.

② 필자는 글 전체에 걸쳐 화제나 핵심 소재를 언급하고, 그에 대한 자신의 견해와 근거를 논리적으로 제시한다.

③ 선택지는 필자가 전달하고자 하는 중심 생각에 가장 잘 부합하는 정답 선택지와 글에 나온 소재를 활용한 다양한 오답 선택지로 구성된다.

2. 지문 선정 시 고려 사항

① 필자가 말하고자 하는 바가 명료하고 분명하게 제시되어 있는 지문을 선정하되, 설명문이나 논설문 등 핵심 소재에 대한 필자의 논지가 예시나 부연 설명을 통해 근거와 함께 체계적으로 기술된 지문이 바람직하다.

② 글에 제시된 정보를 통해 자체적으로 내용을 파악할 수 있는 지문, 즉 하나의 글 안에서 기승전결의 완결성을 갖춘 지문을 선정한다.

③ 낯선 개념을 쉽고 친절하게 소개하는 글이나, 통념에 대한 반박을 새로운 관점에서 제시하는 글은 지적 자극을 유발하는 문항으로 제작하기 좋은 지문이다.

④ 전문 분야에 대한 지식 또는 배경 지식이 있어야 개념을 이해할 수 있는 난해한 지문은 선정하지 않으며, 출제자의 이해 범위를 넘어서는 내용을 담고 있는 지문 역시 지양한다.

⑤ 첫 문장이나 비교적 글의 초반부에 필자가 말하고자 하는 요지가 제시되는 지문은 피하고, 글 전체를 읽고 이해해야 필자의 생각을 파악할 수 있는 지문을 선정한다.

⑥ 필자가 말하고자 하는 핵심 내용이 직접적인 어구로 제시되어 다른 표현의 정답 선택지로 표현하기 어려운 지문은 선정하지 않는다.

⑦ 전문 용어나 교육과정에서 벗어난 어휘가 지나치게 많아 원문을 수정해야 하거나 어휘 순화로도 해결되지 않는 지문은 지양한다.

3. 선택지 구성 시 고려 사항

① 중심 소재에 대해 필자가 말하고자 하는 바를 정확하게 담을 수 있는 정답 선택지를 구성한다.

② 정답 선택지에는 본문에서 반복적으로 제시되는 핵심 어구가 포함되어야 한다.

③ 글에서 제시되지 않은 내용, 지나치게 포괄적인 내용, 글의 한 부분만을 담고 있는 선택지를 오답 선택지로 제시할 수 있다. 예시로 제시된 내용을 바탕으로 구성된 선택지는 글의 전체 내용을 포괄하지 못한다.

④ 요지 선택지는 한 문장의 한글로, 글의 중심 내용을 기술하는 진술의 형태로 제시한다.

⑤ '~하라' 또는 '~해야 한다' 등의 당위성을 주장하는 형태로 기술하는 것은 지양하며, 그런 맥락을 전달해야 할 경우에는 '~이/가 중요하다', '~이/가 필요하다[할 필요가 있다]', '~이/가 필수적이다', '~이/가 바람직하다' 등의 형태로 에둘러 제시할 수 있다.

⑥ 비유적이거나 함축적인 표현을 사용하지 않는다.

📝 수능[모의평가] 선택지 예시

- 자유로운 의사소통 문화는 직무 만족도 향상에 기여한다.
- 계획 수립 절차를 간소화하면 일의 진행 속도가 빨라진다.
- 여가 활동을 함께하는 것도 협업의 효율성을 증가시킨다.
- 대규모 사업에서는 지속적인 성장을 목표로 하는 세부 계획이 중요하다. → 당위성을 에둘러 표현한 선택지
- 정보화된 사회일수록 개인 정보 보호가 필요하다. → 당위성을 에둘러 표현한 선택지
- 협업에서는 정보를 전달하는 방식에도 능숙할 필요가 있다. → 당위성을 에둘러 표현한 선택지
- 안정적인 예산 확보는 일의 원활한 진행을 위해 필수적이다. → 당위성을 에둘러 표현한 선택지
- 정확한 정보 이해는 신속한 업무 수행을 가능하게 한다. → 가능성을 나타내는 선택지
- 사업 계획은 급변하는 상황에 따라 유연하게 변경될 수 있다. → 가능성을 나타내는 선택지
- 인터넷의 발달로 다양한 장르의 음악을 접하는 것이 가능해졌다. → 가능성을 나타내는 선택지
- 고전 문학을 통해 당대의 경제 활동을 파악할 수 있다. → 가능성을 나타내는 선택지
- 모든 문명이 위대한 작가를 배출한 것은 아니다. → 부정 표현이 있는 선택지

II.
기출 문항 분석

1. 대표 기출 문항 [2020학년도 수능 22번]

다음 글의 요지로 가장 적절한 것은?

❶In retrospect, it might seem surprising that something as mundane as the desire to count sheep was the driving force for an advance as fundamental as written language. ❷But the desire for written records has always accompanied economic activity, since transactions are meaningless unless you can clearly keep track of who owns what. ❸As such, early human writing is dominated by wheeling and dealing: a collection of bets, bills, and contracts. ❹Long before we had the writings of the prophets, we had the writings of the profits. ❺In fact, many civilizations never got to the stage of recording and leaving behind the kinds of great literary works that we often associate with the history of culture. ❻What survives these ancient societies is, for the most part, a pile of receipts. ❼If it weren't for the commercial enterprises that produced those records, we would know far, far less about the cultures that they came from.

*mundane: 세속의   **prophet: 예언자

① 고대 사회에서 경제 활동은 문자 기록의 원동력이었다.
② 고전 문학을 통해 당대의 경제 활동을 파악할 수 있다.
③ 경제 발전의 정도가 문명의 발달 수준을 결정한다.
④ 종교의 역사는 상업의 역사보다 먼저 시작되었다.
⑤ 모든 문명이 위대한 작가를 배출한 것은 아니다.

출처 *Uncharted: Big Data as a Lens on Human Culture* / Erez Aiden, Jean-Baptiste Michel / Riverhead Hardcover (2013)

원문

In retrospect, it might seem surprising that something as mundane as the desire to count sheep was the impetus for an advance as fundamental as written language. But the desire for written records has always accompanied economic activity, since transactions are meaningless unless you can clearly keep track of who owns what. As such, early human writing is dominated by wheeling and dealing: a menagerie of bets, chits, and contracts. Long before we had the writings of the prophets, we had the writings of the profits. In fact, many civilizations never got to the stage of recording and leaving behind the kinds of great literary works that we often associate with the history of culture. What survives these ancient societies is, for the most part, a pile of receipts. If it weren't for the commercial enterprises that produced those records, we would know far, far less about the cultures that they came from.

2. 지문 적합성 검토

① written language, written records, economic activity, transactions, profits, receipts, ancient societies, commercial enterprises 등의 어구가 반복적으로 제시되는 것으로 보아, 화제/중심 소재는 '문자 기록과 경제 활동'이다.

② '문자 기록에 대한 욕구는 언제나 경제 활동을 수반해 왔다'라는 것이 필자의 견해이며, ❷ But the desire for written records has always accompanied economic activity, ~와 ❸ ~, early human writing is dominated by wheeling and dealing: a collection of bets, bills, and contracts에 반복적으로 제시되고 있다.

③ [화제 도입] ❶: 양의 수를 세고자 하는 욕구는 문자 언어처럼 근본적인 진보의 원동력이 됨.

  [주제 제시] ❷: '문자 기록에 대한 욕구는 언제나 경제 활동을 수반해 왔다'는 필자의 중심 생각이 제시되고, 소유에 대해 알 수 없는 거래는 무의미하다는 내용이 덧붙여짐.

  [부연 설명] ❸ ~ ❻: 초기 인간의 글쓰기는 내기에 건 돈, 계산서, 계약서와 같은 것들이고, 문학에 대한 기록 훨씬 더 이전에 이익에 대한 기록을 남겼고, 고대 사회에서 살아남은 것은 대부분 영수증 더미임. 이를 통해 초기의 인간들이 문자 기록을 남기게 된 것은 이익에 대한 기록과 같은 경제 활동 때문임을 제시함.

  [결론 제시] ❼: 이러한 문자 기록을 만들어 낸 상업적 사업이 없다면, 그런 기록이 생겨난 문화에 대해 우리는 아주 훨씬 더 적게 알게 될 것임.

  ※ **결론**: 문자 기록에 대한 욕구는 언제나 경제 활동을 수반해 왔다는 주제 제시 후에, 고대 사회에서는 인간이 계산서, 계약서, 이윤, 영수증 등의 경제 활동과 같은 기록을 남겼다는 근거를 제시한 후에, 결국은 상업적 사업이 문자 기록을 만들어낸 원동력이었다는 내용으로 마무리되고 있다. 중심 소재에 대한 필자의 생각이 근거와 함께 명확하게 제시되면서, 완결되고 자족적인 글의 구조를 갖추고 있는 지문이다.

④ mundane, impetus, menagerie chits, prophet 등이 교육과정 밖의 단어들로, impetus는 driving force로, menagerie는 collection으로, chit은 bill로, 어휘를 순화해 출제하였다. 나머지 두 단어 mundane과 prophet은 주석으로 제시되었다.

3. 선택지 적합성 검토

지문에 제시된 핵심 단어나 어구를 활용하여 정답 및 오답 선택지를 구성한다. (파란색 어휘는 본문에 제시된 어휘/어구)

  ① 고대 사회에서 경제 활동은 문자 기록의 원동력이었다. → ancient societies, economic activity, written recording 등 글의 핵심 어구를 포함하면서, 고대의 경제 활동이 문자 기록을 하게 한 원동력(driving force)이었다는 것을 정확하게 기술하고 있는 선택지이다. **정답**

  ② 고전 문학을 통해 당대의 경제 활동을 파악할 수 있다. → ❷의 economic activity와 ❺의 great literary works를 결합하여 만든 선택지로, ❺에서 많은 문명이 위대한 문학 작품을 기록하고 그 것을 뒤에 남기는 단계에 이르지 못했다고 했으므로, 글의 내용에 맞지 않는 진술이다. 오답

③ 경제 발전의 정도가 문명의 발달 수준을 결정한다. → ❷의 economic activity와 ❺의 many civilizations를 결합하여 만든 선택지로, 경제 발전과 문명의 발달 수준을 연결 짓는 어떤 내용도 글에서 설명되지 않았다. 오답

④ 종교의 역사는 상업의 역사보다 먼저 시작되었다. → ❺에 나온 the history of culture를 이용하 여 종교의 역사와 상업의 역사를 관련지어 기술한 선택지로, 종교의 역사는 언급 자체가 되지 않았 고, 상업의 역사 역시 ❼에 commercial이라는 단어가 있지만 본문에서 언급되지 않았다. 오답

⑤ 모든 문명이 위대한 작가를 배출한 것은 아니다. → ❺의 many civilizations와 great literary works, 그리고 ❸의 early human writing을 결합하여 문명과 위대한 작가의 배출이라는 내용 을 기술한 선택지로, 글쓰기와 문학 작품을 통해 '위대한 작가'를 잘못 추론하게 만들었다. 오답

III.
문항 출제 연습

Practice 1

다음 글의 요지로 가장 적절한 것은?

❶ Social scientists and laypersons alike have a lasting trust in the explanatory power and predictive validity of global attitudes. ❷ It appears intuitively compelling to argue, for example, that proenvironmental attitudes are conducive to participation in recycling efforts, that degree of job satisfaction influences work productivity, that prosocial attitudes determine willingness to donate blood, or that racial prejudice is responsible for biases in hiring decisions. ❸ Yet, as reasonable as it appears, empirical research has provided very little support for the idea that performance of specific behaviors can be predicted from global attitudes. ❹ In an early review of work on the attitude-behavior relation, Ajzen and Fishbein discovered that among the 102 studies reviewed, 54 had assessed global attitudes in attempts to predict specific actions. ❺ Of these studies, 25 obtained nonsignificant results and the remainder rarely showed correlations in excess of .40. ❻ A more recent meta-analysis revealed similarly low correlations between global attitudes and specific behaviors.

*conducive: 도움이 되는   **empirical: 실증적인, 경험적인

① 직업 만족도와 생산성 사이에는 높은 상관관계가 있다.
② 전반적인 태도로부터 특정 행동을 예측하기는 어렵다.
③ 행동 결과에 대한 해석 시 최초 수행 의도가 중요하다.
④ 공존하는 사회에서 가장 필요한 가치는 다양성의 인정이다.
⑤ 태도와 행동 사이의 일관성은 환경에 의해 방해받을 수 있다.

출처 *Attitudes and Attitude Change.* / William D. Crano, Radmila Prislin / Psycholoy Press (2011)

Social scientists and laypersons alike have an abiding trust in the explanatory power and predictive validity of global attitudes. It appears intuitively compelling to argue, for example, that proenvironmental attitudes are conducive to participation in recycling efforts, that degree of job satisfaction influences work productivity, that prosocial attitudes determine willingness to donate blood, or that racial prejudice is responsible for biases in hiring decisions. Yet, as reasonable as it appears, empirical research has provided very little support for the idea that performance of specific behaviors can be predicted from global attitudes. In an early review of work on the attitude–behavior relation, Ajzen and Fishbein (1977) discovered that among the 102 studies reviewed, 54 had assessed global attitudes in attempts to predict specific actions. Of these studies, 25 obtained nonsignificant results and the remainder rarely showed correlations in excess of .40. A more recent meta-analysis of this literature (Kraus, 1995) revealed similarly low correlations between global attitudes and specific behaviors.

1. 지문 적합성 검토 (아래 질문에 답하시오.)

① 반복되는 어구를 통해 확인할 수 있는 화제/중심 소재는 무엇인가?

② 화제[중심 소재]에 대한 필자의 견해는 무엇이며, 어디에 제시되어 있는가?

③ 필자가 말하고자 하는 핵심 내용을 담고 있는 위 문단은 자체로 완결되고 자족적인가?

④ 교육과정 밖의 단어는 어떤 것이 있으며, 주석으로 제시해야 할 단어는 무엇이 있는가?

2. 선택지 적합성 검토 (본문에 제시된 어휘/어구에 밑줄을 긋고 정답과 오답의 근거를 제시하시오.)

① 직업 만족도와 생산성 사이에는 높은 상관관계가 있다.

② 전반적인 태도로부터 특정 행동을 예측하기는 어렵다.

③ 행동 결과에 대한 해석 시 최초 수행 의도가 중요하다.

④ 공존하는 사회에서 가장 필요한 가치는 다양성의 인정이다.

⑤ 태도와 행동 사이의 일관성은 환경에 의해 방해받을 수 있다.

다음 글의 요지를 가장 잘 나타내는 정답 선택지와 오답 선택지를 구성해 보세요.

[EBS 2022학년도 수능특강 영어 4강 4번]

Archaeology is a mode of production of the past. This would seem to be recognised by those many archaeologists and textbooks that talk at length of archaeological techniques—archaeology seen as technology. The past has left remains, and they decay in the ground. According to their interest, an archaeologist works on the material remains to make something of them. So excavation is invention/discovery or sculpture where archaeologists craft remains of the past into forms which are meaningful. The archaeological 'record' is, accordingly, not a record at all, but made, not given, 'data'. 'The past' is gone and lost, and *a fortiori*, through the equivocality of things and the character of society as constituted through meaning, never existed as a definitive entity 'the present' anyway. An archaeologist has a raw material, the remains of the past, and turns it into something—data, a report, set of drawings, a museum exhibition, an archive, a television programme, evidence in an academic controversy, and perhaps that which is termed 'knowledge of the past'. This is a mode of production.

*excavation: 발굴　**a fortiori: 더더구나　***equivocality: 다의성

① _____

② _____

③ _____

④ _____

⑤ _____

Unit 2 주제 추론

I.
출제 시 고려 사항

1. 유형의 이해

① 필자가 말하고자 하는 핵심 내용을 파악할 수 있는 능력을 측정한다.

② 선택지는 필자는 글 전체에 걸쳐 화제나 핵심 소재를 언급하고, 그에 대한 자신의 견해와 근거를 논리적으로 제시한다.

③ 선택지는 필자가 전달하고자 하는 중심 생각에 가장 잘 부합하는 정답 선택지와 글에 나온 소재를 활용한 다양한 오답 선택지로 구성된다.

2. 지문 선정 시 고려 사항

① 선택지는 필자가 말하고자 하는 바가 명료하고 분명하게 제시되어 있는 지문을 선정하되, 설명문이나 논설문 등 핵심 소재에 대한 필자의 생각이 예시나 부연 설명을 통해 근거와 함께 체계적으로 기술된 지문이 바람직하다.

② 글에 제시된 정보를 통해 자체적으로 내용을 파악할 수 있는 지문, 즉 하나의 글 안에서 기승전결의 완결성을 갖춘 지문을 선정한다.

③ 낯선 개념을 쉽고 친절하게 소개하는 글이나, 통념에 대한 반박을 새로운 관점에서 제시하는 글은 지적 자극을 유발하는 문항으로 제작하기 좋은 지문이다.

④ 전문 분야에 대한 지식 또는 배경 지식이 있어야 개념을 이해할 수 있는 난해한 지문은 선정하지 않으며, 출제자의 이해 범위를 넘어서는 내용을 담고 있는 지문 역시 지양한다.

⑤ 첫 문장이나 비교적 글의 초반부에 필자가 말하고자 하는 주제(문)가 제시되는 지문은 피하고, 글 전체를 읽고 이해해야 필자의 생각을 파악할 수 있는 지문을 선정한다.

⑥ 필자가 말하고자 하는 핵심 내용이 직접적인 어구로 제시되어 다른 표현의 정답 선택지로 표현하기 어려운 지문은 선정하지 않는다.

⑦ 전문 용어나 교육과정에서 벗어난 어휘가 지나치게 많아 원문을 수정해야 하거나 어휘 순화로도 해결되지 않는 지문은 지양한다.

3. 선택지 구성 시 고려 사항

① 중심 소재에 대해 필자가 말하고자 하는 바를 정확하게 담을 수 있는 정답 선택지를 구성한다.

② 정답 선택지에는 본문에서 반복적으로 제시된 핵심 어구가 포함되어야 한다.

③ 글에서 제시되지 않은 내용, 지나치게 포괄적인 내용, 글의 한 부분만을 담고 있는 선택지를 오답 선택지로 제시할 수 있다. 예시로 제시된 내용을 바탕으로 구성된 선택지는 글의 전체 내용을 포괄하지 못한다.

④ 주제 선택지는 영어 소문자로 제시하며, 대체로 명사구의 형태로 제시된다. 명사구는 전치사구, 분사구, 또는 관계절의 수식을 받을 수 있다.

⑤ 동명사구의 형태로 제시되기도 한다.

⑥ 명령문, 의문문, 감탄문, 주어와 술어가 있는 절로 제시하지 않으며, 콜론(:)을 사용하여 어구를 연결하지 않는다.

⑦ 비유적이거나 함축적인 표현은 선택지로 사용하지 않는다.

⑧ 선택지로 많이 쓰이는 명사에는 effect, influence, impact, necessity, need, importance, significance, relationship, similarity, difference, limit, role, consequence, difficulty, reason, way, attempt 등이 있다.

📝 수능[모의평가] 선택지 예시

- effects of narrative structures on readers' imaginations → effect가 있는 선택지
- necessity of shifting from individualism to interdependence → necessity가 있는 선택지
- importance of asking the right questions for better solutions → importance가 있는 선택지
- difficulty of using a metaphor to find solutions to a problem → difficulty가 있는 선택지
- changing roles of local libraries and their effects on society → roles가 있는 선택지
- reasons why problem framing prevents solutions from appearing → 관계절의 수식을 받는 명사구 선택지
- political and social conflicts caused by maps → 분사구의 수식을 받는 명사구 선택지
- ideologies lying beneath the objectivity of maps → 분사구의 수식을 받는 명사구 선택지
- coping with climate change by reforming aid and policies → 동명사구로 제시된 선택지
- reforming diplomatic policies in poor countries → 동명사구로 제시된 선택지

II.
기출 문항 분석

1. 대표 기출 문항 [2020학년도 수능 23번]

다음 글의 주제로 가장 적절한 것은?

❶Human beings do not enter the world as competent moral agents. ❷Nor does everyone leave the world in that state. ❸But somewhere in between, most people acquire a bit of decency that qualifies them for membership in the community of moral agents. ❹Genes, development, and learning all contribute to the process of becoming a decent human being. ❺The interaction between nature and nurture is, however, highly complex, and developmental biologists are only just beginning to grasp just how complex it is. ❻Without the context provided by cells, organisms, social groups, and culture, DNA is inert. ❼Anyone who says that people are "genetically programmed" to be moral has an oversimplified view of how genes work. ❽Genes and environment interact in ways that make it nonsensical to think that the process of moral development in children, or any other developmental process, can be discussed in terms of nature *versus* nurture. ❾Developmental biologists now know that it is really both, or nature *through* nurture. ❿A complete scientific explanation of moral evolution and development in the human species is a very long way off.

*decency: 예의   **inert: 비활성의

① evolution of human morality from a cultural perspective
② difficulties in studying the evolutionary process of genes
③ increasing necessity of educating children as moral agents
④ nature versus nurture controversies in developmental biology
⑤ complicated gene-environment interplay in moral development

출처 *Moral Machines: Teaching Robots Right from Wrong* / Wendell Wallach, Colin Allen / Oxford University Press (2010)

원문

Human beings do not enter the world as competent moral agents. Nor does everyone leave the world in that state. But somewhere in between, most people acquire a modicum of decency that qualifies them for membership in the community of moral agents.

Genes, development, and learning all contribute to the process of becoming a decent human being. The interaction between nature and nurture is, however, highly complex, and developmental biologists are only just beginning to grasp just how complex it is. Without the context provided by cells, organisms, social groups, and culture, DNA is inert. Anyone who says that people are "genetically programmed" to be moral (or psychopathic for that matter) has an oversimplified view of how genes work.

Genes and environment interact in ways that make it nonsensical to think that the process of moral development in children, or any other developmental process, can be discussed in terms of nature *versus* nurture. Developmental biologists now know that it is really both, or nature *through* nurture. A complete scientific account of moral evolution and development in the human species is a very long way off. And even if one had such an account, it is not clear how one could apply it to digital computers. Nevertheless, evolutionary and developmental ideas will continue to play a role in the design of AMAs.

2. 지문 적합성 검토

① moral agents, genes, development, learning, interaction between nature and nurture, environment, moral evolution and development 등의 어구가 반복적으로 제시되는 것으로 보아, 화제/중심 소재는 '인간의 도덕성 발달', '유전자와 환경 사이의 상호 작용'이다.

② '인간이 유능하고 예의 바른 도덕적 행위자가 되는 것은 유전자와 환경의 복잡한 상호 작용을 통해서이다'라는 것이 필자의 견해이며, ❺ The interaction between nature and nurture is, however, highly complex, and developmental biologists are only just beginning to grasp just how complex it is.와 ❽ Genes and environment interact in ways that make it nonsensical to think that the process of moral development in children, ~ , can be discussed in terms of nature *versus* nurture.에 반복적으로 제시되고 있다.

③ [화제 도입] ❶ ~ ❸: 인간은 도덕적 행위자로 이루어진 공동체의 구성원이 되는 얼마간의 예의를 습득함.

[주제 제시] ❹ + ❺: 인간이 예의 바른 도덕적 인간이 되는 데는 유전자, 환경, 학습 사이에 매우 복잡한 상호 작용이 필요하고, 그런 복잡성을 발생 생물학자들이 간신히 이해하기 시작하고 있음.

[부연 설명] ❻ + ❼: 유전자에 의해서 사람이 도덕성을 지니게 된다고 말하는 사람은 유전자의 작동 방식에 대해 지나치게 단순화된 견해를 가지고 있는 것임.

[결론 제시 및 주제의 반복] ❽ ~ ❿: 유전자와 환경의 상호 작용은 아이의 도덕적 발달 과정을 단순히 찬성 '대' 양육이라는 견지에서 논할 수 없을 정도로 매우 복잡하며, 그런 상호 작용에 대한 과학적 설명은 매우 요원함.

※ **결론**: 인간이 사회에서 유능하고 예의 바른 도덕적 행위가 된다는 화제 도입 후에, 그 과정에 유전자와 환경이 복잡한 상호 작용을 통해 큰 영향을 끼친다는 주제를 제시하고, 글의 중·후반부에서 주제를 반복하면서 결론을 제시하고 있다. 중심 소재에 대한 필자의 견해가 명확하게 제시되면서 주제와 근거, 그리고 주제의 반복이라는 완결되고 자족적인 글의 구조를 갖추고 있는 지문이다.

④ modicum, decency, inert가 교육과정 밖의 단어들로, modicum은 bit으로 어휘를 순화해 출제하였다. 나머지 두 단어 decency와 inert는 주석으로 제시되었다.

3. 선택지 적합성 검토

지문에 제시된 핵심 단어나 어구를 활용하여 정답 및 오답 선택지를 구성한다. (파란색 어휘는 본문에 제시된 어휘/어구)

① evolution of human morality from a cultural perspective → morality, culture 등 글의 핵심 소재가 포함되어 있지만, 문화(환경) 이외에 도덕성 발달의 또 다른 축인 유전자(gene)에 대한 내용이 빠져 있어서, 글의 전체 내용을 온전히 담지 못한 선택지이다. **오답**

② difficulties in studying the evolutionary process of genes → gene, evolution 등 글의 핵심 소재가 포함되어 있고, ❿ A complete scientific explanation of moral evolution and development in the human species is a very long way off.에서 과학적 설명이 어렵다는 내용을 바탕으로 difficult, study 등의 단어를 사용하여 만든 선택지이다. '도덕성 발달에서 유전자와 환경의 상호 작용이 복잡하다'는 내용을 '유전자의 진화 과정에 대한 연구가 어렵다'는 내용으로 오독하게 만들었다. **오답**

③ increasing necessity of educating children as moral agents → ❶과 ❸에 제시된 moral agents라는 어구를 이용하여 만든 선택지로, '어린 아이들을 도덕적 행위자로 교육해야 할 필요성이 증가하고 있다'는 것은 본문의 정보로부터 알 수 없는 내용이다. **오답**

④ nature versus nurture controversies in developmental biology → ❺ (nature and nurture), ❽ (nature *versus* nurture), ❾ (nature *through* nurture)에서 언급된 핵심 어구를 이용하여 만든 매우 매력적인 오답 선택지이다. 인간의 도덕성 발달에서 유전자와 환경 사이의 상호 작용이 매우 복잡하기 때문에, 발달 생물학에서 언급되는 '본성 '대' 양육'의 견지에서 생각하는 것이 말이 안 될 정도라는 내용이 나왔으므로, 이 선택지는 정답이 될 수 없다. **오답**

⑤ complicated gene-environment interplay in moral development → 글의 핵심 소재인 moral development, gene, environment가 모두 포함되어 있고, 유전자와 환경의 '상호 작용(interaction)'을 'interplay'라는 다른 단어로, 그런 과정이 '매우 복잡하다(highly complex)'는 것을 'complicated'로 바꿔 표현하여 정답 선택지를 구성하였다. 정답

III.
문항 출제 연습

Practice ❶　　　　　　　　　　　　　　　　　　　　　　　[EBS 2022학년도 수능특강 영어 5강 2번]

다음 글의 주제로 가장 적절한 것은?

❶ The competitive arena is, by its very nature, difficult, unpredictable, and uncontrollable. ❷ Despite their best efforts, athletes can never prepare for every eventuality that may occur in competition or control everything that may influence their performances. ❸ Routines offer a structure within which to prepare for performance and the flexibility to adjust to the uncertain nature of competition. ❹ Because routines are not inviolate, but rather provide a guide for athletes to follow, they can also be readily altered to fit the demands of a unique or unexpected competitive environment. ❺ Unforeseen changes in the competitive setting, such as weather, unexpected opponents, late arrival, insufficient warm-up space, and broken or lost equipment, can have a disturbing and disruptive effect on athletes before a competition. ❻ Athletes often perform below expectations because they are unable to respond appropriately to these occurrences or become unsettled mentally (e.g., lose motivation or confidence, get distracted, or experience anxiety). ❼ Athletes with well-organized yet flexible routines will be better able to respond positively to these challenges, keep calm, and maintain a high level of performance.

*eventuality: 만일의 사태　**inviolate: 어길 수 없는

① the necessity of flexible routines for athletes
② the role of training in preparing for a competition
③ the difficulty of developing effective sport routines
④ the reasons athletes should have high expectations
⑤ the effects of sports participation on social adjustment

출처　*Applying Sport Psychology: Four Perspectives* / Jim Taylor, Gregory Scott Wilson / Human Kinetics (2005)

원문

The competitive arena is, by its very nature, difficult, unpredictable, and uncontrollable. Despite their best efforts, athletes can never prepare for every eventuality that may occur in competition or control everything that may influence their performances. Routines offer a structure within which to prepare for performance and the flexibility to adjust to the uncertain nature of competition. Because routines are not inviolate, but rather provide a guide for athletes to follow, they can also be readily altered to fit the demands of a unique or unexpected competitive environment. Unforeseen changes in the competitive setting, such as weather, unexpected opponents, late arrival, insufficient warm-up space, and broken or lost equipment, can have a disturbing and disruptive effect on athletes before a competition. Athletes often perform below expectations because they are unable to respond appropriately to these occurrences or become unsettled mentally (e.g., lose motivation or confidence, get distracted, or experience anxiety). Athletes with well-organized yet flexible routines will be better able to respond positively to these challenges, keep their composure, and maintain a high level of performance.

1. 지문 적합성 검토 (아래 질문에 답하시오.)

① 반복되는 어구를 통해 확인할 수 있는 화제/중심 소재는 무엇인가?

② 화제[중심 소재]에 대한 필자의 견해는 무엇이며, 어디에 제시되어 있는가?

③ 필자가 말하고자 하는 핵심 내용을 담고 있는 위 문단은 자체로 완결되고 자족적인가?

④ 교육과정 밖의 단어는 어떤 것이 있으며, 주석으로 제시해야 할 단어는 무엇이 있는가?

2. 선택지 적합성 검토 (본문에 제시된 어휘/어구에 밑줄을 긋고 정답과 오답의 근거를 제시하시오.)

① the necessity of flexible routines for athletes

② the role of training in preparing for a competition

③ the difficulty of developing effective sport routines

④ the reasons athletes should have high expectations

⑤ the effects of sports participation on social adjustment

다음 글의 주제를 가장 잘 나타내는 정답 선택지와 오답 선택지를 구성해 보세요.

[EBS 2022학년도 수능특강 영어 Test 1 6번]

Popular music is much talked about in terms of youth culture and kinds of resistance. This is both valid and yet misleading. Not all subcultures are about youth. And 'youth' itself is a notion that contains great diversity. It is a label that appeals to marketeers and sociologists, but still conceals a range of ages and of cultural behaviours. So consumers of Irish folk music or of Indian film music or of reggae may feel their identities are being reinforced, and may feel that they are asserting that identity against dominant cultural forms — but they are not necessarily young, and they are not resisting with a kind of loud public display which makes the tabloids. Brackett talks about the dangers of interpreting music only through youth culture and about a 'naive, romanticised celebration of youth rebellion'. Demographic realities mean that youth audiences have grown old, yet have not simply abandoned the popular music of their younger days for some form of easy listening. Rock music is still part of the identity of a now middle-aged generation. Where they stand in relation to kinds of resistance and to counter culture, has not been adequately explored.

*demographic: 인구 통계(학)의

① _____

② _____

③ _____

④ _____

⑤ _____

Unit 3 제목추론

I.
출제 시 고려 사항

1. 유형의 이해

① 필자가 말하고자 하는 핵심 내용을 파악할 수 있는 능력을 측정한다.

② 필자는 글 전체에 걸쳐 반복적으로 제시되는 화제 또는 핵심 소재에 대한 견해와 그에 대한 근거를 논리적으로 제시한다.

③ 선택지는 필자가 전달하고자 하는 중심 생각에 가장 잘 부합하는 정답 선택지와 글에 나온 소재를 활용한 다양한 오답 선택지로 구성된다.

2. 지문 선정 시 고려 사항

① 필자가 말하고자 하는 바가 명료하고 분명하게 제시되어 있는 지문을 선정하되, 설명문이나 논설문 등 핵심 소재에 대한 필자의 생각이 예시나 부연 설명을 통해 근거와 함께 체계적으로 기술된 지문이 바람직하다.

② 문단 안에 제시된 정보를 통해 자체적으로 내용을 파악할 수 있는 지문, 즉 하나의 지문으로 기승전결의 완결성을 갖춘 지문을 선정한다.

③ 낯선 개념을 쉽고 친절하게 소개하는 글이나, 통념에 대한 반박을 새로운 관점에서 제시하는 글은 지적 자극을 유발하는 문항으로 제작하기 좋은 지문이다.

④ 전문 분야를 다루는 데 배경 지식이 없으면 이해하기 어려운 지문은 선정하지 않으며, 출제자가 이해하지 못하는 내용을 담고 있는 지문은 지양한다.

⑤ 첫 문장이나 비교적 글의 초반부에 필자의 핵심 견해가 제시되는 지문은 피하고, 글을 전체적으로 읽고 이해해야 글의 중심 생각을 파악할 수 있는 지문을 선정한다.

⑥ 필자가 말하고자 하는 핵심 내용이 글 전반에 두루 녹아 있지 않고 어느 한 문장에만 집중되어 그 문장만으로도 제목을 추론할 수 있는 지문은 가급적 피한다.

⑦ 전문 용어나 교육과정에서 벗어난 어휘가 지나치게 많아 원문을 수정해야 하거나 어휘 순화로도 해결되지 않는 지문은 지양한다.

3. 선택지 구성 시 고려 사항

① 중심 소재에 대한 필자의 견해를 함축적이고 포괄적으로 담을 수 있도록 선택지를 구성한다.

② 정답 선택지에는 본문에서 반복적으로 제시되는 핵심 어구가 포함되어야 한다.

③ 제시되지 않은 내용, 지나치게 포괄적인 내용, 글의 한 부분만을 담고 있는 선택지를 오답 선택지로 제시할 수 있다. 예시로 제시된 내용을 바탕으로 구성된 선택지는 글의 전체 내용을 포괄하지 못한다.

④ 각 영어 단어의 첫 글자는 모두 대문자로 한다(단, 관사, 등위 접속사, 한 음절의 전치사 등은 소문자로 쓴다). 콜론(:) 뒤 첫 단어의 첫 글자도 대문자로 시작하며, 하이픈(−)으로 이어진 표현의 뒤 단어는 소문자/대문자 모두 가능하다.

⑤ 제목 선택지는 대체로 명사구의 형태로 제시되지만, 동명사구, 명령문, 의문문, 감탄문(또는 느낌표(!)에 의한 의미 강조)으로도 제시할 수 있으며, 주어와 술어가 있는 요지 형태의 선택지 구성도 가능하다.

⑥ 선택지에 콤마(,), 콜론(:) 등을 사용하여 어구를 연결할 수 있다.

⑦ 의문사 또는 선행사를 포함하는 관계대명사 what으로 시작해 선택지를 구성할 수도 있다.

⑧ 비유적인 표현을 통해 암시적인 선택지를 제시할 수 있다.

수능[모의평가] 선택지 예시

- On-going Challenges in Sports: Racial and Ethnic Issues → 콜론(:)이 있는 선택지
- Toward Genuine Liberty, Beyond Fear and Violence → 콤마(,)가 있는 선택지
- Are Nuclear Power Plants Really Dangerous? → 의문문으로 제시된 선택지
- Creativity Leaps with Longer Copyright Protection! → 느낌표(!)로 의미가 강조되는 선택지
- Family Stories Disclose a Couple's True Faces → 주어와 술어가 있는 요지 형태의 선택지
- Reconstructing the Foundation of Family Reunion → 동명사구로 제시된 선택지
- Be Careful, Numbers Magnify Feelings! → 명령문과 느낌표(!)가 있는 선택지
- Language: A Crystal-Clear Looking Glass → 비유적인 의미를 나타내는 선택지
- What in Language Creates Varied Understanding? → 의문사 What이 의문문으로 제시된 선택지

II.
기출 문항 분석

1. 대표 기출 문항 [2020학년도 수능 24번]

다음 글의 제목으로 가장 적절한 것은?

❶ Invasions of natural communities by non-indigenous species are currently rated as one of the most important global-scale environmental problems. ❷ The loss of biodiversity has generated concern over the consequences for ecosystem functioning and thus understanding the relationship between both has become a major focus in ecological research during the last two decades. ❸ The "biodiversity-invasibility hypothesis" by Elton suggests that high diversity increases the competitive environment of communities and makes them more difficult to invade. ❹ Numerous biodiversity experiments have been conducted since Elton's time and several mechanisms have been proposed to explain the often observed negative relationship between diversity and invasibility. ❺ Beside the decreased chance of empty ecological niches but the increased probability of competitors that prevent invasion success, diverse communities are assumed to use resources more completely and, therefore, limit the ability of invaders to establish. ❻ Further, more diverse communities are believed to be more stable because they use a broader range of niches than species-poor communities.

*indigenous: 토착의   **niche: 생태적 지위

① Carve Out More Empty Ecological Spaces!
② Guardian of Ecology: Diversity Resists Invasion
③ Grasp All, Lose All: Necessity of Species-poor Ecology
④ Challenges in Testing Biodiversity-Invasibility Hypothesis
⑤ Diversity Dilemma: The More Competitive, the Less Secure

출처 *Animal Ecosystem Engineers Modulate the Diversity-Invasibility Relationship*. Introduction / Nico Eisenhauer, Alexandru Milcu, Alexander C. W. Sabais, Stefan Scheu / (2008)

[인터넷 출처] https://www.ncbi.nlm.nih.gov/pmc/articles/PMC2565839/

Invasions of natural communities by non-indigenous species are currently rated as one of the most important global-scale environmental problems [1], [2]. The loss of biodiversity has generated concern over the consequences for ecosystem functioning and thus understanding the relationship between both has become a major focus in ecological research during the last two decades [3]–[6]. The "biodiversity-invasibility hypothesis" by Elton [7] postulates that high diversity increases the competitive environment of communities and makes them more difficult to invade. Numerous biodiversity experiments have been conducted since Elton's time and several mechanisms have been proposed to explain the often observed negative relationship between diversity and invasibility. Beside the decreased chance of empty ecological niches but the increased probability of competitors that preclude invasion success, diverse communities are assumed to use resources more completely and, therefore, limit the ability of invaders to establish [5], [7], [8]. Further, more diverse communities are believed to be more stable because they use a broader range of niches than species-poor communities [5], [7]–[10].

2. 지문 적합성 검토

① invasions(invade, invaders), communities, species, biodiversity, diversity(diverse), invasibility, ecological (niches) 등의 어구가 반복적으로 제시되는 것으로 보아, 화제/중심 소재는 '군락의 생물 다양성과 종의 침입'이다.

② '군락에 서식하는 종이 다양하면 비토착종의 침입이 어렵다'는 것이 필자의 견해이며, 글의 중·후반부, 즉 ❸의 high diversity increases the competitive environment of communities and makes them more difficult to invade와 ❺의 diverse communities ~ limit the ability of invaders to establish에 반복적으로 제시되고 있다.

③ [화제 도입] ❶ + ❷: 비토착종에 의한 자연 군락 침입은 중요한 환경 문제이고, 군락 침입과 생물 다양성의 관계를 이해하는 것이 최근 생태학 연구의 주요 초점임.

[주제 제시] ❸: Elton의 '생물 다양성–침입성 가설'에 따르면, 높은 다양성이 군락의 경쟁적인 환경을 증가시켜 비토착종의 침입을 더 어렵게 만듦.

[부연 설명] ❹ + ❺: 다양성이 있는 군락은 생태적 지위가 비어 있을 가능성은 감소하고 침입 성공을 막아 주는 경쟁자들의 존재 확률은 증가하여, 침입자가 자리 잡는 것을 제한함. ❻ 종이 빈약한 군락보다 생태적 지위가 더 광범위하여 더 안정적임(연결어구 Further 이하가 부가적인 설명을 추가함).

※ **결론**: '군락의 생물 다양성과 종의 침입'이라는 화제 도입 후, 중반부에서 주제가 제시되고 그 이후의 문장이 모두 주제를 뒷받침하는 구조로, 하나의 문단으로 완결성을 갖추고 있는 지문이다.

④ indigenous, postulate, niche, preclude가 교육과정 밖의 단어들로, postulate는 suggest로, preclude는 prevent로 어휘를 순화해 출제하였다. 나머지 두 단어 indigenous와 niche는 주석으로 제시되었다.

3. 선택지 적합성 검토

지문에 제시된 핵심 단어나 어구를 활용하여 정답 및 오답 선택지를 구성한다. (파란색 어휘는 본문에 제시된 어휘/어구)

① Carve Out More Empty Ecological Spaces! → ❺의 empty ecological niches를 이용하여 the decreased chance of empty ecological niches와 반대되는 내용을 제시한 선택지로, 정확한 내용 파악 여부를 묻는다. 오답

② Guardian of Ecology: Diversity Resists Invasion → 글의 핵심 소재에 해당하는 ecology, diversity, invasion이 모두 포함되어 있고, 다양성이 있는 군락이 비토착종의 침임을 막는다는 것을 'Guardian'과 'Resists'로 적절히 바꾸어 표현하였다. 정답

③ Grasp All, Lose All: Necessity of Species-poor Ecology → 다양성(diversity)이 있어야 비토착종의 침입(invasion)을 막는다는 글의 주제와 상반되는 선택지를 Species-poor Ecology를 사용하여 구성하였다. 오답

④ Challenges in Testing Biodiversity-Invasibility Hypothesis → ❸의 The "biodiversity-invasibility hypothesis"를 그대로 활용하여 만든 선택지로, 이 가설을 검증하는 일의 난제는 글에 언급되지 않은 내용이다. 오답

⑤ Diversity Dilemma: The More Competitive, the Less Secure → 글의 핵심 소재인 diversity가 제시되어 있지만, 다양성의 딜레마를 본문에 나온 competitive와 stable의 동의어 secure를 섞어 구성한 선택지이다. 오답

III.
문항 출제 연습

다음 글의 제목으로 가장 적절한 것은?

❶ Social media—and the possibility of connecting people across the globe through communication and information platforms—may seem like a tool for tolerance because technology enables people to see and participate in worlds beyond their own. ❷ We often identify teens, in particular, as the great beneficiaries of this new cosmopolitanism. ❸ However, when we look at how social media is adopted by teens, it becomes clear that the Internet doesn't level inequality in any practical or widespread way. ❹ The patterns are all too familiar: prejudice, racism, and intolerance are pervasive. ❺ Many of the social divisions that exist in the offline world have been replicated, and in some cases amplified, online. ❻ Those old divisions shape how teens experience social media and the information that they encounter. ❼ This is because while technology does allow people to connect in new ways, it also reinforces existing connections. ❽ It does enable new types of access to information, but people's experiences of that access are uneven at best.

*cosmopolitanism: 세계주의

① The Pros and Cons of Social Networking for Teens
② Can Online Degrees Reduce Global Inequalities in Education?
③ Social Media and Teen Depression: The Two Go Hand in Hand
④ Are Your Teen's Communication Problems Due to Social Media Use?
⑤ Offline Social Divisions Mirrored in and Magnified on Teens' Social Media

출처 *It's Complicated: The Social Lives of Networked Teens* / Danah Boyd / Yale University Press (2014)

> **원문**
> Social media—and the possibility of connecting people across the globe through communication and information platforms—may seem like a tool for tolerance because technology enables people to see and participate in worlds beyond their own. We often identify teens, in particular, as the great beneficiaries of this new cosmopolitanism.[9] However, when we look at how social media is adopted by teens, it becomes clear that the internet doesn't level inequality in any practical or widespread way. The patterns are all too familiar: prejudice, racism, and intolerance are pervasive. Many of the social divisions that exist in the offline world have been replicated, and in some cases amplified, online. Those old divisions shape how teens experience social media and the information that they encounter. This is because while technology does allow people to connect in new ways, it also reinforces existing connections. It does enable new types of access to information, but people's experiences of that access are uneven at best.

1. 지문 적합성 검토 (아래 질문에 답하시오.)

① 반복되는 어구를 통해 확인할 수 있는 화제/중심 소재는 무엇인가?

② 화제[중심 소재]에 대한 필자의 견해는 무엇이며, 어디에 제시되어 있는가?

③ 필자가 말하고자 하는 핵심 내용을 담고 있는 위 문단은 자체로 완결되고 자족적인가?

④ 교육과정 밖의 단어는 어떤 것이 있으며, 주석으로 제시해야 할 단어는 무엇이 있는가?

2. 선택지 적합성 검토 (본문에 제시된 어휘/어구에 밑줄을 긋고 정답과 오답의 근거를 제시하시오.)

① The Pros and Cons of Social Networking for Teens

② Can Online Degrees Reduce Global Inequalities in Education?

③ Social Media and Teen Depression: The Two Go Hand in Hand

④ Are Your Teen's Communication Problems Due to Social Media Use?

⑤ Offline Social Divisions Mirrored in and Magnified on Teens' Social Media

.

Practice ❷

다음 글의 제목을 가장 잘 나타내는 정답 선택지와 오답 선택지를 구성해 보세요.

[EBS 2021학년도 수능특강 영어 24강 2번]

Although they were internally organized by machines—cameras—early photographs resembled drawings and paintings because they depicted the world according to linear perspective. The camera obscura was popular with artists because it automatically modified a scene by compressing form and emphasizing tonal mass according to Western pictorial standards. The camera was not designed as a radical device to unleash a new way of seeing, but evolved to produce a predefined look that took into consideration formulas and procedures such as composition, angle and point of view, quality of light, and selection of subject matter. *What* was being represented remained unchanged. This does not diminish the camera's importance in defining an image. As with most inventions, unforeseen side effects create unintentional changes. As imagemakers became more sophisticated they routinely used specific cameras and lenses to shape an image, and knowledgeable viewers can often trace the connections between the camera/lens and the resulting picture.

*linear perspective: 선원근법   **camera obscura: 암상자(초창기의 카메라)

***unleash: 촉발시키다, 불러일으키다

① _____

② _____

③ _____

④ _____

⑤ _____

V

세부 정보 파악

I.
출제 시 고려 사항

1. 유형의 이해

① 도표에 제시된 수치 정보를 정확히 이해하는지의 사실적 이해 능력을 측정한다.

② 도표에 제시된 수치 정보와 일치하는 진술과 일치하지 않는 진술을 제시한 후 도표와 선택지의 비교를 통해 일치 여부를 묻는다.

③ 도표로 막대, 원, 선뿐만 아니라, 표(table)도 자주 제시된다.

2. 도표 자료 선정 및 사용 시 고려 사항

① 도표 자료에 제시된 수치 정보의 사실 여부를 묻고 판단하는 문항이므로, 일상생활에서 쉽게 접할 수 있는 소재의 도표를 선정한다.

② 지나치게 전문적이거나 학술적인 도표 자료는 선정하지 않는다.

③ 도표 자료의 경우 문서의 형태로 책에 출판되는 경우도 있지만, 대체로 온라인상에 제시되므로 온라인에서 도표 자료를 선정하는 것이 일반적이다.

④ 문서든 온라인이든, 도표에 관해 설명한 부분이 있을 경우 선택지 작성에 도움이 되므로, 참고할 만한 관련 내용이 있는 도표 자료를 사용하는 것이 좋다.

⑤ 선택지의 진위 여부를 판단해야 하기 때문에, 크기, 증감, 배수, 순위, 비율 차이 등의 유의미한 비교를 할 수 있을 정도의 항목 간 차이가 뚜렷한 도표를 선정한다.

⑥ 인종, 계층, 국가 등에 관한 편견이나 차별을 드러낼 소지가 있는 도표 자료의 선정은 지양한다.

⑦ 제목의 첫 글자는 대문자로 시작하는 것이 바람직하다.

⑧ X축과 Y축에 범례(percent, year, age group 등)를 표기한다.

⑨ 도표나 표에 제시된 수치는 객관적인 조사와 수집 및 통계에 의해 작성된 것이므로, 임의로 수정하여 자료를 왜곡하지 않는다. 다만, 도표를 단순화하기 위해 대상의 수를 줄이거나 항목을 뺄 수는 있다.

⑩ 원래 이미지에는 도표가 대개 컬러로 제시되지만, 문항으로 제작될 때는 컬러 이미지를 사용할 수 없으므로, 농도 차이, 사선, 점 등을 사용하여 쉽게 구별되도록 한다.

⑪ 반올림 때문에 비율의 합이 100%가 되지 않거나, 수의 전체 합이 맞지 않을 수 있는데, 그럴 경우에는 도표 아래에 그 사항을 표기한다. ex) May not add to 100% due to rounding. / Detail may not add to total shown because of rounding. / Data may not total to 100 percent because of rounding. / Due to rounding the percentage may not sum to 100%.

3. 선택지 구성 시 고려 사항

① 도표 자료에 제시된 수치 정보를 사실적으로 이해하고 있는지를 묻는 문항이므로, 진술의 진위 여부를 판단할 수 있는 내용으로만 선택지를 구성한다. 추론을 요구하는 것은 일치/불일치 여부를 묻는 도표 문항의 선택지로는 적합하지 않다.

② 첫 문장은 The graph(table) above shows ~ 또는 The above graph(table) shows ~로 시작하여 도표의 제목과 도표의 내용을 기술한다. 그래프나 표가 두 개의 이상일 때는 graphs 또는 tables의 복수형으로 표기한다.

③ 너무 복잡한 문장 구조나 수식 범위(scope)가 애매한 문장 구조는 사용하지 않는다.

④ 수치 정보로부터 확인할 수 없는 내용은 선택지에서 배제한다.

⑤ 수치 정보가 정확하게 제공되지 않아 육안으로 크기, 순위, 또는 비율의 차이를 판단해야 하는 선택지는 배제한다.

⑤ 선택지의 구성 순서는 전체적인 경향이나, 비율 또는 수가 큰 대상을 먼저 기술하고, 그다음 구체적인 대상이나, 비율 또는 수가 적은 대상을 기술한다.

⑥ 도표 자료에 제시된 대상들이 나타내는 수치의 크기, 증감, 배수, 순위, 비율 차이 등을 비교한다.

⑦ 수치를 기술하거나 비교하는 표현에는 분수, 'as ~ as ...', '비교급+than', 'the+최상급', 배수 (twice, ~ times), '~ followed by ...', 'rank ~', 'gap', 'percentage point' 등이 있다.

⑧ 증감을 나타내는 표현에는 increase, decrease, drop, gradually, sharply, dramatically 등이 있다.

⑨ 명사를 대신하는 대명사 that/those, 동사구를 대신하는 대용 표현 do/does/did so 등도 사용되며, 비교 구문에서 앞에 나온 반복되는 동사구를 be 동사나 do 동사로 나타내기도 한다.

⑩ 기타 the same, the reverse, respectively, account for 등의 표현도 자주 쓰인다.

- The percentage of people who said they had read a print book in the 50–64 group was higher than that in the 65 and up group.

  → 비교급, 지시대명사 that이 쓰인 선택지

- The percentage of the total world population with electricity access in 2017 was 11 percentage points higher than that in 1997.

  → percentage point, 비교급, 지시대명사 that이 쓰인 선택지

- Among the four types of ethical produce, the sales of Organic ranked the highest in 2010 but ranked the second highest in 2015

  → 순위를 나타내는 rank와 최상급이 쓰인 선택지

- The sales of Fairtrade in 2015 were twice as high as those in 2010.

  → 배수 표현과 원급(as ~ as ...)이 쓰인 선택지

- In the case of women, life expectancy in the Republic of Korea is expected to be the highest among the five countries, followed by that in Austria.

  → 순서를 나타내는 followed by가 쓰인 선택지

- In each age group, males had higher average kilocalorie intake from sugar–sweetened beverages than females did.

  → 비교급과 대동사 did가 쓰인 선택지

- While 34% of people in the 18–29 group said they had read an e–book, the percentage of people who said so was below 20% in the 65 and up group.

  → say so가 쓰인 선택지

- The percentage of the urban population without electricity access decreased from 5% in 1997 to 3% in 2017.

  → 감소를 나타내는 decrease가 쓰인 선택지

- As for men, the Republic of Korea and Singapore will rank the first and the second highest, respectively, in life expectancy in the five countries.

  → 순위와 최상급을 나타내는 표현과 respectively가 쓰인 선택지

- In 2012, the online share of retail sales in the Netherlands was larger than that in France, whereas the reverse was true in 2019.

  → 비교급, 지시대명사 that, the reverse가 쓰인 선택지

II.
기출 문항 분석

1. 대표 기출 문항 [2019학년도 수능 25번]

다음 표의 내용과 일치하지 <u>않는</u> 것은?

Top Ten Origin Countries of International Students
(School Years 1979-1980 and 2016-2017)

School Year 1979-1980		School Year 2016-2017	
Country	Number	Country	Number
Iran	51,000	China	351,000
Taiwan	18,000	India	186,000
Nigeria	16,000	South Korea	59,000
Canada	15,000	Saudi Arabia	53,000
Japan	12,000	Canada	27,000
Hong Kong	10,000	Vietnam	22,000
Venezuela	10,000	Taiwan	22,000
Saudi Arabia	10,000	Japan	19,000
India	9,000	Mexico	17,000
Thailand	7,000	Brazil	13,000
Other countries	129,000	Other countries	311,000
Total	**286,000**	**Total**	**1,079,000**

* Note: Detail may not add to total shown because of rounding.

The tables above show the top ten origin countries and the number of international students enrolled in U.S. colleges and universities in two school years, 1979–1980 and 2016–2017. ① The total number of international students in 2016–2017 was over three times larger than the total number of international students in 1979–1980. ② Iran, Taiwan, and Nigeria were the top three origin countries of international students in 1979–1980, among which only Taiwan was included in the list of the top ten origin countries in 2016–2017. ③ The number of students from India was over twenty times larger in 2016–2017 than in 1979–1980, and India ranked higher than China in 2016–2017. ④ South Korea, which was not included among the top ten origin countries in 1979–1980, ranked third in 2016–2017. ⑤ Although the number of students from Japan was larger in 2016–2017 than in 1979–1980, Japan ranked lower in 2016–2017 than in 1979–1980.

출처 http://www.migrationpolicy.org/article/international-students-united-states

SY 1979-80				SY 2014-15		
Country	Number	Share (%)		Country	Number	Share (%)
Total	286,000	100.0		Total	975,000	100.0
Iran	51,000	17.9		China	304,000	31.2
Taiwan	18,000	6.1		India	133,000	13.6
Nigeria	16,000	5.7		South Korea	64,000	6.5
Canada	15,000	5.3		Saudi Arabia	60,000	6.1
Japan	12,000	4.3		Canada	27,000	2.8
Hong Kong	10,000	3.5		Brazil	24,000	2.4
Venezuela	10,000	3.4		Taiwan	21,000	2.2
Saudi Arabia	10,000	3.3		Japan	19,000	2.0
India	9,000	3.1		Vietnam	19,000	1.9
Thailand	7,000	2.3		Mexico	17,000	1.7
Other countries	129,000	45.1		Other countries	288,000	29.5

2. 도표 적합성 검토

① 표의 제목 Top Ten Origin Countries of International Students를 통해 중심 소재가 '상위 10개 유학생 출신국'임을 알 수 있고, 표의 내용을 통해 '1979~1980학년도와 2016~2017학년도 상위 10개 유학생 출신국과 나라별 유학생의 수'를 제시하고 있다는 것을 알 수 있음.

②

[원문]	[수정]
SY	School Year
Country / Number / Share (%)	Country / Number (Share (%) 삭제)
Number의 총합을 나타내는 Total의 위치가 맨 위	Number의 총합을 나타내는 Total의 위치가 맨 아래
2014~2015 자료	2016~2017 자료

③ 1979~1980학년도와 2016~2017학년도의 두 학년도 동안, 미국의 단과 대학과 종합 대학에 등록한 시기별, 국적별 유학생의 수를 비교하는 글의 구성이 가능하다.

3. 선택지 적합성 검토

도표에 제시된 비교 대상과 수치를 활용하여 정답 및 오답 선택지를 구성한다. (파란색 어휘는 선택지에 흔히 쓰이는 중요 표현)

① The total number of international students in 2016-2017 was over three times larger than the total number of international students in 1979-1980. → 1979~1980학년도 총 유학생의 수는 286,000명이고, 2016~2017학년도 총 유학생의 수는 1,079,000명으로 세 배가 넘었음. [내용 일치] 오답

② Iran, Taiwan, and Nigeria were the top three origin countries of international students in 1979–1980, among which only Taiwan was included in the list of the top ten origin countries in 2016–2017. → 1979~1980학년도 이란, 타이완, 나이지리아 유학생은 각각 51,000명, 18,000명, 16,000명으로 상위 3개국이었지만, 2016~2017학년도에는 타이완만 22,000명으로 상위 10개국에 포함됨. [내용 일치] 오답

③ The number of students from India was over twenty times larger in 2016–2017 than in 1979–1980, and India ranked higher than China in 2016–2017. → 인도 출신 학생 수는 1979~1980학년도에 9,000명이었고 2016~2017학년도에 186,000명으로 스무 배가 넘었으나, 2016~2017학년도에 중국이 351,000명으로 인도보다 더 순위가 높았음. [내용 불일치] 정답

④ South Korea, which was not included among the top ten origin countries in 1979–1980, ranked third in 2016–2017. → 1979~1980학년도에 대한민국은 표에 없지만, 2016~2017학년도에 59,000명으로 3위였음. [내용 일치] 오답

⑤ Although the number of students from Japan was larger in 2016–2017 than in 1979–1980, Japan ranked lower in 2016–2017 than in 1979–1980. → 일본 출신의 학생 수는 1979~1980학년도에는 12,000명으로 5위였으며, 2016~2017학년도에는 19,000명으로 8위였으므로, 유학생의 수는 늘었지만 순위는 하락함. [내용 일치] 오답

III.
문항 출제 연습

다음 도표의 내용과 일치하지 <u>않는</u> 것은?

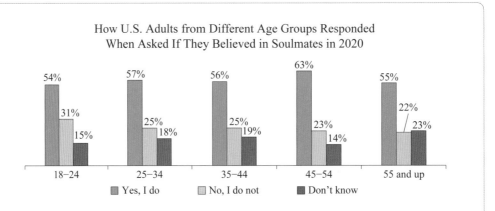

The above graph shows how U.S. adults responded when asked if they believed in soulmates, by age group, in 2020. ① In all of the age groups, more than half the people surveyed responded that they believed in soulmates, with the 45–54 age group having the highest percentage of yes answers and the 18–24 age group having the lowest. ② When it came to disbelieving in soulmates, the percentage of people in the 25–34 age group was the same as that of people in the 35–44 age group. ③ The percentage of respondents who stated they didn't believe in the existence of soulmates was the highest in the 18–24 age group and the lowest in the 55 and up age group. ④ The percentage of people who said that they didn't know if they believed in the existence of soulmates was below 20% in all age groups except the 55 and up age group. ⑤ The percentage point gap between the respondents who said they believed in and didn't believe in the existence of soulmates was the smallest in the 35–44 age group.

출처 https://www.statista.com/chart/20526/soulmates-americans-love/

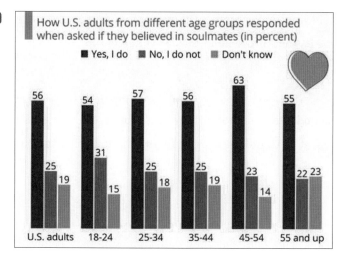

1. 지문 적합성 검토 (아래 질문에 답하시오.)

　① 도표 자료의 중심 소재는 무엇이며, 어떤 내용이 제시되는가?

　② 원문에서 수정되거나 삭제된 부분이 있는가? 혹은 추가된 부분이 있는가?

[원문]	[수정]

　③ 도표에 제시된 어떤 부분을 비교하여 글을 구성할 수 있는가?

2. 선택지 적합성 검토 (도표에 쓰이는 중요 표현에 밑줄을 긋고, 각 선택지의 정답과 오답의 근거를 제시
　 하시오.)

　① In all of the age groups, more than half the people surveyed responded that they
　　 believed in soulmates, with the 45–54 age group having the highest percentage of
　　 yes answers and the 18–24 age group having the lowest.

② When it came to disbelieving in soulmates, the percentage of people in the 25-34 age group was the same as that of people in the 35-44 age group.

③ The percentage of respondents who stated they didn't believe in the existence of soulmates was the highest in the 18-24 age group and the lowest in the 55 and up age group.

④ The percentage of people who said that they didn't know if they believed in the existence of soulmates was below 20% in all age groups except the 55 and up age group.

⑤ The percentage point gap between the respondents who said they believed in and didn't believe in the existence of soulmates was the smallest in the 35-44 age group.

Practice ❷

다음 도표의 내용과 일치하지 않는 정답 선택지와 일치하는 오답 선택지를 구성해 보세요.

[2020학년도 9월 모의평가 25번]

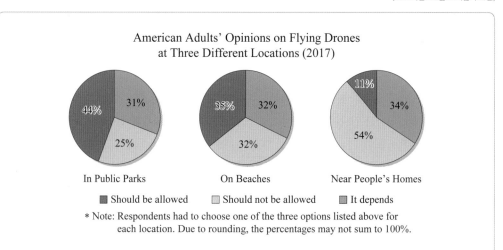

The three pie charts above show the percentages of American adults' responses to a survey conducted in 2017. The survey asked whether people should be allowed to fly drones at three locations: public parks, beaches, and near people's homes.

① _____

_____

② _____

_____

③ _____

_____

④ _____

_____

⑤ _____

_____

I.
출제 시 고려 사항

1. 유형의 이해

① 글에 제시된 세부 정보를 정확히 이해하는지의 사실적 이해 능력을 측정한다.

② 글의 내용과 일치하는 진술과 일치하지 않는 진술을 제시한 후 지문과 선택지의 비교를 통해 일치 여부를 묻는다.

③ 주로 인물이나 동식물을 소재로 다루는데, 사물, 사건 또는 행사에 관한 내용의 글도 출제된다.

2. 지문 선정 시 고려 사항

① 글에 제시된 세부 정보의 사실 여부를 판단하는 문항이므로, 필자의 주장이 배제된 설명문에서 지문을 선정한다.

② 한 문장에서 하나의 선택지만을 구성하는 것이 원칙이므로, 최소 다섯 문장 이상의 지문이어야 한다.

③ 원서에서 지문을 선정하는 것이 원칙이나, 사실적 정보에 해당하기 때문에 원서 이외의 글이나 인터넷 자료에서 선별적으로 정보를 취합하여 글을 재구성할 수 있다. 단, 지문의 완결성을 위해 성과 이름 전체, 출신, 직업 등 그 사람에 대한 기본 정보를 첫 문장에서 제시하는 것이 바람직하다.

④ 대중에게 많이 알려져 있는 소재는 배경지식을 가지고 문제 풀이에 접근할 수 있기 때문에, 친숙하다고 판단되는 소재의 글은 지문으로 선정하지 않는다.

⑤ 생존 인물보다는 사실 여부 판단이 용이하거나 업적이 비교적 정리된 사후 인물에 관한 글을 선정하는 것이 바람직하다.

⑥ 인물에 관한 서로 관련 없는 정보를 연대기순으로 나열하는 글은 선정하지 않는다. 인물에 관한 여러 정보 중에서 하나의 주제로 묶일 수 있는 정보만을 취사선택한다. 예를 들어, 작가의 경우 작가로서의 삶과 연관된 정보가 유기적으로 전달될 수 있는 글을 작성한다.

⑦ 논란의 소지가 있거나 불미스러운 일을 저질러 교육적 가치에 부합하지 않는 인물은 지양한다. 마찬가지로, 과학적으로 확정되지 않은 내용이나 사실 판단 여부에 이견이 많은 동식물, 사물, 사건 등의 소재 역시 지양한다.

⑧ 동식물의 경우는 생태 전반에 관한 정보를 제시할 수 있으나, 다른 정보와의 연관성에서 너무 벗어난 정보는 지양한다.

⑨ 전문 분야에 대한 지식 또는 배경 지식이 있어야 이해할 수 있는 분야에 관한 지문은 선정하지 않는다.

⑩ 전문 용어나 교육과정에서 벗어난 어휘가 지나치게 많아 원문을 수정해야 하거나 어휘 순화로도 해결되지 않는 지문은 지양한다. 특히, 동식물의 경우 대체할 수 있는 단어가 마땅치 않은 전문 용어가 많다면 지문 선정을 하지 않는 편이 좋다.

3. 선택지 구성 시 고려 사항

① 선택지는 한글로 제시하되, 고유명사는 우리말로 번역하지 않고 영문 그대로 제시한다. 예를 들어, 이탤릭체로 제시된 고유명사는 선택지에도 이탤릭체로 제시한다.

② 한 문장에서 하나의 선택지만을 구성한다. 내용상 연관되더라도 두 문장의 정보를 결합하여 선택지로 구성하지 않는다.

③ 발문이 '~에 관한 다음 글의 내용과 ~'로 주어지기 때문에, 선택지에 주어를 따로 명시하지 않는다.

④ 선택지의 순서는 지문의 내용 순서를 따른다.

⑤ 소재와 선택지가 '주어+술어', '소유격+명사구'의 관계를 가질 수 있으며, 소재를 지칭해야 할 때는 '그것', '그 또는 그녀' 또는 '자신(들)'이라는 대명사로 지칭한다.

⑥ 지문과 선택지 사이의 일치 여부를 묻는 문항이므로, 지문의 정보를 있는 그대로 해석하여 선택지로 제시한다. 추론을 요구하는 것은 일치/불일치 여부를 묻는 문항의 선택지로는 적합하지 않다.

⑦ 중의적으로 해석될 소지가 있는 부분의 정보는 선택지로 구성하지 않는다. 또한 비유적이거나 함축적인 표현 역시 선택지로 활용하지 않는다.

⑧ 조동사(can, may, have to, will 등), 수동태, 종속절 앞의 정형동사(believe, know, think 등) 등의 의미가 우리말 선택지에 확실히 반영되어야 한다.

⑨ 영어를 우리말로 해석하여 제시한 선택지가 우리말에서 중의적인 뜻을 가질 수 있는지의 여부를 반드시 확인한다.

⑩ 지문에서 확인할 수 없는 정보라고 판단되는 내용은 선택지로 구성하지 않는다.

- 힘 있는 목소리를 가졌던 것으로 잘 알려져 있다.

  → 주어가 생략되어 있고 수동태가 쓰인 선택지

- 1872년에 태어나 Philadelphia에서 성장했다.

  → 주어가 생략된 선택지

- 어린 자녀의 수를 세는 것이 행운을 가져온다고 믿는다.

  → 주어가 생략되어 있고 believe의 의미가 반영된 선택지

- 가장 일반적인 일상 음식은 유제품이다.

  → '그들의'라는 대명사가 생략된 선택지

- British Columbia의 해안가를 따라 위치한다.

  → 고유명사(지역명)를 그대로 제시한 선택지

- University of Pennsylvania에서 의학 학위를 받았다.

  → 고유명사(대학교명)를 그대로 제시한 선택지

- *The Yearling*이라는 소설은 다른 제목으로 영화화되었다.

  → 이탤릭체의 소설명을 그대로 제시한 선택지

- 그녀의 이야기 중 하나가 *The Washington Post*에 실렸다.

  → '그녀'라는 대명사를 사용한 선택지

- 500개가 넘는 앨범 커버에 그가 촬영한 사진들이 실렸다.

  → '그'라는 대명사를 사용한 선택지

- 자신들이 기르는 소의 이름으로 불리는 것을 선호한다.

  → '자신들'이라는 대명사를 사용한 선택지

II.
기출 문항 분석

1. 대표 기출 문항 [EBS 2022학년도 수능특강 영어 Test 3 8번]

Warren Miller에 관한 다음 글의 내용과 일치하지 <u>않는</u> 것은?

❶Warren Miller, the ski-lover who became a filmmaker and author, born in Hollywood, California, in 1924, took up skiing and surfing as a child. ❷After his discharge from the Navy in 1946, he bought a camera and while living in a trailer in the parking lot of Sun Valley ski resort, began to film his friend Ward Baker and himself in an effort to improve their skiing technique. ❸At first, Miller would show the films and narrate to friends. ❹Friends turned into parties, and parties turned into crowds. ❺Before long, Miller had pieced together a full-length feature and would be touring in 130 cities a year. ❻In reference to his prolific career, Miller wanted to "tell stories and have the film to back it up." ❼It was a "labor of love" for Miller, whose first experience on snow was transformational. ❽"It was total freedom but absolutely no control over it." ❾In the years that followed, Miller would be recognized 10 times for the CINE Golden Eagles Award, eight times for the IFPA (Industry Film Producers Association) Award, and the International Documentary Achievement Award, to name a few.

*prolific: 매우 생산적인, 다작하는

① 어렸을 때 스키와 서핑을 취미로 배웠다.
② 군대에서 스키 기술 향상을 위해 카메라 촬영을 시작했다.
③ 영화를 만들어 한 해에 130개 도시를 돌아다니곤 했다.
④ 말하고 싶은 이야기를 뒷받침하기 위해 영화를 만들었다.
⑤ 눈에서의 첫 경험으로 변화를 겪었다.

출처 *Sport Leadership in the 21st Century* / Laura J. Burton, Gregory M. Kane, John F. Borland / Jones & Bartlett Learning (2020)

원문

> ## Warren Miller, Filmmaker, Author, Icon
>
> Warren Miller, the self-described ski bum turned filmmaker and author, died on January 24, 2018, at the age of 93. His legacy is one of passion, storytelling, sport, and freedom. From humble beginnings of living out of a trailer to being called the single greatest influence in the action-sports film industry, Warren Miller's film contributions from the 1950s to 2004 were important contributions to the winter sports culture. His films were widely recognizable as being part documentary and part comedy. His company, Warren Miller Entertainment (WME), now under new management, continues to produce winter sports movies that are an annual event, often serving as a pep rally for the ski season. Their 69th film is scheduled to be released in the fall of 2018.
>
> Miller, born in Hollywood, California, in 1924, took up skiing and surfing as a child. After his discharge from the Navy in 1946, he bought a camera and while living in a trailer in the parking lot of Sun Valley ski resort, began to film his friend Ward Baker and himself in an effort to improve their skiing technique ("In Memoriam"). At first, Miller would show the films and narrate to friends. Friends turned into parties, and parties turned into crowds. Before long, Miller had pieced together a full-length feature and would be touring in 130 cities a year. In reference to his prolific career, Miller wanted to "tell stories and have the film to back it up." It was a "labor of love" for Miller, whose first experience on snow was transformational. "It was total freedom but absolutely no control over it." (Channel, 2012) In the years that followed, Miller would be recognized 10 times for the CINE Golden Eagles Award, eight times for the IFPA Award, and the International Documentary Achievement award, to name a few.

2. 지문 적합성 검토

① filmmaker, skiing and surfing, camera, film(s), skiing technique, feature 등의 어구가 제시된 것으로 보아, 중심 소재는 '영화 제작자이자 작가가 된 스키 애호가 Warren Miller'임.

② ❶ Miller, born in Hollywood, California, in 1924, took up skiing and surfing as a child. [원문] → ❶ Warren Miller, the ski-lover who became a filmmaker and author, born in Hollywood, California, in 1924, took up skiing and surfing as a child. [수정]

→ Miller를 그의 full name인 Warren Miller로 수정하고, Warren Miller의 직업을 밝혀주기 위해 the ski-lover who became a filmmaker and author를 Warren Miller 다음에 삽입함. 이런 수정을 통해 Warren Miller에 대한 글의 성격을 명확히 하고, 뒤에 영화와 관련된 이야기가 이어질 것임을 나타냄.

❷ ~ he bought a camera and while living in a trailer in the parking lot of Sun Valley ski resort, began to film his friend Ward Baker and himself in an effort to improve their skiing technique ("In Memoriam").[원문]

→ ~ he bought a camera and while living in a trailer in the parking lot of Sun Valley ski resort, began to film his friend Ward Baker and himself in an effort to improve their skiing technique (~~"In Memoriam"~~). [수정]

→ Miller가 친구와 자신의 스키 기술 향상을 위해 촬영한 영상인 것으로 추정되는 "In Memoriam"은 중요한 정보가 아니므로 글에서 삭제함.

❸ ~, Miller would be recognized 10 times for the CINE Golden Eagles Award, eight times for the IFPA Award, and ~. [원문]

→ Miller would be recognized 10 times for the CINE Golden Eagles Award, eight times for the IFPA (Industry Film Producers Association) Award, and the International Documentary Achievement Award, to name a few. [수정]

→ IFPA가 무엇을 가리키는 것인지를 지문에서는 알 수 없으므로, IFPA 다음에 (Industry Film Producers Association)를 추가함.

③ [화제 도입] ❶: 영화 제작자이자 작가가 된 스키 애호가 Warren Miller

[부연 설명] ❷~❺: 스키 기술 향상을 위해 촬영한 영상이 친구들 사이에서 인기를 끌다가, (녹화한 것을) 이어 붙여 장편 영화를 만듦.

❻~❽: 이야기하고 싶은 것을 뒷받침하는 것으로서의 영화, 눈에서의 첫 경험 등의 생산적인 이력이 언급됨.

❾: 수상 경력이 소개됨.

※ 결론 : 스키를 좋아했던 Warren Miller가 스키 관련 영상으로 인기를 얻은 후 영화제작자로서 성공했다는 내용으로 기술된, 완결성 있는 지문이다.

④ prolific은 교육과정 밖의 단어로 주석으로 제시되었다.

3. 선택지 적합성 검토

지문에 제시된 핵심 단어나 어구를 활용하여 정답 및 오답 선택지를 구성한다. (파란색 어휘는 선택지에 흔히 쓰이는 중요 표현)

① 어렸을 때 스키와 서핑을 취미로 배웠다. → ❶ Warren Miller, ~, took up skiing and surfing as a child.를 바탕으로 만든 선택지로, 밑줄 친 부분을 그대로 해석하여 제시했다. [내용 일치] 오답

② 군대에서 스키 기술 향상을 위해 카메라 촬영을 시작했다. → ❷ After his discharge from the Navy in 1946, he bought a camera and ~ , began to film his friend Ward Baker and himself in an effort to improve their skiing technique.을 바탕으로 만든 선택지로, 밑줄 친 부분 중 After his discharge from the Navy를 '군대에서'로 바꾸어 지문과 선택지 사이의 일치 여부를 물었다. [내용 불일치] 정답

③ 영화를 만들어 한 해에 130개 도시를 돌아다니곤 했다. → ❺ Before long, Miller had pieced together a full-length feature and would be touring in 130 cities a year.를 바탕으로 만든 선택지로, 밑줄 친 부분을 그대로 해석하여 제시했다. [내용 일치] 오답

④ 말하고 싶은 이야기를 뒷받침하기 위해 영화를 만들었다. → ❻ In reference to his prolific career, Miller wanted to "tell stories and have the film to back it up."을 바탕으로 만든 선택지로, 밑줄 친 부분을 활용하여 제시했다. [내용 일치] 오답

⑤ 눈에서의 첫 경험으로 변화를 겪었다. → ❼ It was a "labor of love" for Miller, whose <u>first experience on snow was transformational</u>.을 바탕으로 만든 선택지로, 밑줄 친 부분을 그대로 해석하여 제시했다. [내용 일치] 오답

III.
문항 출제 연습

Practice ❶

[EBS 2022학년도 수능특강 영어 Test 1 8번]

Place des Vosges에 관한 다음 글의 내용과 일치하지 <u>않는</u> 것은?

---

❶ Place des Vosges is considered to be the prototype of residential squares in Europe. ❷ On a site near the city walls and the Bastille, it had gone through several phases of development and decline, before it was planned to become a factory. ❸ However, the king decided that a square should be built there; first the three sides of the square were built in front of the factory and, after the closure of the factory, the fourth side was also built on its site. ❹ It was completed in 1612 and was named Place Royale. ❺ Rather than fronting houses onto the busy and crowded streets, which was a feature of medieval towns, this was a space that excluded and discouraged traffic, creating an enclosed and exclusive residential environment. ❻ To emphasize the unity of composition, the 38 houses that surrounded the square were ordered to have uniform facades: a row of dormer windows in steep slate-finished individual roofs that covered two-story houses above a continuous ground-floor arcade. ❼ Two arched entrances from the north and the south provided access to the space, although a new access was added to the square later.

*prototype: 원형 **facade: (건물의) 전면, 정[앞]면 ***dormer window: 지붕창

① 성벽 근처에 위치하고 있었다.
② 광장의 세 면이 공장 앞에 먼저 지어졌다.
③ 1612년에 완공되어 Place Royale이라고 명명되었다.
④ 교통이 편리한 개방적인 주거 환경을 갖추었다.
⑤ 북쪽과 남쪽에 아치형 입구가 있었다.

출처 *Designing the City of Reason: Foundations and Frameworks* / Ali Madanipour / Routledge (2007)

원문
> Place des Vosges is considered to be the prototype of residential squares in Europe (Figure 3.6). On a site near the city walls and the Bastille, it had gone through several phases of development and decline, before it was planned to become a factory. However, the king decided that a square should be built there; first the three sides of the square were built in front of the factory and, after the closure of the factory, the fourth side was also built on its site. It was completed in 1612 and was named Place Royale. Rather than fronting houses onto the busy and crowded streets, which was a feature of medieval towns, this was a space that excluded and discouraged traffic, creating an enclosed and exclusive residential environment. To emphasize the unity of composition, the 38 houses that surrounded the square were ordered to have uniform facades: a row of dormer windows in steep slate-finished individual roofs that covered two-storey houses above a continuous ground-floor arcade. Two arched entrances from the north and the south provided access to the space, although a new access was added to the square later.[51] The houses were to bring the aristocracy together, near the king, who intended to live in the entrance building on the southern side, thus ensuring the integration of the aristocracy into monarchy. Rather than living across the city in their mansions or in their country chateaux, these powerful figures would live within the sight of the absolute monarch.[52] The central open space was gravelled and used as a tournament ground, before in 1639 a royal equestrian statue was placed in its centre by Cardinal Richelieu, who lived at house number 21 for a while.[53]

1. 지문 적합성 검토 (아래 질문에 답하시오.)

① 반복되는 어구를 통해 확인할 수 있는 중심 소재는 무엇인가?

② 글의 완결성을 위해 지문에 수정된 부분이 있는가? 있다면, 어디를, 어떻게, 왜 수정하였는가?

③ 소재에 관한 정보를 제공하는 위 문단은 자체로 완결되고 자족적인가?

④ 교육과정 밖의 단어는 어떤 것이 있으며, 주석으로 제시해야 할 단어는 무엇이 있는가?

2. 선택지 적합성 검토 (각 선택지의 정답과 오답의 근거를 제시하시오.)

① 성벽 근처에 위치하고 있었다.

② 광장의 세 면이 공장 앞에 먼저 지어졌다.

③ 1612년에 완공되어 Place Royale이라고 명명되었다.

④ 교통이 편리한 개방적인 주거 환경을 갖추었다.

⑤ 북쪽과 남쪽에 아치형 입구가 있었다.

Practice ❷

brown tree snake에 관한 다음 글의 내용과 일치하지 않는 정답 선택지와 오답 선택지를 구성해 보
세요. [2018학년도 9월 모의평가 25번]

The brown tree snake has a large head with sticking-out eyes. The head is distinct from the narrow neck. Its body usually has a light brown background with a series of darker markings or bands on it. The snake is about 38 centimeters when it comes out of its egg, and usually reaches 1 to 2 meters long. This snake is infamous for causing the extinction of the majority of native bird species in Guam. Shortly after World War II, the brown tree snake was accidentally brought into Guam from its native range in the South Pacific, probably as an unwanted passenger on a ship or plane. It is not hunted or eaten by any other animals in Guam and is therefore at the top of its food chain, which has led the snake to increase dramatically in number.

① _____

② _____

③ _____

④ _____

⑤ _____

I.
출제 시 고려 사항

1. 유형의 이해

① 실용 자료에 제시된 세부 정보를 정확히 이해하는지의 사실적 이해 능력을 측정한다.

② 실용 자료에 제시된 글의 내용과 일치하는 진술과 일치하지 않는 진술을 제시한 후 지문과 선택지의 비교를 통해 일치 여부를 찾아야 한다.

③ 일상생활에서 쉽게 접할 수 있는 안내문이 주로 소재로 쓰이는데, 제품의 설명서 같은 실용 자료도 출제된다.

2. 지문 선정 및 재구성 시 고려 사항

① 실용 자료에 제시된 정보의 사실 여부를 묻고 판단하는 문항이므로, 일생생활에서 쉽게 접할 수 있는 안내문, 설명서 등을 선정한다.

② 특정한 전문 집단에 정보를 제공하기 위한 안내문은 지양한다.

③ 실용 자료의 경우 온라인상에서 기본 자료를 찾아 가공하는 것이 허용되므로, 온라인에 PDF나 그림 문서 형태로 게시되는 좋은 자료를 찾아야 한다.

④ 안내문에 대한 다섯 가지 선택지가 제시되므로, 사실 여부를 판단할 수 있는 정보가 최소한 다섯 가지 이상이 있는 글을 선정해야 한다.

⑤ 문단 나누기를 하지 않고 문장이 계속 나열되는 안내문보다는, 문장 형태의 서술과 명사구 형태의 항목별 정보 제시가 혼합되어 있는 안내문을 선정하거나, 그렇게 정보가 혼합되도록 지문을 재구성한다. 명사구로 짧게 나열된 어구들만 있는 경우, 문장 형태의 서술형으로 바꿔 쓸 수 있다.

⑥ 제목 아래의 첫 문단에서는 흔히 안내문에 대한 일반적인 소개를 한 다음, 항목별로 묶을 수 있는 정보를 명사구 형태로 제시한다.

⑦ 항목별 소제목은 굵은 활자체로 표기할 수 있다.

⑧ 안내문의 행사를 주관하는 단체는 고유명사이므로, 그대로 쓰지 않고 가상의 단체로 바꿔 쓰며, 홈페이지/웹 사이트/이메일 주소/전화 번호 등도 역시 가상의 것으로 바꾸어 쓴다.

⑨ 날짜와 요일 등은 가급적 출제 시점에 맞춰 바꿔 쓴다.

⑩ 전문 용어나 교육과정에서 벗어난 어휘가 지나치게 많아 원문을 수정해야 하거나 어휘 순화로도 해결되지 않는 지문은 지양한다.

⑪ 흔히 제시되는 안내문의 소재에는 competition, contest, tournament, tour, camp, workshop, program, course, festival, audition, movie night, bazaar, day, campaign, challenge 등이 있다.

3. 선택지 구성 시 고려 사항

① 선택지는 한글로 제시하되, 고유명사는 우리말로 번역하지 않고 영문 그대로 제시한다.

② 한 문장이나 어구에서 하나의 선택지만을 구성한다. 내용상 연관되더라도 두 문장이나 두 개 이상 어구의 정보를 결합하여 선택지로 구성하지 않는다.

③ 발문이 '~에 관한 다음 안내문의 내용과 ~'처럼 주어지기 때문에, 선택지에 안내문에 제시된 행사 명을 반복하여 제시하지 않는다.

④ 안내문의 정보와 선택지 사이의 일치 여부를 묻는 문항이므로, 지문의 정보를 있는 그대로 해석하 여 선택지로 제시한다. 추론을 요구하는 것은 일치/불일치 여부를 묻는 문항의 선택지로는 적합하 지 않다.

⑤ 선택지의 순서는 안내문의 내용 순서를 따른다.

⑥ 중의적으로 해석될 소지가 있는 부분의 정보는 선택지로 구성하지 않는다.

⑦ 영어를 우리말로 해석하여 제시한 선택지가 우리말에서 중의적인 뜻을 가질 수 있는지의 여부를 반 드시 확인한다.

⑧ 명령문, 또는 조동사(can, may, must, should, have to, will 등)의 의미가 선택지에 반영되어 있어야 한다.

⑨ 지문에서 확인할 수 없는 정보라고 판단되는 내용은 선택지로 구성하지 않는다.

⑩ 숫자 정보의 진위를 파악해야 하는 선택지가 너무 많지 않게 조절한다.

📝 수능[모의평가] 선택지 예시

• 수강 학생 수에는 제한이 없다.

• 분실한 귀중품에 대해 책임을 지지 않는다.

• 처음 30분은 무료이다. → 숫자 정보가 제시된 선택지

• 9월 7일에 세 시간 동안 진행된다. → 숫자 정보가 제시된 선택지

• Lokota County 주민들만 참가할 수 있다. → 고유명사를 그대로 제시한 선택지

• 1등 수상자의 서명이 포장 상자에 인쇄될 것이다. → 조동사 will의 의미가 반영된 선택지

• 20달러 추가 기부 시 배드민턴 기술을 배울 수 있다. → 조동사 can의 의미가 반영된 선택지

• 사용 전에 두 개의 AA 건전지를 넣어야 한다. → 명령문 Insert ~의 의미가 반영된 선택지

• 입장권은 학생회 사무실에서 사전에 구매해야 한다. → 조동사 must의 의미가 반영된 선택지

II.
기출 문항 분석

1. 대표 기출 문항 [EBS 2022학년도 수능특강 영어 Test 3 11번]

Smoke Free Heroes 3-on-3 Basketball Tournament에 관한 다음 안내문의 내용과 일치하는 것은?

---

❶ Smoke Free Heroes 3-on-3 Basketball Tournament

❷ Participate in the Smoke Free Heroes 3-on-3 Basketball Tournament to help patients suffering from lung cancer.

The Game Plan
- ❸ Dates and time: Friday, July 9 (5 p.m. – 9 p.m.) and Saturday, July 10 (10 a.m. – 4 p.m.)
- ❹ Entry fee: $100 per team
- ❺ There is a three-player minimum and five-player maximum per team.
- ❻ Games are played to 21 points. If neither team has reached 21 points after 15 minutes, the team with more points is the winner.
- ❼ If it's a tie after 15 minutes, the game continues until a team scores a point, who then wins.

Registration Information
- ❽ Fill out and submit a team registration form.
- ❾ Deadline: Wednesday, July 7
- ❿ Tournament match-ups and times will be released on Thursday, July 8.

⓫ All participants will receive a free tournament T-shirt. ⓬ The profits gained from the basketball tournament will be used to help lung cancer patients and research.

⓭ For questions about the tournament, please contact Jonathan Lee at 210-547-9048 or via email: jonathanlee@bt.sa.org.

① 이틀 동안 동일한 시간에 경기가 진행된다.
② 팀당 선수는 최소 세 명에서 최대 여섯 명까지이다.
③ 각 경기는 15점을 먼저 내는 팀이 승리한다.
④ 토너먼트 경기와 시간은 7월 7일에 발표된다.
⑤ 수익금은 폐암 환자와 연구를 돕는 데 사용될 것이다.

출처 http://hcsablog.com/hcblog/files/2014/06/3-on-3-tournament-flyer-SPX-HC-2014_REVISED−6_15_2014.pdf

원문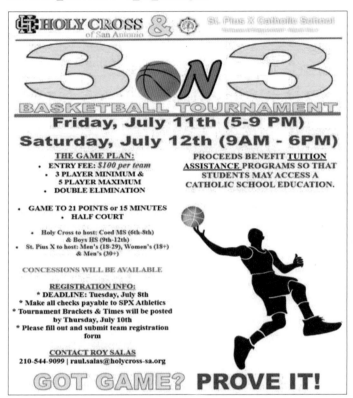

2. 지문 적합성 검토

① 제목과 첫 문장에 반복적으로 제시된 Smoke Free Heroes 3-on-3 Basketball Tournament와 to help patients suffering from lung cancer 등의 표현을 보아, 중심 소재는 '3 대 3 농구 토너먼트'이고, 폐암 환자를 돕기 위한 행사임.

② * 행사 주관 단체인 Holy Cross of San Antonio를 Smoke Free Heroes라는 가상의 행사명으로 대체함.

[원문]	[수정]
Holy Cross of San Antonio & 3-on-3 Basketball Tournament	❶ Smoke Free Heroes 3-on-3 Basketball Tournament

* 행사의 성격을 설명하는 문장을 행사의 목적과 함께 새로 제시함.

[원문]	[수정]
	❷ Participate in the Smoke Free Heroes 3-on-3 Basketball Tournament to help patients suffering from lung cancer.

* The GAME PLAN 항목에 해당하는 내용을 명사구와 문장의 형태로 적절히 혼합하여 제시함.

[원문]	[수정]
Friday, July 11th (5-9 PM) Saturday, July 12th (9AM - 6PM) THE GAME PLAN: • ENTRY FEE: $100 per team • 3 PLAYER MINIMUM & 5 PLAYER MAXIMUM • DOUBLE ELIMINATION • GAME TO 21 POINTS or 15 MINUTES • HALF COURT	The Game Plan • ❸ Dates and time: Friday, July 9 (5 p.m. – 9 p.m.) and Saturday, July 10 (10 a.m. – 4 p.m.) • ❹ Entry fee: $100 per team • ❺ There is a three-player minimum and five-player maximum per team. • ❻ Games are played to 21 points. If neither team has reached 21 points after 15 minutes, the team with more points is the winner. • ❼ If it's a tie after 15 minutes, the game continues until a team scores a point, who then wins.

* REGISTRATION INFO 항목에 해당하는 내용을 명사구와 문장의 형태로 적절히 혼합하여 제시함.

[원문]	[수정]
REGISTRATION INFO: * DEADLINE: Tuesday, July 8th * Make all checks payable to SPX Athletics * Tournament Brackets & Times will be posted by Thursday, July 10th * Please fill out and submit team registration form	Registration Information • ❽ Fill out and submit a team registration form. • ❾ Deadline: Wednesday, July 7 • ❿ Tournament match-ups and times will be released on Thursday, July 8.

* 행사 참여 상품과 수익금 사용에 관련된 부분을 새로 제시함.

[원문]	[수정]
PROCEEDS BENEFIT TUITION ASSISTANCE PROGRAMS SO THAT STUDENTS MAY ACCESS A CATHOLIC SCHOOL EDUCATION.	⓫ All participants will receive a free tournament T-shirt. ⓬ The profits gained from the basketball tournament will be used to help lung cancer patients and research.

* 연락처 관련 내용을 바꾸어 문장의 형태로 제시함.

[원문]	[수정]
CONTACT ROY SALAS **210-544-9099	raul.salas@holycross-sa.org**	⓭ For questions about the tournament, please contact Jonathan Lee at 210–547–9048 or via email: jonathanlee@bt.sa.org.

③ 원문의 Concessions will be available.에서 concession은 교육과정 밖의 어휘이기도 하고 내용상 중요하지 않은 것으로 판단하여 전체를 삭제하였음. 또한 동사 proceed는 교육과정의 안의 단어이지만 명사 proceeds는 '(물건 판매 · 행사 등을 하여 받는) 돈[수익금]'이라는 다른 뜻을 나타내므로, profits로 순화하여 출제함.

3. 선택지 적합성 검토

지문에 제시된 핵심 단어나 어구를 활용하여 정답 및 오답 선택지를 구성한다. (파란색 어휘는 선택지에 흔히 쓰이는 중요 표현)

① 이틀 동안 동일한 시간에 경기가 진행된다. → ❸ Dates and time: Friday, July 9 (5 p.m. – 9 p.m.) and Saturday, July 10 (10 a.m. – 4 p.m.)을 바탕으로 만든 선택지로, 밑줄 친 부분을 틀린 내용으로 제시했다. [내용 불일치]

② 팀당 선수는 최소 세 명에서 최대 여섯 명까지이다. → ❺ There is a three-player minimum and five-player maximum per team.을 바탕으로 만든 선택지로, 밑줄 친 부분을 틀린 내용으로 제시했다. [내용 불일치]

③ 각 경기는 15점을 먼저 내는 팀이 승리한다. → ❼ If it's a tie after 15 minutes, the game continues until a team scores a point, who then wins.를 바탕으로 만든 선택지로, 밑줄 친 부분을 틀린 내용으로 제시했다. [내용 불일치]

④ 토너먼트 경기와 시간은 7월 7일에 발표된다. → ❿ Tournament match-ups and times will be released on Thursday, July 8.을 바탕으로 만든 선택지로, 밑줄 친 부분을 틀린 내용으로 제시했다. [내용 불일치]

⑤ 수익금은 폐암 환자와 연구를 돕는 데 사용될 것이다. → ⓬ The profits gained from the basketball tournament will be used to help lung cancer patients and research.를 바탕으로 만든 선택지로, 밑줄 친 부분을 그대로 해석하여 제시했다. [내용 일치] 정답

III.
문항 출제 연습

Practice ① [EBS 2020학년도 수능완성 실전편 1회 26번]

Newton High School Dance Team Auditions에 관한 다음 안내문의 내용과 일치하지 <u>않는</u> 것은?

---

❶ Newton High School Dance Team Auditions

Get Official Permission

❷ Register online and get a pre-participation physical examination. ❸ Specific information is available in the athletics office.

Apply to Audition

❹ Fill out a dance team application. ❺ You can get it in the athletics office.

Tryout Sessions

❻ Wednesday, July 10, 6:30 p.m.—9:00 p.m.

❼ Thursday, July 11, 6:30 p.m.—9:00 p.m.

❽ Friday, July 12, 6:30 p.m.—9:00 p.m.

❾ Main Gym

Final Audition

❿ Monday, July 15, 5:00 p.m.—8:00 p.m.

⓫ Main Gym

Note

- ⓬ Participants should wear sweat pants, a T-shirt and dance sneakers or tennis shoes.
- ⓭ The entry fee is $20. ⓮ You must pay in advance before the auditions.

⓯ For more information, visit our website at www.nhsauditions.com.

*tryout: (선발을 위한) 예선, (연기 등의) 테스트

① 온라인으로 등록한 후 참가 전 신체검사를 받아야 한다.
② 신청서는 체육과 사무실에서 받을 수 있다.
③ 최종 오디션은 3시간 동안 진행된다.
④ 참가자는 자유 복장을 할 수 있다.
⑤ 참가비는 오디션 전에 미리 내야 한다.

1. 지문 적합성 검토 (아래 질문에 답하시오.)

① 안내문에서 다루는 중심 소재는 무엇인가?

② 글의 완결성을 위해 어떻게 원문이 재구성되었는가? 그리고 어떤 내용이 새로 추가되었는가?

[원문]	[수정]

③ 교육과정 밖의 단어는 어떤 것이 있으며, 주석으로 제시해야 할 단어는 무엇이 있는가?

2. 선택지 적합성 검토 (각 선택지의 정답과 오답의 근거를 제시하시오.)

① 온라인으로 등록한 후 참가 전 신체검사를 받아야 한다.

② 신청서는 체육과 사무실에서 받을 수 있다.

③ 최종 오디션은 3시간 동안 진행된다.

④ 참가자는 자유 복장을 할 수 있다.

⑤ 참가비는 오디션 전에 미리 내야 한다.

Practice ❷

Wireless Charging Pad 사용에 관한 다음 안내문의 내용과 일치하는 정답 선택지와 오답 선택지를 구성해 보세요. [2019학년도 수능 28번]

Wireless Charging Pad
- Instructions -

Wireless Smartphone Charging:

1. Connect the charging pad to a power source.
2. Place your smartphone on the Charging pad with the display facing up.
3. Place your smartphone on the center of the charging pad (or it will not charge).

Charging Pad

LED

Charge Status LED:

• Blue Light: Your smartphone is charging. If there's a problem, the blue light will flash.
• White Light: Your smartphone is fully charged.

Caution:

• Do not place anything between your smartphone and the charging pad while charging.
• The charging pad is nor water-resistant. Keep it dry.

---

① _____

② _____

③ _____

④ _____

⑤ _____

VI

맥락 파악

1

I.
출제 시 고려 사항

1. 유형의 이해

① 글의 목적을 파악하는 능력을 측정한다.

② 편지글이나 이메일이 주로 지문으로 사용되며, 필자가 글을 쓴 상황을 종합적으로 파악하는 능력이 필요하다.

③ 필자가 편지글이나 이메일을 통해 성취하고자 하는 목적을 가장 잘 나타낸 선택지를 고른다.

2. 지문 선정 시 고려 사항

① 글의 목적이 명확하게 드러나며, 일상생활에서 접할 수 있는 authentic한 내용을 담은 지문으로 구성한다.

② 한 가지 목적이 아니라 두 가지 이상의 목적이 드러난 지문은 적절치 않다. 2가지 이상의 목적이 드러난 지문이라면 한 가지 목적을 가진 지문으로 다듬어 고쳐 쓴다.

③ 글투가 지나치게 격식이 없거나, 줄임말, slang 등이 사용되지 않아야 한다. 따라서 쪽지 형식의 공지 사항은 지문으로 적절치 않다.

④ 전문 용어에 대한 지식이 없이는 이해할 수 없는 금융 거래, 학술적인 자문, 기관 간의 공문 등의 지문은 지양한다.

⑤ 학생들이 필자와 수신인의 관계를 쉽게 추론할 수 있도록 관계와 상황의 보편성을 갖춘 지문으로 구성한다.

⑥ 난도가 낮은 문항으로 제시되므로 120단어 이내로 축약할 수 있는 지문으로 구성한다.

⑦ 글의 목적이 제시된 문장의 구조가 지나치게 복잡해서 원문을 수정해도 적절치 않고, 어휘가 어려워서 어휘 순화로도 해결되지 않는 지문은 선정하지 않는다.

3. 선택지 구성 시 고려 사항

① 글의 목적이 분명하게 드러나도록 정답 선택지를 구성한다.

② 정답 선택지는 본문에 제시된 표현을 번역하거나 유사한 표현을 사용하여 구성한다.

③ 글에서 언급된 한두 단어의 내용만 담은 선택지를 오답 선택지로 제시할 수 있다.

④ 글쓴이와 수신인의 관계에서 있을 수 있는 기타 용건을 오답 선택지로 제시할 수 있다.

⑤ '~하려고'로 끝나도록 선택지를 구성한다. 간혹 '~하기 위해'로 끝나는 형태로도 선택지를 구성할 수도 있다.

⑥ 선택지의 목적은 5가지 선택지가 서로 중복되지 않도록 구성한다.

⑦ 글의 목적에 자주 사용되는 선택지의 예는 다음과 같다.

~을 안내하려고	~을 설명하려고	~을 제안하려고
~에 감사하려고	~을 공지하려고	~에 항의하려고
~을 요청[부탁]하려고	~을 독려하려고	~을 경고하려고
~을 보고하려고	~에 관해[을] 문의하려고	~에 관해 응답하려고
~을 권유하려고	~을 사양하려고	~을 확인하려고

기출 문항 분석

1. 대표 기출 문항 [2021학년도 수능 18번]

다음 글의 목적으로 가장 적절한 것은?

Dear Friends,

❶Season's greetings. ❷As some of you already know, we are starting the campus food drive. ❸This is how you participate. ❹You can bring your items for donation to our booths. ❺Our donation booths are located in the lobbies of the campus libraries. ❻Just drop off the items there during usual library hours from December 4 to 23. ❼The donated food should be non-perishable like canned meats and canned fruits. ❽Packaged goods such as jam and peanut butter are also good. ❾We will distribute the food to our neighbors on Christmas Eve. ❿We truly appreciate your help.

Many blessings,
Joanna at Campus Food Bank

① 음식 기부에 참여하는 방법을 안내하려고
② 음식 배달 자원봉사 참여에 감사하려고
③ 도서관 이용 시간 변경을 공지하려고
④ 음식물 낭비의 심각성을 알려 주려고
⑤ 크리스마스 행사 일정을 문의하려고

출처 창작

원문 창작(이메일 형식)

2. 지문 적합성 검토

① Dear Friends로 수신인을 밝히고 있으며, 발신자가 Joanna at Campus Food Bank로 제시된 것으로 보아, 후원자인 수신인에게 Food Bank의 관계자가 공적인 업무를 위해 보낸 이메일이다.

② 문장 ❷의 'we are starting the campus food drive(교내 음식 모으기 운동을 시작하고 있습니다)'를 통해 글을 쓴 계기를 밝히고 있으며, ❸ This is how you participate. ❹ You can bring your items for donation to our booths. ❺ Our donation booths are located in the lobbies of the campus libraries.에서 음식 모으기 운동에 참여하는 방법을 구체적으로 제

시하고 있다.

③ [화제 도입] ❶~❷: 교내 음식 모으기 운동을 시작함.

　[글의 목적 제시] ❸~❻: 음식물을 기부하는 방법을 구체적으로 설명함. 기부할 음식물을 부스로 가져오면 되며, 기부 부스는 교내 도서관 로비에 있고, 12월 4일부터 23일까지 정규 도서관 운영 시간에 그곳에 음식물을 갖다 놓기만 하면 됨.

　[유의사항 제시] ❽: 기부할 음식은 통조림 고기와 통조림 과일 같은 상하지 않는 음식으로, 잼이나 땅콩버터 같은 포장 제품도 좋음.

　[부연 설명 및 인사] ❾~❿: 음식물을 나눠줄 방법을 언급하고 인사를 함. 크리스마스이브에 우리의 이웃들에게 나눠줄 것이며, 도움에 감사함.

　※ **결론**: 후원자에게 보내는 Food Bank 관계자의 이메일로, 크리스마스를 맞이하여 공지한 바대로 교내 음식 모으기 운동을 할 것이라고 간략히 도입한 후, 네 개의 문장을 할애하여 거기에 참가할 방법을 설명하고 있으므로, 글의 목적이 명확하게 드러난 지문이다.

④ 유사한 이메일을 참조하여 적절하게 창작하여 제시하였다. drive라는 핵심 단어를 '(조직적인) 운동'이라는 다소 생소한 의미로 사용했지만 글의 맥락 안에서 이해할 수 있으므로 무리가 없다.

3. 선택지 적합성 검토

　지문에 제시된 핵심 단어나 어구를 활용하여 정답 및 오답 선택지를 구성한다.(파란색 어휘는 본문에 제시된 어휘/어구)

① 음식 기부에 참여하는 방법을 안내하려고 → ❸ This is how you participate.로 명확하게 진술되어 있고, 뒤에 오는 문장 ❹~❼에서 그 내용이 자세히 설명되어 있으므로 글의 목적에 부합하는 선택지이다. **정답**

② 음식 배달 자원봉사 참여에 감사하려고 → ❾ We will distribute the food to our neighbors on Christmas Eve.에서 언급된 distribute, food를 사용하고 ❿ We truly appreciate your help.의 appreciate를 활용하여 만든 선택지이다. 음식 배달 자원봉사가 글에 언급되지 않았으며, 감사가 글을 쓴 주안점이 아니므로 오답의 근거가 명확하다. **오답**

③ 도서관 이용 시간 변경을 공지하려고 → ❼ Just drop off the items there during usual library hours from December 4 to 23.의 library와 숫자 정보를 이용하여 만든 선택지로, 도서관 이용 시간이 글에 언급되지 않았고, 공지가 글을 쓴 주안점이 아니므로 오답의 근거가 명확하다. **오답**

④ 음식물 낭비의 심각성을 알려 주려고 → ❼ The donated food should be non-perishable like canned meats and canned fruits. ❽ Packaged goods such as jam and peanut butter are also good.에서 언급된 음식의 종류를 활용하여 만든 선택지이다. 음식물 낭비가 글에 언급되지 않았으므로 오답의 근거가 명확하다. **오답**

⑤ 크리스마스 행사 일정을 문의하려고 → ❾ We will distribute the food to our neighbors on Christmas Eve.를 활용하여 구성한 선택지이다. 문의가 글을 쓴 주안점이 아니므로 오답의 근거가 명확하다. 오답

III.
문항 출제 연습

Practice 1 [EBS 2022학년도 수능특강 영어독해연습 Mini Test 1회 2번]

다음 글의 목적으로 가장 적절한 것은?

Dear Mr. Simpson,

❶ I am writing with regards to the catering services you offered on January 4 for our dinner event. ❷ You are aware that over twenty of our guests suffered food poisoning, caused directly by the food you provided. ❸ Furthermore, your staff were unprofessional and clearly had not been properly trained for this type of work. ❷ The waiters were rude and disorderly while the kitchen staff were dirty in appearance and did not wear the correct clothing specified in government regulations relating to hygiene and public catering. ❺ To make matters worse, you presented a bill which was way over the agreed price and told me to pay immediately. ❻ In these circumstances, I think my refusal was quite reasonable. ❼ Having taken all of the above into consideration, I have spoken with our attorneys and have decided to take the necessary legal action to solve this matter. ❽ You will be hearing from them in due course.

Sincerely,
Mark Haley

① 제공한 서비스에 대한 대금 지불을 재촉하려고
② 직원 대상 서비스 교육 실시에 대해 안내하려고
③ 식중독 사고 예방 수칙을 지킬 것을 당부하려고
④ 불만족한 서비스에 대한 법적 조치 의사를 밝히려고
⑤ 음식 제공 서비스 예약을 취소한 것에 대해 사과하려고

출처 https://vdocuments.site/complaint-letter-activities.html

원문

Complaint letter writing activities –Khanfar Mouna

Complaint letters - gap fill :exercise 1 Fill in all the gaps using the words

given: alternative   assured   circumstances   connection   consequently
convenience   faithfully   hearing   inform   misleading   raised   refund
situated   therefore

Dear Sir / Madam,

I am writing in [____] with the hotel accommodation at the Star Heights Hotel, Cebu City, Philippines, which I booked through your Queen's Road office on 3 January.

I regret to [____] you that the information given by your sales assistant, Mr Terence Chan, was completely [____].

I was particularly concerned that the hotel should be in a quiet location and close to a beach, as we have small children who cannot walk long distances. When I [____] this point with Mr Chan, he told me that the hotel was [____] in private gardens and was very close to the beach. I was etremely disappointed, [____], to find that the hotel was in fact next to a busy motorway and the beach was nearly three miles away.

1. 지문 적합성 검토

① 글을 통해 알 수 있는 수신자와 발신자의 관계는 무엇인가?

② 필자가 글을 쓰게 된 상황에 대한 설명은 어디에 제시되어 있으며, 무엇인가?

③ 필자가 글을 쓴 목적이 드러나는 문장은 어디이며, 무슨 내용인가?

④ 교육과정 밖의 단어는 어떤 것이 있으며, 각주로 제시해야 할 단어는 무엇이 있는가? 글이 지나치게 길어서 줄여야 한다면 어느 문장이 불필요하여 줄일만 한가?

2. 선택지 적합성 검토 (본문과 연관된 어휘/어구에 밑줄을 그으세요.)

① 제공한 서비스에 대한 대금 지불을 재촉하려고

② 직원 대상 서비스 교육 실시에 대해 안내하려고

③ 식중독 사고 예방 수칙을 지킬 것을 당부하려고

④ 불만족한 서비스에 대한 법적 조치 의사를 밝히려고

⑤ 음식 제공 서비스 예약을 취소한 것에 대해 사과하려고

Practice ❷

다음 글의 필자가 글을 쓴 목적을 가장 잘 나타내는 정답 선택지와 오답 선택지를 구성해 보세요.

[EBS 2022학년도 수능완성 유형편 1강 3번]

Dear Rachel,

You may have already received the first round of emails from the Office of Alumni Association. During the next few months, you will receive emails and phone calls asking you to help us verify alumni data and publish an alumni directory that is as up-to-date as possible. We understand you might not want to provide your information to just anyone, but we can guarantee that your information will not be shared with any third parties. This project is important because it allows the university to update its alumni database and ensures you stay connected with your alma mater. Additionally, up-to-date alumni information will be critical in determining university ranking in national evaluations, which is why we need your verification as quickly as possible. Thank you for your assistance with this ambitious project!

Sincerely,
Tyler Goldsmith

*alumni: 졸업생들   **alma mater: 모교

① _____

② _____

③ _____

④ _____

⑤ _____

I.
출제 시 고려 사항

1. 유형의 이해

① 등장인물의 심경이나 심경의 변화를 파악할 수 있는 능력을 측정한다.

② 글에 제시된 배경 설명을 통해 등장인물이 처한 상황과 겪고 있는 사건을 파악한다.

③ 등장인물의 심경을 추측할 수 있는 단서가 되는 어구나 표현을 찾은 후 그에 상응하는 심경을 나타낸 선택지를 정답으로 고른다.

2. 지문 선정 시 고려 사항

① 등장인물 1~2명이 등장하는 지문을 선정하며, 등장인물의 심경을 따라갈 수 있도록 사건의 전개 과정이 잘 드러난 지문이 바람직하다.

② 사건이 일어나는 도중에 갑작스럽게 글이 시작되지 않고 글 안에서 사건의 발단과 전개 및 마무리가 모두 제시되는 지문을 선정한다. 가급적 원문을 변형하지 않는 것이 좋지만 지나치게 긴 원문은 줄여 다듬어 작성한다.

③ 등장인물의 심경을 명확히 드러내는 표현이 있는 지문을 고르되, 그 표현이 명확히 제시되어 있지 않으면 심경이 명확히 드러나도록 내용을 일부 추가하여 지문을 수정한다.

④ 가급적 문학 장르의 글로서, 글의 배경 또는 사건의 묘사가 정확한 지문을 선정한다.

⑤ 등장인물의 심경 변화가 아니라 심경을 묻는 문항의 경우, 지문에는 한 가지 심경만 일관되게 드러나야 하며, 여러 가지 심경이 드러나서는 안 된다.

⑥ 등장인물의 심경 변화를 묻는 문항의 경우, 글의 앞부분과 뒷부분에 처음의 심경과 변화된 심경 두 가지만 명확히 드러나는 지문을 골라야 하며, 필요한 경우 지문을 적절히 수정할 수 있어야 한다.

⑦ 죽음, 재난, 실업, 고통 등을 다루어 수험자가 부정적인 자신의 기억을 환기시킬 수 있는 소재에 관한 지문은 선정하지 않는다.

⑧ 난도가 비교적 낮은 문항이므로 120단어 내외의 지문으로 글을 다듬어 구성한다.

3. 선택지 구성 시 고려 사항

① 단일 심경 추론 문항은 심경을 나타내는 형용사를 1~2개 정도 사용하고, 심경 변화를 추론하는 문항은 형용사 두 개를 화살표로 연결하여 정답 선택지를 구성한다.

② "He/She feels ~"에 대입하여 자연스럽게 이어지는 형용사로 구성하되, 상태를 나타내는 형용사가 아니라 순수하게 심경을 나타내는 형용사로 구성해야 한다.

예 He/She feels sorry. → sorry (심경 표현: 적절한 선택지)

He/She feels exhausted. → exhausted (상태 표현: 부적절한 선택지)

③ 선택지에 사용된 어휘는 교육과정을 벗어나지 않도록 하여 구성한다.

④ 등장인물과 유사한 상황에 처했을 때 느낄 수 있을 심경을 오답 선택지로 제시할 수 있다.

⑤ 단일 심경을 추론하는 유형에서 부정적인 심경과 긍정적인 심경의 선택지 수가 적절히 분배되어 정답 선택지만 긍정적인 형용사이거나 부정적인 형용사가 되지 않도록 한다.

⑥ 심경변화 추론 유형에서도 '부정적인 심경 → 긍정적인 심경'의 수와 '긍정적인 심경 → 부정적인 심경'의 수를 적절히 분배하여야 한다.

⑦ 심경 문항의 선택지로 많이 쓰이는 형용사는 다음과 같다.

[긍정적인 심경]

anticipating / anticipative	anxious	comforted
delighted	excited	grateful
happy	impressed	joyful / delighted
pleased	proud	refreshed
relieved / relaxed	satisfied	thrilled

[부정적인 심경]

alarmed	angry / furious	annoyed
anxious	bored	confused
depressed	disappointed	discouraged
embarrassed / ashamed	frightened	
frustrated	jealous /envious	nervous
regretful	scared / frightened / afraid / horrified	
shocked	suspicious / doubtful / upset	

[중립적인 심경]

amazed	calm	confident
curious	indifferent	lonely
surprised	sympathetic	tempted

수능[모의평가] 선택지 예시

[심경 유형]

- lonely and jealous
- bored and indifferent
- disappointed and regretful
- proud and confident
- sympathetic and sorry

- calm and satisfied
- nervous and frightened
- joyful and happy
- calm and indifferent
- confused and ashamed

[심경 변화 유형]

- ashamed → relaxed
- pleased → lonely
- delighted → confused
- calm → terrified
- confused → indifference

- disappointed → excited
- indifferent → grateful
- scared → relieved
- furious → relaxed
- indifferent → thrilled

II.
기출 문항 분석

1. 대표 기출 문항 [2021학년도 수능 19번]

다음 글에 드러난 'I'의 심경 변화로 가장 적절한 것은?

❶ Once again, I had lost the piano contest to my friend. ❷ When I learned that Linda had won, I was deeply troubled and unhappy. ❸ My body was shaking with uneasiness. ❹ My heart beat quickly and my face became reddish. ❺ I had to run out of the concert hall to settle down. ❻ Sitting on the stairs alone, I recalled what my teacher had said. "Life is about winning, not necessarily about winning against others but winning at being you. And the way to win is to figure out who you are and do your best." ❼ He was absolutely right. ❽ I had no reason to oppose my friend. ❾ Instead, I should focus on myself and my own improvement. ❿ I breathed out slowly. ⓫ My hands were steady now. ⓬ At last, my mind was at peace.

① grateful → sorrowful

② upset → calm

③ envious → doubtful

④ surprised → disappointed

⑤ bored → relieved

출처 *7 Things You Need to Know before Leaving High School* / Napoleon Ricks. Page Publishing Inc (2017)의 일부 문장을 활용하여 창작

원문
Consider for a moment a fish. Fish belong in the water, and when it is in the place where it belongs, it dominates all other things that do not belong there that may try to compete with it. Man is no match for the fish as long as it remains in the water, so in order for us to have any power over the fish, we have to capture it by using tools and many forms of trickery to get it out of the place of its dominance. We understand that man versus fish in the water, fish wins. But if we can succeed in taking it out of the water, the fish will lose every time. The thought that I am trying to convey to you is that, once you discover who you are and operate in that realm, you will always come out successful. But if you follow the guile of other things that may seem attractive and leave the place of your power, you will never win. Life is about winning, not necessarily about winning against others but winning at being you, and the way to win is to figure out who you are and do it.

2. 지문 적합성 검토

① 첫 번째 문장과 두 번째 문장에서 Once again, I had lost the piano contest to my friend. 와 I learned that Linda had won으로 제시된 것으로 보아 등장인물은 친구와 함께 피아노 경연대회에 출전했으며, 친구가 우승을 차지했음을 알 수 있다.

② '불쾌감'으로 몸이 떨리며, '얼굴이 불그스레해'졌고, 마음을 가라앉히기 위해 콘서트 홀에서 뛰어나갔다는 내용이 ❷ My body was shaking with uneasiness. ❸ My heart beat quickly and my face became reddish. ❹ I had to run out of the concert hall to settle down. 에서 제시된 다음, 선생님의 말씀을 상기하면서 '천천히 숨을 내쉬고' '내 손은 이제 떨리지 않았으며' '마침내 내 마음이 편해졌다'는 ❽ Instead, I should focus on myself and my own improvement. ❾ I breathed out slowly. ❿ My hands were steady now. ⓫ At last, my mind was at peace. 라는 내용이 제시되어 있다.

③ [상황 제시] ❶~❷: 피아노 경연대회에서 필자는 또 우승하지 못했고, 친구인 Linda가 우승했다는 것을 알게 되어 괴롭고 우울함.

　　[첫 번째 심경 제시] ❷~❹: 몸이 불쾌감으로 떨리고, 심장은 빠르게 뛰고, 얼굴은 불그스레해짐. 나는 마음을 가라앉히기 위해 콘서트홀에서 뛰어나옴. → 심란한 감정이 드러남.

　　[심경 전환의 제시] ❺~❽: 계단에 앉아, 선생님께서 하신 말씀을 떠올림. 친구를 적대할 이유가 없다는 것을 깨달음.

　　[변화된 심경 제시] ❾~⓫: 천천히 숨을 내쉬자, 손이 떨림을 멈추었으며, 마음이 편안해짐. → 차분한 심경이 드러남.

　　※ **결론**: 피아노 경연대회에서 친구에게 졌는데 이로 인해 극심한 심란함을 느끼다가 선생님의 조언을 상기하면서, 자신이 되는 것이 이기는 것에서 중요한 것이며 자신의 발전에 주안점을 두는 것이 진정으로 중요하다는 것을 깨닫고 마음이 차분해졌다는 심경 변화가 표현된 지문이다.

④ 원문에서 "Life is about winning, not necessarily about winning against others but winning at being you. And the way to win is to figure out who you are and do your best."라는 조언을 활용하여 이러한 조언이 필요한 상황을 창작해 내어 작성한 지문이다. 따라서 교육과정 밖의 단어나 표현은 없다.

3. 선택지 적합성 검토

지문과 연관된 단어를 활용하여 정답 및 오답 선택지를 구성한다. (파란색 어휘는 선택지와 관련된 지문의 어휘/어구)

① grateful → sorrowful → ❻ He was absolutely right. 에서 선생님에 대한 감사의 마음이 약간 표현되어 있지만 'I'가 느낀 주요한 심경이 아니며, 'I'는 마지막에 슬픔을 느끼지 않았으므로, 'I'의 심경을 표현하지 못한다. **오답**

122

② upset → calm → ❷, ❸, ❹에서 '떨림' '얼굴이 붉어짐'으로 신체적으로 느끼는 현상이 제시되고 settle down으로 'I'의 심경에 따른 행동이 제시되어 있어서 '심란함'을 잘 표현했다. 또한 ❾, ❿, ⓫에서 breathed out slowly, hands were steady, my mind was at peace로 차분해진 심경이 잘 표현되어 있다. **정답**

③ envious → doubtful → ❷ When I learned that Linda had won, I was deeply troubled and unhappy.에서 'I'가 불쾌한 느낌이 들었다는 것은 알 수 있지만 그것이 질투심인지는 명확하지 않다. 또한 ❻ He was absolutely right.에서 'I'의 확신이 표현되어 있으므로 오답의 근거가 확실하다. **오답**

④ surprised → disappointed → ❷ When I learned that Linda had won, I was deeply troubled and unhappy.를 활용하여 구성된 선택지이다. 그러나 'I'가 놀랐는지 여부를 알 수 없고, 글의 끝 부분에서는 'I'가 실망하지 않았으므로, 오답의 근거가 확실하다. **오답**

⑤ bored → relieved → ⓫ At last, my mind was at peace.를 활용하여 구성된 선택지이다. 글의 앞 부분에서 'I'가 느낀 심경이 bored와 전혀 무관하므로 오답의 근거가 확실하다. **오답**

III.
문항 출제 연습

Practice 1
[EBS 2022학년도 수능완성 영어 실전 5회 19번]

다음 글에 드러난 'I'의 심경으로 가장 적절한 것은?

❶ I heard what sounded like crying, so I stopped and listened. ❷ There it was again — not a cry, a cat's meow. ❸ I followed the mews until I found a kitten with spotted fur curled up under a tree in front of a house. ❹ It was like finding a present under the Christmas tree. ❺ Beaming, I kneeled down and gently stroked its little head, but the kitten's eyes were crusted shut and wouldn't open. ❻ I dug through my backpack, found a napkin, dampened it with water from my water bottle, and carefully wiped away the crust. ❼ Before long, it opened its eyes, and I smiled because the kitten's eyes were hazel ... the same green-blue-brown color eyes as my mom's. ❽ "How did you get here?" ❾ I asked as I picked it up and cradled it like a baby. ❿ I had been wishing for a cat for months. ⓫ Was it possible that one of my wishes was finally coming true? ⓬ I smiled inside and out.

*crusted: 딱지가 앉은   **hazel: 녹갈색의

① joyful and happy
② proud and confident
③ calm and indifferent
④ sympathetic and sorry
⑤ confused and ashamed

출처 *The Blossoming Universe of Violet Diamond* / Brenda Woods / Penguin (2014)

원문

With Athena gone, I was walking home alone from my last day of elementary school when just like that, dark gray clouds that mean it's going to rain for certain gathered and turned the almost-summer air cold. I didn't have my umbrella and wasn't even wearing a hoodie. Lucky Violet.

I needed to run fast and that's exactly what I was about to do when I heard what sounded like crying, so I stopped and listened. There it was again—not a cry, a cat's meow. I followed the mews until I found it curled up under a tree in front of a house, a kitten with spotted fur, almost like a leopard. I kneeled down and gently stroked its little head, but the kitten's eyes were crusted shut and wouldn't open. I dug through my backpack, found a napkin, dampened it with water from my water bottle, and carefully wiped away the crust. Before long, it opened its eyes, and I smiled because the kitten's eyes were hazel . . . the same green-blue-brown color eyes as my mom's and Daisy's.

"How did you get here?" I asked as I picked it up and cradled it like a baby. I had been wishing for a cat for months. Maybe we wouldn't have to get one from the shelter after all. Was it possible that one of my wishes was finally coming true? I smiled inside and out.

The kitten opened its mouth wide and let out a really loud "Meow!"

"You sure are a loud mouth."

Again, "Meow!" This time louder and longer.

"A really loud mouth," I proclaimed.

The sound of a door opening made me turn toward the house I was standing in front of. An old lady peeked out. "What you got there, Curly?" she asked.

My hair is long and—guess what—curly. No, not just curly—corkscrew curly. And if one more person calls me Curly, I'm going to scream.

"A kitten," I replied.

1. 지문 적합성 검토

① 등장인물이 처한 상황이 글의 앞부분에 어떻게 제시되어 있는가?

② 등장인물이 느끼는 심경이 글의 앞부분에 무엇을 통해 표현되었는가? 신체의 움직임이나 감정에 대한 묘사를 다룬 부분은 무엇인가?

③-1 등장인물의 심경이 중간에 변화하는가? 심경이 변화하는 계기는 어떻게 묘사되어 있는가?

③-2 등장인물의 심경이 변화하지 않는가? 등장인물의 상황이 글의 중반부에 구체적으로 어떻게 묘사되어 있는가?

④ 등장인물이 느끼는 심경이 글의 뒷부분에 무엇을 통해 표현되었는가? 신체의 움직임이나 감정에 대한 묘사를 다룬 부분은 무엇인가?

2. 선택지 적합성 검토 (본문에서 연관된 부분을 찾아 밑줄을 그으시오.)

① joyful and happy

② proud and confident

③ calm and indifferent

④ sympathetic and sorry

⑤ confused and ashamed

Practice ❷

다음 글에 드러난 'I'의 심경 변화를 가장 잘 나타내는 정답 선택지와 오답 선택지를 구성해 보세요.

[EBS 2022학년도 수능특강 영어독해연습 Mini Test 1 2번]

One Friday night, I walked into a thrift shop, the type of place that has always attracted me. A brilliant, red-colored hat immediately caught my eye. But.... I didn't need it. I had nowhere to wear it. There was no good reason to buy it. It would be an unnecessary expenditure. Surely that eight dollars could be put to better use. Obviously, I thought, I should turn around, walk out of this thrift shop, and put that hat out of my mind. On the other hand, I was feeling lighthearted. The little girl inside of me, who had barely managed to survive, isolated in the closet, so to speak, for years, was begging me to buy it. I found myself standing in front of the cash register, digging into my wallet. Before I knew it, that bright red hat was perched on my head. As far as I know, I didn't surprise anyone on the street. The sky did not fall. The only real result was that I experienced some moments of genuine pleasure.

*thrift shop: 중고품 할인점   **perch: (높은 곳에) 놓다

① _____

② _____

③ _____

④ _____

⑤ _____

Unit 9 분위기 추론

I.
출제 시 고려 사항

1. 유형의 이해

① 글의 상황에 나타난 분위기를 파악할 수 있는 능력을 측정한다.

② 글에서 제시된 상황이나 배경 설명을 통해 전반적인 분위기를 파악한다.

③ 글의 분위기를 적절하게 표현한 구절을 찾은 후 그에 상응하는 선택지를 정답으로 고른다.

2. 지문 선정 시 고려 사항

① 등장인물들이 특정한 사건을 겪는 지문을 선정하며, 독자가 사건의 흐름을 따라갈 수 있도록 사건이 순차적으로 기술된 지문이 바람직하다.

② 사건이 일어나는 도중에 갑작스럽게 글이 시작되지 않고 글 안에서 사건의 발단과 전개 및 마무리가 제시되는 지문을 선정한다. 가급적 원문을 변형하지 않는 것이 좋지만 지나치게 긴 원문은 줄여 다듬어 작성한다.

③ 사건이 일어나는 배경과 등장인물이 처한 상황이 명확하게 제시된 지문을 고르되, 그 표현이 명확하게 제시되어 있지 않으면 약간의 진술을 추가하여 명확하게 제시한다.

④ 가급적 문학 장르의 글로서, 글의 배경 또는 사건의 묘사가 정확한 지문을 선정한다.

⑤ 지문 내에 여러 분위기가 복합적으로 제시되지 않고, 한 가지 분위기로 일관성을 유지하는 지문을 선정한다.

⑥ 죽음, 재난, 실업, 고통 등을 다루어 수험자가 부정적인 자신의 기억을 환기시킬 수 있는 소재에 관한 지문은 선정하지 않는다.

⑦ 난도가 비교적 낮은 문항이므로 120단어 내외의 지문으로 글을 다듬어 구성한다.

3. 선택지 구성 시 고려 사항

① 분위기를 나타내는 형용사 1~2개로 정답 선택지를 구성한다.

② "The atmosphere is/was ~"에 대입하여 자연스럽게 이어지는 형용사로 구성하되, 동작이나 심경이 아니라 분위기를 대변할 수 있는 형용사로 구성해야 한다.

    예 The atmosphere was friendly. → friendly (분위기 표현: 적절한 선택지)

       The atmosphere was exhausting. → exhausting (동작 암시: 부적절한 선택지)

③ 선택지에 사용된 어휘는 교육과정을 벗어나지 않도록 하여 구성한다.

④ 지문에서 사용된 단어와 연관된 장소나 상황과 관련한 선택지를 오답 선택지로 제시할 수 있다.

⑤ 부정적인 분위기와 긍정적인 분위기의 수가 적절히 분배되어 정답만 긍정적인 형용사이거나 부정적인 형용사가 되지 않도록 한다.

⑥ 분위기 추론 문항의 선택지로 많이 쓰이는 형용사는 다음과 같다.

[긍정적인 분위기]

calm	exciting	festive / merry
friendly	fresh / lively / dynamic	
moving / inspiring / encouraging		peaceful
romantic	warm	dynamic
spectacular		

[부정적인 분위기]

desolate	hostile	frightening
gloomy	tense	noisy
chaotic	dull	horrible / terrible / scary
sad / sorrowful	stressful	miserable
lonely	satisfied	thrilled

[중립적인 분위기]

alarming	melancholy	monotonous
solemn	urgent	

 수능[모의평가] 선택지 예시

- sad and desperate
- merry and festive
- calm and peaceful
- humorous and festive
- silent and lonely

- urgent and scary
- gloomy and miserable
- fresh and lively
- tense and stressful
- dynamic and spectacular

기출 문항 분석

1. 대표 기출 문항 [2016학년도 9월 모평 19번]

다음 글의 상황에 나타난 분위기로 가장 적절한 것은?

---

❶ On my first day in the Emergency Center, I was about to drink my coffee when the first call came. ❷ I quickly picked up the line, "9-1-1." ❸ My voice was trembling and my heart was racing. ❹ A woman cried, "My husband's not breathing!" ❺ I instructed her to begin CPR. ❻ I was trying to be as steady as I could, but I was shaking. ❼ The situation was absolutely critical. ❽ While she was performing CPR, I immediately notified the nearby hospital. ❾ After a few tense moments, she came back on the line and shouted, "Where's the ambulance?" ❿ I replied, "It's getting there as quickly as it can."

① festive
② urgent
③ romantic
④ mysterious
⑤ monotonous

출처 창작

2. 지문 적합성 검토

① 첫 번째 문장에서 On my first day in the Emergency Center, I was about to drink my coffee when the first call came.이 제시된 것으로 보아 등장인물은 응급 센터에서 일하고 있다.

② '등장인물의 목소리가 떨리며'(❸ My voice was trembling and my heart was racing.), 한 여자의 남편이 숨을 쉬지 않는다는 신고가 들어온 상황에서(❹ A woman cried, "My husband's not breathing!") '상황이 심각하다'(❼ The situation was absolutely critical.)고 표현되어 있다.

③ [상황 제시] ❶~❷: 'I'가 응급 센터에서 일하는 첫날로, 신고 전화를 받음.

[상황 전개] ❸~❹: 한 여자가 남편이 숨을 쉬지 않는다고 신고함. → 심각한 사건으로 묘사됨

[상황 발전] ❺~❼: 여자가 심폐소생술을 하도록 안내하였지만 여자의 남편이 깨어나지 않음.

[상황 종료] ❽~❿: 인근의 병원에 알리고 구급차가 오고 있음을 여자에게 알림 → 심각한 사건이 해결되지 않고 있음

※ **결론**: 'I'가 응급 센터에서 일하는 첫날, 남편이 숨을 쉬지 않는다는 신고를 받고 심폐소생술을 시도하도록 지도하고 구급차를 부르는 긴박하고 심각한 상황이 묘사된 지문이다.

④ CPR(cardiopulmonary resuscitation)이라는 약어가 제시되어 있지만, 맥락 안에서 심폐소생 술임을 유추할 수 있다.

3. 선택지 적합성 검토

지문과 연관된 단어를 활용하여 정답 및 오답 선택지를 구성한다.(파란색 어휘는 선택지와 관련된 지 문의 어휘/어구)

① festive → ❿ I replied, "It's getting there as quickly as it can."을 활용하여 만든 선택지이 다. 쓰러진 사람을 구하기 위한 노력이 진행되는 상황이므로 글의 분위기와 무관하다. 오답

② urgent → ④ A woman cried, "My husband's not breathing!", ❼ The situation was absolutely critical., ❿ I replied, "It's getting there as quickly as it can."로 글의 긴박한 상황이 묘사되어 있고, 아직 해소되지 않은 상황이므로, 글의 분위기를 잘 표현하고 있다. 정답

③ romantic → ❶ On my first day in the Emergency Center, I was about to drink my coffee when the first call came.을 활용하여 만든 선택지이다. 커피를 다 마시기도 전에 신고 전화가 왔다는 상황이 묘사되어 있으므로, 글의 분위기와 무관하다. 오답

④ mysterious → ❸ My voice was trembling and my heart was racing., ❻ I was trying to be as steady as I could, but I was shaking.을 활용하여 만든 선택지이다. 'I'의 마음이 불 안하기는 하지만, 불안감의 원인이 명확하므로, 글의 분위기와 무관하다. 오답

⑤ monotonous → 글의 분위기와 완전히 반대되는 선택지로 정답과 가장 먼 선택지로, 오답의 근거 가 명확하다. 오답

III.
문항 출제 연습

다음 글의 상황에 나타난 분위기로 가장 적절한 것은?

❶ There were more stars than I could count, and I loved looking at the sky and breathing the frigid snowy air into my lungs. ❷ In the best possible way, I felt insignificant here in this wilderness. ❸ I felt like Alaska was holding me, protecting me, and that there was plenty of room to move and breathe. ❹ Fascinated by this feeling of wholeness, I sat alone on a bench at the end of the docks and watched the movement of the sky. ❺ I could not believe the depth of darkness Alaska enjoyed without the light pollution of a city. ❻ For hours, I felt stillness without the tether of another human being. ❼ I hadn't experienced that feeling before in my life, and perhaps I haven't had the courage to experience it since. ❽ Although I'd been in Alaska only about six hours at that point, I felt like my strength and my hope were returning. ❾ I wasn't completely numb any more. ❿ I certainly was not afraid. ⓫ In a moment's time, without trying, the grace of clarity had arrived.

*frigid: 몹시 찬[추운]   **tether: 구속, 속박   ***numb: 망연자실한

① tense and urgent
② noisy and festive
③ calm and peaceful
④ scary and mysterious
⑤ boring and monotonous

출처 *Under This Beautiful Dome: A Senator, A Journalist, and the Politics of Gay Love in America* / Terry Mutchler / Hachette UK (2014)

원문

There were more stars than I could count, and I loved looking at the sky and breathing the frigid snowy air into my lungs. In the best possible way, I felt insignificant here in this wilderness. I felt like Alaska was holding me, protecting me, and that there was plenty of room to move and breathe. Mesmerized by this feeling of wholeness, I sat alone on a bench at the end of the docks and watched the movement of the sky. I could not believe the depth of darkness Alaska enjoyed without the light pollution of a city. For hours, I felt a sense of calm and stillness without the tether of another human being. I hadn't experienced that feeling before in my life, and perhaps I haven't had the courage to experience it since. Although I'd been in Alaska only about six hours at that point, I felt like my strength and my hope were returning. I wasn't completely numb any more. I certainly was not afraid. In a moment's time, without trying, the grace of clarity had arrived. I loved Penny. That much I knew. She loved me and needed me. I needed her. The God of this vastness could not be as limiting as I had convinced myself He was. I fleetingly also wondered, *Am I crazy? I really just flew 3,000 miles away from Penny and only now I am seeing that I should not have left?* I raced back to the hotel, and despite the three-hour time difference and knowing Penny needed what little sleep she was getting, I called her. "Hi, sweetheart," she said, perhaps knowing that nobody else would call her at midnight.

1. 지문 적합성 검토

① 등장인물이 처한 상황의 배경은 글의 앞부분에 어떻게 제시되어 있는가?

② 등장인물이 겪는 사건은 어떻게 발전하는가?

③ 등장인물이 겪는 사건에 전환이 일어나는가? 등장인물(들)이 있는 공간의 전반적인 분위기는 어떻게 묘사되는가?

④ 교육과정 밖의 단어는 어떤 것이 있으며, 각주로 제시해야 할 단어는 무엇이 있는가?

2. 선택지 적합성 검토 (본문에서 연관된 부분을 찾아 밑줄을 그으시오.)

① tense and urgent

② noisy and festive

③ calm and peaceful

④ scary and mysterious

⑤ boring and monotonous

Practice ❷

다음 글의 상황에 나타난 분위기를 가장 잘 나타내는 정답 선택지와 오답 선택지를 구성해 보세요.

[EBS 2022학년도 수능완성 실전편 3회 19번]

After saying some loud words, Ebony placed her hands in a diving position, before she plunged into the waves, her head first. Abigail and Jennifer, Ebony's friends, watched her swimming with wonder as they thought that Ebony's act was a brave one. Ebony spent the next couple of minutes underwater, and then as her head came to the surface again, they all laughed and began to play in the waves. Their joyful laughter was carried over to the beach, where the remaining people noticed that the girls were having fun. Some outsiders envied the girls for their youth and energy. The girls spent the next fifteen minutes swimming, before they decided to come out of the water.

① _____

② _____

③ _____

④ _____

⑤ _____

Unit 10 필자의 주장 추론

I.
출제 시 고려 사항

1. 유형의 이해

① 필자가 주장하고자 하는 내용을 파악할 수 있는 능력을 측정한다.

② 필자는 문제를 제시하고 그 문제를 해결하기 위한 자신의 주장을 논리적으로 제시한다.

③ 필자의 주장이 가장 명시적으로 표현된 선택지를 정답으로 고른다.

2. 지문 선정 시 고려 사항

① 필자의 주장이 명시적으로 드러난 지문을 선정하되, 논설문과 같이 문제를 제기하고 그 문제의 해결 방안에 대한 필자의 주장이 근거와 함께 논리적으로 기술된 지문이 적절하다.

② 글에 제시된 정보를 통해 자체적으로 내용을 파악할 수 있는 지문, 즉 하나의 글 안에서 기승전결의 완결성을 갖춘 지문을 선정한다.

③ 글에 제시된 문제는 학생들에게 낯설지 않고 글 안에서 완전히 파악될 수 있어야 한다.

④ 익숙한 문제에 대한 독특한 해결책, 통념을 반박하는 주장, 새로운 정보에 의해 뒷받침되는 주장을 다룬 글이 참신하다.

⑤ 전문 분야에 대한 지식 또는 배경 지식이 있어야 개념을 이해할 수 있는 난해한 지문은 선정하지 않으며, 출제자의 이해 범위를 넘어서는 내용을 담고 있는 지문 역시 지양한다.

⑥ 필자가 말하고자 하는 핵심 내용이 직접적인 어구로 제시되어 주장하는 바가 명료하게 드러나는 지문이 바람직하다.

⑦ 난도가 낮은 문항으로 제시되므로 120~130단어 이내의 길이로 구성할 수 있는 지문이 적절하다.

3. 선택지 구성 시 고려 사항

① 중심 소재에 대해 필자가 말하고자 하는 바를 정확하게 담을 수 있는 정답 선택지를 구성한다.

② 정답 선택지에는 본문에 명시적으로 제시된 핵심 주장이 포함되어야 한다.

③ 글에서 제시되지 않은 내용, 지나치게 포괄적인 내용, 글의 한 부분만을 담고 있는 선택지를 오답 선택지로 제시할 수 있다. 필자가 주안점을 두지 않은 내용을 주장하는 선택지는 필자의 주장을 포괄하지 못한다.

④ 주장 선택지는 한 문장의 한글로 제시하며, 글의 중심 내용을 기술하는 진술의 형태로 한다.

⑤ '~하라' 또는 '~해야 한다' 등의 당위성을 주장하는 형태로 기술한다.

⑥ 비유적이거나 함축적인 표현을 사용하지 않는다.

📝 수능[모의평가] 선택지 예시

[행위 주체가 독자인 선택지]

• 문제 해결을 위해서는 문제를 직접적으로 언급해야 한다.

• 자신에게 의미 있는 영역을 정해서 전문성을 키워야 한다.

• 부정적인 피드백에 불쾌해하지 말고 문제 해결에 향후 힘써야 한다.

• 전쟁과 적을 추상적이고 획일적으로 개념화하는 것을 경계해야 한다.

• 자신을 위한 시간을 확보하여 원하는 바를 추구할 필요가 있다.

• 안일함을 버리고 미래를 준비하는 자세를 가져야 한다.

• 직업을 선택할 때 본인의 강점을 우선적으로 고려해야 한다.

[행위 주체가 특정된 선택지]

• 대학은 학생들이 기업가 정신을 함양하도록 환경을 조성해야 한다. → 행위 주체: 대학

• 과학의 대중화를 위해 여러 매체에서 과학자를 긍정적으로 묘사해야 한다. → 행위 주체: 매체

• 어른도 규범에 얽매이지 말고 자유롭게 놀이를 즐겨야 한다. → 행위 주체: 어른

• 지도자는 현재의 자신을 넘어서는 도전을 해야 한다.→ 행위 주체: 지도자

• 아이들을 칭찬하는 습관을 그만두어야 한다. → 행위 주체: 부모

II.
기출 문항 분석

1. 대표 기출 문항 [2022학년도 6월 모평 20번]

다음 글에서 필자가 주장하는 바로 가장 적절한 것은?

❶ New ideas, such as those inspired by scientific developments, are often aired and critiqued in our popular culture as part of a healthy process of public debate, and scientists sometimes deserve the criticism they get. ❷ But the popularization of science would be greatly enhanced by improving the widespread images of the scientist. ❸ Part of the problem may be that the majority of the people who are most likely to write novels, plays, and film scripts were educated in the humanities, not in the sciences. ❹ Furthermore, the few scientists-turned-writers have used their scientific training as the source material for thrillers that further damage the image of science and scientists. ❺ We need more screenplays and novels that present scientists in a positive light. ❻ In our contemporary world, television and film are particularly influential media, and it is likely that the introduction of more scientist-heroes would help to make science more attractive.

① 과학의 대중화를 위해 여러 매체에서 과학자를 긍정적으로 묘사해야 한다.
② 작가로 전업한 과학자는 전공 지식을 작품에 사실적으로 반영해야 한다.
③ 공상 과학 작가로 성공하려면 과학과 인문학을 깊이 이해해야 한다.
④ 과학의 저변 확대를 위해 영화 주인공으로 과학자가 등장해야 한다.
⑤ 과학 정책 논의에 과학자뿐만 아니라 인문학자도 참여해야 한다.

출처 *Believing in Magic: The Psychology of Superstition* – Updated Edition / Stuart A. Vyse / Oxford University Press (2013)

원문

New ideas, such as those inspired by scientific developments, are often aired and critiqued in our popular culture as part of a healthy process of public debate, and scientists sometimes deserve the criticism they get. But the popularization of science would be greatly enhanced by improving the prevailing images of the scientist. Part of the problem may be that the majority of the people who are most likely to write novels, plays, and film scripts were educated in the humanities, not in the sciences. Furthermore, the few scientists-turned-writers have used their scientific training as the source material for thrillers that further damage the image of science and scientists (e.g., Robin Cook, Michael Crichton). We need more screenplays and novels that present scientists in a positive light. In recent years there has been some progress in this area. Several popular shows, including the *CSI: Crime Scene Investigation* series and *Numb3rs*, now put science in a positive light. In our contemporary world, television and film are particularly influential media, and it is likely that the introduction of more scientist-heroes would help to make science more attractive.

2. 지문 적합성 검토

① our popular culture / scientists / popularization of science / novels, plays, film scripts / media / scientist-heroes 등의 어구가 반복적으로 제시되는 것으로 보아, 화제/중심 소재는 '대중 문화'와 '과학자'이다.

② '우리는 긍정적인 관점에서 과학자를 보여주는 더 많은 영화 대본과 소설이 필요하다.'라는 것이 필자의 주장의 핵이며, 이것은 ❺ We need more screenplays and novels that present scientists in a positive light.에서 명시적으로 제시되고 있다.

③ [화제 도입] ❶: 대중문화에서 과학자들이 때로 비판을 받는 것은 타당함.

[요지 제시] ❷: '널리 퍼진 과학자의 이미지를 개선한다면 과학의 대중화는 크게 증진될 것이다'라는 요지가 제시됨.

[문제 분석] ❸~❹: 소설, 희곡, 그리고 영화 대본 제작자들이 과학 분야의 교육을 받지 않은 점과 과학자 출신의 작가가 쓴 스릴러물에서조차 과학과 과학자의 이미지를 부정적으로 보이게 하는 스릴러물을 쓰고 있어서 문제가 발생함.

[주장 제시] ❺~❻: 긍정적인 관점에서 과학자를 보여주는 더 많은 영화 대본과 소설이 필요함. 특히 텔레비전과 영화와 같은 영향력 있는 매체에서 과학자를 매력 있게 보이도록 할 필요가 있음.

※ **결론**: 대중문화에서 과학자들이 그리 좋지 않은 인상을 주고 있다는 문제를 제시한 후, 그 문제의 원인으로 대중문화의 작가들이 전문적인 과학 교육을 받지 않은 상황을 들고, 다음으로 이

러한 문제를 해결하기 위해 과학자들에 대한 이미지를 대중문화에서 보다 긍정적으로 묘사해야 과학의 대중화에 도움이 될 것이라는 주장을 펼쳐 화제-요지-문제 분석-주장 제시라는 완결적인 구조를 갖추고 있는 지문이다.

④ prevailing이 교육과정 밖의 단어로, 이것은 widespread로 순화해 출제하였다. 글의 흐름에서 약간 벗어나며, 특정한 작품이 명시된 두 문장인 In recent years there has been some progress in this area. Several popular shows, including the CSI: Crime Scene Investigation series and Numb3rs, now put science in a positive light.는 삭제하여 구성하였다.

3. 선택지 적합성 검토

지문에 제시된 핵심 단어나 어구를 활용하여 정답 및 오답 선택지를 구성한다.(파란색 어휘는 본문에 제시된 어휘/어구)

① 과학의 대중화를 위해 여러 매체에서 과학자를 긍정적으로 묘사해야 한다. → ❷ But the popularization of science would be greatly enhanced by improving the widespread images of the scientist. / ❺ We need more screenplays and novels that present scientists in a positive light.의 두 문장에서 명시된 주장이 정확하게 기술된 선택지이다. 정답

② 작가로 전업한 과학자는 전공 지식을 작품에 사실적으로 반영해야 한다. → ❹의 the few scientists-turned-writers와 that further damage the image of science and scientists를 활용해 만든 선택지로, 작가로 전업한 과학자들의 행동은 글의 주안점이 아니다.

오답

③ 공상 과학 작가로 성공하려면 과학과 인문학을 깊이 이해해야 한다. → ❸의 educated in the humanities와 ❹의 the source material for thrillers를 결합하여 만든 선택지로, 글에는 공상 과학 작가로서의 성공에 관한 언급이 없다. 오답

④ 과학의 저변 확대를 위해 영화 주인공으로 과학자가 등장해야 한다. → ❷의 the popularization of science과 ❻의 more scientist-heroes를 활용하여 만든 선택지나, 영화 주인공으로 과학자가 등장하는 것이 문제의 핵심이 아니고, 보다 긍정적인 모습으로 과학자가 묘사되어야 함이 문제이므로, 글의 주안점에서 벗어난다. 오답

⑤ 과학 정책 논의에 과학자뿐만 아니라 인문학자도 참여해야 한다. → ❸의 educated in the humanities, not in the sciences을 활용하여 만든 선택지로, 과학 정책 논의는 글에서 언급되지 않았다. 오답

III.
문항 출제 연습

Practice 1 EBS 2022학년도 수능특강 영어독해연습 Mini Test 1 3번]

다음 글에서 필자가 주장하는 바로 가장 적절한 것은?

❶ Some people graduate from college with the mindset of daring adventurers. ❷ This is the time for fun before real life settles in. ❸ Marriage and a real job will just arrive in the mail one day when they are thirty-five. ❹ In the meantime, they're going to have experiences. ❺ These are the people who at age twenty-three go teach English in Mongolia or lead white-water rafting trips in Colorado. ❻ This daring course has real advantages. ❼ Your first job out of college is probably going to be a mess anyway, so, as the impact investor Blair Miller advises, you might as well use this period to widen your horizon of risk. ❽ If you do something completely crazy, you will know forever after that you can handle a certain amount of craziness, and your approach to life for all the decades hence will be more courageous.

① 결혼과 취업에 대한 마음의 준비를 일찌감치 해야 한다.
② 대학 졸업 후 젊은 시절에 대담한 경험을 해 보아야 한다.
③ 좋은 직장을 얻기 위해 학창 시절에 꾸준히 노력해야 한다.
④ 직장 생활을 가능한 한 빨리 시작하여 경력을 쌓아야 한다.
⑤ 적성에 맞는 직장을 찾기 위해 경험자의 조언을 구해야 한다.

출처 *The Second Mountain: The Quest for a Moral Life* / David Brooks / Random House Publishing Group (2019)

원문

THE AESTHETIC LIFE

Some people graduate from college with the mindset of daring adventurers. This is the time for fun before real life settles in. Marriage and a real job will just arrive in the mail one day when they are thirty-five. In the meantime, they're going to have experiences.

These are the people who at age twenty-three go teach English in Mongolia or lead white-water rafting trips in Colorado. This daring course has real advantages. Your first job out of college is probably going to suck anyway, so, as the impact investor Blair Miller advises, you might as well use this period to widen your horizon of risk. If you do something completely crazy you will know forever after that you can handle a certain amount of craziness, and your approach to life for all the decades hence will be more courageous. Furthermore, you will build what the clinical psychologist Meg Jay calls "identity capital." At every job interview and dinner party for the next three decades, somebody will want to ask you what it was like teaching English in Mongolia, and that will distinguish you from everybody else.

1. 지문 적합성 검토

① 반복되는 어구를 통해 확인할 수 있는 화제/중심 소재는 무엇인가?

② 화제/중심 소재와 연관된 필자의 주장은 무엇이며, 어디에 제시되어 있는가?

③ 필자가 말하고자 하는 핵심 내용을 담고 있는 위 문단은 자체로 완결되고 자족적인가?

④ 교육과정 밖의 단어는 어떤 것이 있으며, 각주로 제시해야 할 단어는 무엇이 있는가?

2. 선택지 적합성 검토 (본문에 제시된 어휘/어구에 밑줄을 그으세요.)

① 결혼과 취업에 대한 마음의 준비를 일찌감치 해야 한다.

② 대학 졸업 후 젊은 시절에 대담한 경험을 해 보아야 한다.

③ 좋은 직장을 얻기 위해 학창 시절에 꾸준히 노력해야 한다.

④ 직장 생활을 가능한 한 빨리 시작하여 경력을 쌓아야 한다.

⑤ 적성에 맞는 직장을 찾기 위해 경험자의 조언을 구해야 한다.

다음 글에서 필자의 주장을 가장 잘 나타내는 정답 선택지와 오답 선택지를 구성해 보세요.

[EBS 2022학년도 수능완성 실전편 5회 20번]

I often hear parents saying that they feel guilty because they don't want to play Barbies or Transformers or Spider-Man, etc. You don't have to! We assume that we need to play whatever game our child wants to play, but children also love to be involved in grown-up activities. What seems mundane to us, because we have done it hundreds of times, is still new and exciting to our children. So take the time to involve your children in all the ordinary chores and errands that you have to do, rather than thinking that you need to get those tasks out of the way before you can relax and play with the kids. It's inevitable that involving one of the children in your own tasks will slow you down a bit. But you'll find that it's worth spending the extra time because you're taking care of three important responsibilities at the same time: You're completing the task; you're teaching your child valuable life skills that lead to self-reliance; and you're spending Special Time with your child.

*mundane 평범한, 일상적인

① _____

② _____

③ _____

④ _____

⑤ _____

맥락 파악 2

Unit 11 빈칸 추론(1)

I.
출제 시 고려 사항

1. 유형의 이해

① 필자가 말하고자 하는 핵심 내용이나 그와 관련된 내용을 나타내는 압축된 단어 또는 짧은 어구를 빈칸으로 제시하여 이를 추론하는 능력을 평가한다.

② 글의 요지문이나 주제문에 해당하는 문장의 핵심 어구나 그와 가장 관련이 깊은 어구를 빈칸으로 제시한다.

③ 글의 주제 및 중심 생각을 정확히 파악하여 빈칸에 들어갈 선택지를 고른다.

2. 지문 선정 시 고려 사항

① 요지나 주제가 명료하게 제시된 지문을 선정하며, 논리적인 정합성을 가진 지문을 고르는 것이 바람직하다.

② 글에 제시된 정보만으로 주제나 요지를 파악할 수 있는 기승전결의 완결성을 갖춘 지문을 선정한다.

③ 낯선 개념을 쉽고 친절하게 소개하는 글이나, 통념에 대한 반박을 새로운 관점에서 제시하는 글은 지적 자극을 유발하므로, 빈칸 문항을 제작하기에 좋은 지문이다.

④ 전문 분야에 대한 지식 또는 배경 지식이 있어야 개념을 이해할 수 있는 난해한 지문은 선정하지 않으며, 출제자의 이해 범위를 넘어서는 내용을 담고 있는 지문 역시 지양한다.

⑤ 전문 용어나 교육과정에서 벗어난 어휘가 지나치게 많아 원문을 크게 수정해야 하거나 어휘 순화로도 해결되지 않는 지문은 지양한다.

⑥ 도입부에 요지문이 명확히 제시되고, 이 요지문과 직결되는 내용이 빈칸으로 제시될 경우 문항의 난도가 낮아진다.

⑦ 요지문을 글의 마무리 부분에서 재진술하는 문장이나 요지문의 사례를 들은 다음 그 내용을 요약하는 문장에 빈칸을 제시하여 추론하게 하게 하면 문항의 난도가 높아진다.

3. 선택지 구성 시 고려 사항

① 글의 핵심 내용이나 요지를 정확하게 담을 수 있는 정답 선택지를 구성한다.

② 정답 선택지는 기본 어휘에 포함되어 주석을 제공하지 않고도 이해할 수 있는 어휘로 구성해야 한다.

③ 정답 및 오답 선택지 구성에서 맥락에 따라 다양하게 해석될 가능성이 있어 논란의 여지가 있는 다의어는 배제해야 한다.

④ 정답 선택지가 관용적 표현의 일부여서 앞뒤 어구와 연결시키기만 해도 답이 되는 선택지는 지양해야 한다.

⑤ 글에서 제시되지 않은 내용, 지나치게 포괄적인 내용, 글의 주안점이 아닌 내용이 담긴 선택지를 오답 선택지로 제시할 수 있다.

⑥ 오답 선택지도 빈칸에 제시된 문장의 나머지 부분과 자연스럽게 연결되어 어법이나 의미상 어색하지 않아야 한다.

⑦ 비유적이거나 함축적인 표현을 다루어 글의 맥락에 따라 논란의 여지가 있을 수 있는 부분은 빈칸으로 제시하지 말아야 한다.

⑧ 선택지 5개가 서로 다른 독립적인 개념을 다루고 있어야 한다. 유사 선택지, 서로 상충되는 선택지가 없어야 한다.

⑨ 선택지의 품사 제한은 없으나 선택지는 모두 한 가지 품사로 제시한다. 또한 가급적 의미가 명확한 명사, 동사(구), 형용사로 구성하는 것이 좋다. 부사, 대명사, 전치사로 구성하면 오답 선택지 구성도 어렵고 복수 정답의 논란도 피하기 힘든 경우가 많으니 유의한다.

✎ 기출문제에 사용된 선택지의 예

[명사/동명사]

① question	② account	③ controversy	④ variation	⑤ bias
⑥ cloning	⑦ harming	⑧ training	⑨ overfeeding	⑩ domesticating
⑪ sensitivity	⑫ superiority	⑬ imagination	⑭ productivity	⑮ achievement

[형용사/분사]

① competitive	② novel	③ secondary	④ reliable	⑤ unconditional
⑥ changed	⑦ classified	⑧ preserved	⑨ controlled	⑩ interpreted
⑪ biased	⑫ illegal	⑬ repetitive	⑭ temporary	⑮ rational

[짧은 어구]

| ① religious events | ② personal agreements | ③ communal responsibilities |
| ④ historical records | ⑤ power shifts | |

II.
기출 문항 분석

1. 대표 기출 문항 [2022학년도 9월 모평 31번]

다음 빈칸에 들어갈 말로 가장 적절한 것을 고르시오.

❶ When examining the archaeological record of human culture, one has to consider that it is vastly _____. ❷ Many aspects of human culture have what archaeologists describe as low archaeological visibility, meaning they are difficult to identify archaeologically. ❸ Archaeologists tend to focus on tangible (or material) aspects of culture: things that can be handled and photographed, such as tools, food, and structures. ❹ Reconstructing intangible aspects of culture is more difficult, requiring that one draw more inferences from the tangible. ❺ It is relatively easy, for example, for archaeologists to identify and draw inferences about technology and diet from stone tools and food remains. ❻ Using the same kinds of physical remains to draw inferences about social systems and what people were thinking about is more difficult. ❼ Archaeologists do it, but there are necessarily more inferences involved in getting from physical remains recognized as trash to making interpretations about belief systems.

* archaeological: 고고학의

① outdated
② factual
③ incomplete
④ organized
⑤ detailed

출처 *Through the Lens of Anthropology: An Introduction to Human Evolution and Culture* / Robert J. Muckle, Laura Tubelle de González / University of Toronto Press (2016)

원문

The Problems of Archaeological Visibility and Bias

When examining the archaeological record of human culture, one has to consider that it is vastly incomplete. Many aspects of human culture have what archaeologists describe as low archaeological visibility, meaning they are difficult to identify archaeologically. Archaeologists tend to focus on tangible (or material) aspects of culture: things that can be handled and photographed, such as tools, food, and structures. Reconstructing intangible aspects of culture is more difficult, requiring that one draw more inferences from the tangible. It is relatively easy, for example, for archaeologists to identify and draw inferences about technology and diet from stone tools and food remains. Using the same kinds of physical remains to draw inferences about social systems and what people were thinking about is more difficult. Archaeologists do it, but there are necessarily more inferences involved in getting from physical remains recognized as trash to making interpretations about belief systems.

2. 지문 적합성 검토

① 첫 문장에서 examining the archaeological record of human culture가 제시된 것으로 보아, 중심 소재는 '인류 문화의 고고학 기록을 살펴봄'이라는 것을 알 수 있다.

② 첫 번째 문장이 요지 문장이며, 이 요지 문장에서 '인류 문화의 고고학 기록을 살펴볼 때' 고려해야 할 것(one has to consider that it is vastly)이 무엇인지를 글 전체의 내용을 읽고, 한 단어로 추론하는 것이 핵심이다. 문장 ❷에서 '낮은 고고학적 가시성', 즉 문화의 많은 측면이 고고학적으로 식별하기 어렵다는 점(low archaeological visibility, meaning they are difficult to identify archaeologically)이 제시되고 문장 ③에서 낮은 고고학적 가시성의 조건인, 유형적인 측면에 초점을 맞추는 경향을 제시한다.(Archaeologists tend to focus on tangible (or material) aspects of culture) 문장 ❹~❻에서는 문화의 무형적 측면을 구성하는 것이 어려워서 결국 유형적인 측면에서 무형적인 측면을 끌어낼 수밖에 없음을 설명한다. 마지막으로 문장 ❼에서 첫 번째 문장인 요지문을 부연하며, 결국 고고학자들은 많은 추론을 할 수밖에 없는 상황 (there are necessarily more inferences involved in getting from physical remains)이라고 설명하는 흐름이다.

③ [요지 제시] ❶: 인류 문화의 고고학 기록을 살펴볼 때, 우리는 그것이 엄청나게 불완전하다는 것을 고려해야 함

[근거 제시] ❷: 인류 문화의 많은 측면은 고고학자들이 낮은 고고학적 가시성이라고 말하는 것을 지니고 있는데, 이것은 그것들이 고고학적으로 식별하기 어렵다는 것을 의미함.

[근거 설명] ❸~❻: 고고학자들은 문화의 유형적인 측면, 즉 도구, 음식, 구조물처럼 다루고 사진을 찍을 수 있는 것들에 초점을 맞추는 경향이 있으나 문화의 무형적 측면을 재구성하는 것은 이보다 더 어려워서, 유형적인 것에서 더 많은 추론을 끌어내야 함.

[부연] ❼: 고고학자들은 인식되는 물리적 유물로부터 신념 체계에 관한 해석에 도달하는 것과 관련된 더 많은 추론이 어쩔 수 없이 있어야 함.

※ **결론**: 인류 문화의 고고학 기록을 살펴볼 때, 우리는 그것이 엄청나게 불완전하다는 것을 고려해야 한다는 요지문을 제시한 다음, 그 근거로 인류 문화의 많은 측면은 고고학적으로 식별하기 어렵고, 유형적인 측면에서 문화의 무형적인 측면을 끌어 낼 수밖에 없다는 사실을 논리적으로 설명하여, 고고학에서의 추론의 불가피함을 제시하고, 마지막 문장에서 고고학자들은 인식되는 물리적 유물로부터 신념 체계에 관한 해석에 도달하는 것과 관련된 더 많은 추론이 어쩔 수 없이 있어야 한다고 부연하여 설명하고 있다. 따라서 [요지 → 근거 → 부연 및 논지 발전]의 완결성 있고, 자족적인 글의 구조를 갖추고 있는 지문이다.

④ archaeological, archaeologically, archaeologist, tangible, intangible은 교육과정 밖의 단어들로, archaeological은 주석으로 처리하고, archaeologically, archaeologist는 주석 단어로 추론할 수 있게 하였으며, tangible, intangible은 문맥에서 추론할 수 있다.

3. 선택지 적합성 검토

지문과 연관된 단어를 활용하여 정답 및 오답 선택지를 구성한다.(파란색 어휘는 선택지와 관련된 지문의 어휘/어구)

① outdated → ❺ It is relatively easy, for example, for archaeologists to identify and draw inferences about technology and diet from stone tools and food remains.에서 착안한 선택지이며, 인류 문화의 고고학 기록이 '구식이 된' 것은 아니므로 해당 선지가 오답인 근거가 명확하다. 오답

② factual → ❸ Archaeologists tend to focus on tangible (or material) aspects of culture: things that can be handled and photographed, such as tools, food, and structures. ❹ Reconstructing intangible aspects of culture is more difficult, requiring that one draw more inferences from the tangible.에서 착안한 선택지이며, '사실에 근거하지 않고' 추론하는 과정이 수반될 수 밖에 없다는 글의 내용과 정반대이므로 해당 선지가 오답인 근거가 명확하다. 오답

③ incomplete → ❻ Using the same kinds of physical remains to draw inferences about social systems and what people were thinking about is more difficult. ❼ Archaeologists do it, but there are necessarily more inferences involved in getting from physical remains recognized as trash to making interpretations about belief systems.에서 그 근거가 명확하므로, 빈칸으로 제시하기 적합하다. 정답

④ organized → ❻ Using the same kinds of physical remains to draw inferences about social systems and what people were thinking about is more difficult.에서 착안한 선지로, 글의 흐름과 정반대이므로 해당 선지가 오답인 근거가 명확하다. 오답

⑤ detailed → ❺ It is relatively easy, for example, for archaeologists to identify and draw inferences about technology and diet from stone tools and food remains.에서 착안한 선택지이나, 자세함에 관한 것은 글의 주안점이 아니므로 해당 선지가 오답인 근거가 명확하다. 오답

III.
문항 출제 연습

다음 빈칸에 들어갈 말로 가장 적절한 것을 고르시오.

❶ Why do we find it so difficult to slow down? ❷ We may, in part, be the inheritors of a work ethic which encourages us to believe that time must be used 'productively' and 'efficiently.' ❸ We feel we should be getting things done, ticking them off a list. ❹ But it could be that many of us are driven by fear. ❺ We are so afraid of having longer, emptier hours that we fill them with distractions. ❻ We strive to stay occupied. ❼ How often do we sit quietly on the sofa for half an hour without switching on the television, picking up a magazine or making a phone call, and instead just thinking? ❽ Within minutes we find ourselves channel-surfing and multitasking. ❾ What exactly are we afraid of? ❿ On some level we fear boredom. ⓫ A deeper explanation is that we are afraid that an extended pause would give us the time to realize that our lives are not as meaningful and fulfilled as we would like them to be. ⓬ The time for _____ has become an object of fear, a demon.

① transition
② evaluation
③ interaction
④ intervention
⑤ contemplation

출처   *The Wonderbox: Curious histories of how to live* / Roman Krznaric / Profile Books (2011)

원문

> Why do we find it so difficult to slow down? We may, in part, be the inheritors of a Protestant ethic which encourages us to believe that time must be used 'productively' and 'efficiently'. We feel we should be getting things done, ticking them off a list. But it could be that many of us are driven by fear. We are so afraid of having longer, emptier hours that we fill them with distractions, we strive to stay occupied. How often do we sit quietly on the sofa for half an hour without switching on the television, picking up a magazine or making a phone call, and instead just thinking? Within minutes we find ourselves channel-surfing and multitasking. What exactly are we afraid of? On some level we fear boredom. A deeper explanation is that we are afraid that an extended pause would give us the time to realise that our lives are not as meaningful and fulfilled as we would like them to be. The time for contemplation has become an object of fear, a demon.

1. 지문 적합성 검토 및 빈칸으로 제시할 어구 탐색

① 반복되는 어구를 통해 확인할 수 있는 중심 소재는 무엇인가?

② 중심 소재와 연관된 요지는 무엇이며, 어디에 제시되어 있는가?

③ 요지를 전개하는 문단의 전개 방식은 자체로 완결성 있고 자족적인가?

④ 빈칸으로 제시할 문장은 어디가 가장 적절하며, 빈칸으로 제시할 어구로 가장 적절한 것은 무엇인 가?

⑤ 교육과정 밖의 단어는 어떤 것이 있으며, 각주로 제시해야 할 단어는 무엇이 있는가?

2. 선택지 적합성 검토 (본문에서 연관된 부분을 찾아 밑줄을 그으시오.)

① transition

② evaluation

③ interaction

④ intervention

⑤ contemplation

Practice ❷

다음 글에서 빈칸으로 제시하기에 적절한 부분을 찾고, 정답 선택지와 오답 선택지를 구성해 보세요.

[EBS 2022학년도 수능완성 실전편 3회 31번]

Digital information plays a part in the increasing uncertainty of knowledge. First, the infinitude of information now accessible through the Internet dwarfs any attempt to master a subject—it is simply no longer possible to know what is to be known in any area. The response is to focus on ever narrower or more esoteric disciplines or interests, or to admit that all that can be done is to sample the field. Second, the stature of knowledge is challenged, because the quality of what can be accessed is often unknown. In the printed book, the signs of quality—publisher, author affiliation, and so on—are usually clearly marked. But the quality of information on the Internet is not always so obvious, sometimes deliberately veiled, sometimes simplistic but loud. Even the encyclopedic is not guaranteed: Wikipedia bills itself as 'the free encyclopedia that anyone can edit'. Despite the theory that correct material will usually overcome incorrect, there is nevertheless a caveat that knowledge is always relative.

＊esoteric: 소수만 아는   ＊＊affiliation: 소속   ＊＊＊caveat: 경고

① _____

② _____

③ _____

④ _____

⑤ _____

Unit 12 빈칸 추론(2)

I.
출제 시 고려 사항

1. 유형의 이해

① 글의 논리적 맥락을 파악하여 빈칸에 들어갈 긴 어구나 절을 추론하는 능력을 평가한다.

② 글의 중심 내용이 제시되는 문장이나 글의 주요 전환이 일어나는 부분, 혹은 중심 내용을 반복하여 재진술하는 부분이 주로 빈칸으로 제시된다.

③ 글의 요지 및 주안점을 정확히 파악하여 빈칸에 들어갈 선택지를 고른다.

2. 지문 선정 시 고려 사항

① 요지나 주제가 명료하고, 논리적 정합성을 가진 지문을 고르는 것이 바람직하다.

② 글에 제시된 정보만으로 주제나 요지를 파악할 수 있는 기승전결의 완결성을 갖춘 지문을 선정한다.

③ 낯선 개념을 쉽고 친절하게 소개하는 글이나, 통념에 대한 반박을 새로운 관점에서 제시하는 글은 지적 자극을 유발하므로, 빈칸 문항을 제작하기에 좋은 지문이다.

④ 전문 분야에 대한 지식 또는 배경 지식이 있어야 개념을 이해할 수 있는 난해한 지문은 선정하지 않으며, 출제자의 이해 범위를 넘어서는 내용을 담고 있는 지문 역시 지양한다.

⑤ 전문 용어나 교육과정에서 벗어난 어휘가 지나치게 많아 원문을 크게 수정해야 하거나 어휘 순화로도 해결되지 않는 지문은 지양한다.

⑥ 글의 맥락 전체를 파악하고 빈칸에 들어갈 내용을 추론하여 완결된 문단을 완성하는 능력이 필요한 고난도 문항이다.

⑦ 가장 난도가 높은 문항으로 분류되므로 150~170단어 내외의 긴 지문, 간혹 150~170단어 혹은 180~190단어 내외의 긴 지문으로 구성한다.

3. 선택지 구성 시 고려 사항

① 글의 핵심 내용이 진술되거나 중요한 전환이 있는 문장에서 긴 동사구, 명사절 등을 골라 정답 선택지를 구성한다.

② 정답 선택지는 기본 어휘에 포함되어 주석을 제공하지 않고도 이해할 수 있는 어휘로 구성해야 한다.

③ 정답 및 오답 선택지 구성에서 맥락에 따라 다양하게 해석될 가능성이 있어 논란의 여지가 있는 다의어는 배제해야 한다.

④ 정답 선택지와 동일한 어구가 글에 제시되어 있어 그 어구와 선택지의 단순 비교만으로도 정답을 유추할 수 있는 어구[절]는 제외해야 한다.

⑤ 글에서 제시되지 않은 내용, 지나치게 포괄적인 내용, 글의 주안점이 아닌 내용을 언급한 선택지를 오답 선택지로 제시할 수 있다.

⑥ 오답 선택지도 빈칸에 제시된 문장의 나머지 부분과 자연스럽게 연결되어 어법이나 의미상 어색하지 않아야 한다.

⑦ 선택지 5개가 서로 다른 독립적인 개념을 다루고 있어야 한다. 의미가 서로 유사한 선택지 혹은 의미가 정반대여서 서로 충돌이 일어나는 선택지가 없어야 한다.

⑧ 비유적이거나 함축적인 표현을 다루어 글의 맥락에 따라 논란의 여지가 있을 수 있는 부분은 빈칸으로 제시하지 말아야 한다.

⑨ 선택지의 형태를 통일하여, 정답 선택지와 오답 선택지가 가급적 유사한 형태가 되도록 선택지를 구성한다.

 기출문제에 사용된 선택지의 예

[명사구]

① one running faster and stopping further down the track

② both stopping at the same point further than expected

③ one keeping the same speed as the other to the end

④ both alternating their speed but arriving at the same end

⑤ both slowing their speed and reaching the identical spot

[동사구/관계절]

① to hold back our mixed feelings

② that balances our views on politics

③ that leads us to give way to others in need

④ to carry the constant value of absolute truth

⑤ that is more important to us than the truth itself

[be동사 다음의 보어]

① sculpted by our own history of experiences

② designed to maintain their initial structures

③ geared toward strengthening recent memories

④ twinned with the development of other organs

⑤ portrayed as the seat of logical and creative thinking

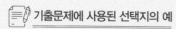 기출문제에 사용된 선택지의 예

[술어]

① has supported new environment−friendly policies

② has increasingly been set by humanity

③ inspires creative cultural practices

④ changes too frequently to be regulated

⑤ has been affected by various natural conditions

[절]

① variety and complexity characterize the robins' songs

② song volume affects the robins' aggressive behavior

③ the robins' poor territorial sense is a key to survival

④ the robins associate locality with familiar songs

⑤ the robins are less responsive to recorded songs

II.
기출 문항 분석

1. 대표 기출 문항 [2021학년도 수능 34번]

다음 빈칸에 들어갈 말로 가장 적절한 것을 고르시오.

---

❶ Successful integration of an educational technology is marked by that technology being regarded by users as an unobtrusive facilitator of learning, instruction, or performance. ❷ When the focus shifts from the technology being used to the educational purpose that technology serves, then that technology is becoming a comfortable and trusted element, and can be regarded as being successfully integrated. ❸ Few people give a second thought to the use of a ball-point pen although the mechanisms involved vary– some use a twist mechanism and some use a push button on top, and there are other variations as well. ❹ Personal computers have reached a similar level of familiarity for a great many users, but certainly not for all. ❺ New and emerging technologies often introduce both fascination and frustration with users. ❻ As long as _____ in promoting learning, instruction, or performance, then one ought not to conclude that the technology has been successfully integrated–at least for that user.

* unobtrusive: 눈에 띄지 않는

① the user successfully achieves familiarity with the technology
② the user's focus is on the technology itself rather than its use
③ the user continues to employ outdated educational techniques
④ the user involuntarily gets used to the misuse of the technology
⑤ the user's preference for interaction with other users persists

---

출처 *Foundations of Educational Technology: Integrative Approaches and Interdisciplinary Perspectives* / J. Michael Spector / Routledge (2015)

원문
> Successful integration of an educational technology is marked by that technology being regarded by users as an unobtrusive facilitator of learning, instruction, or performance. When the focus shifts from the technology being used to the educational purpose that technology serves, then that technology is becoming a comfortable and trusted element, and can be regarded as being successfully integrated. Few people give a second thought to the use of a ball-point pen although the mechanisms involved vary—some use a twist mechanism and some use a push button on top, and there are other variations as well. Personal computers have reached a similar level of familiarity for a great many users, but certainly not for all. New and emerging technologies often introduce both fascination and frustration with users. As long as the user's focus is on the technology itself rather than its use in promoting learning, instruction, or performance, then one ought not to conclude that the technology has been successfully integrated—at least for that user.

2. 지문 적합성 검토

① 문장 **❶**의 integration of an educational technology, 문장 **❷**의 the focus, 문장 **❻**의 promoting learning, instruction, or performance 등의 어구로 미루어 보아, 중심 소재가 '교육 기술의 성공적인 통합'이라는 것을 알 수 있다.

② 교육 기술의 성공적인 통합은 '그 기술이 사용자에 의해 학습이나 교육, 또는 수행의 눈에 띄지 않는 촉진자로 여겨지는 것'이라는 요지문이 제시되고(**❶** an unobtrusive facilitator of learning, instruction, or performance), 결국 기술 그 자체가 아니라 교육적 목적에 초점을 두어서 전개되어야 적절한 방향이라고 진술하며(**❷** When the focus shifts from the technology being used to the educational purpose that technology serves, then that technology is becoming a comfortable and trusted element, and can be regarded as being successfully integrated.), 문장 **❻**에서 요지문을 부연하고 있다.

③ **[요지] ❶**: 교육 기술의 성공적인 통합은 그 기술이 사용자에 의해 학습이나 교육, 또는 수행의 눈에 띄지 않는 촉진자로 여겨지는 것으로 나타남.

[전개] ❷: 사용되고 있는 기술에서 기술이 이바지하는 교육적 목적으로 초점이 옮겨갈 때, 그 기술은 편안하고 신뢰할 수 있는 요소가 되고 있으며, 성공적으로 통합되고 있다고 여겨질 수 있음.

[사례 제시] ❸~❷: 볼펜은 구조가 다양하지만, 볼펜 사용법은 보편적임. 반면 개인용 컴퓨터는 아직 사용자들에게 매력과 좌절감을 동시에 경험하게 하고 있음.

[부연] ❻: 사용자의 초점이 기술의 사용이 아니라 기술 그 자체에 맞춰져 있는 한, 적어도 그 사용자에게는 그 기술이 성공적으로 통합된 것이 아님.

※ **결론**: 교육 기술의 성공적인 통합은 그 기술이 사용자에 의해 학습이나 교육, 또는 수행의 눈에 띄지 않는 촉진자로 여겨지는 것으로 나타나는 것이라는 요지문을 제시한 후, 그 내용을 풀어서 전개하고, 그 사례로 볼펜과 개인용 컴퓨터를 든 다음, 교육에서 기술 그 자체를 익히는 데 주안점을 두고 있는 사용자에게는 기술의 통합이 성공적으로 완수된 것이 아니라고 부연하고 있다. 그러므로 완결성 있고 자족적인 글의 구조를 갖추고 있는 지문이다.

④ 교육과정을 넘어서는 unobtrusive는 각주로 제시되었다.

3. 선택지 적합성 검토

지문에 제시된 핵심 단어나 어구를 활용하여 정답 및 오답 선택지를 구성한다. (파란색 어휘는 본문에 제시된 어휘/어구)

① the user successfully achieves familiarity with the technology → **❸** Few people give a second thought to the use of a ball-point pen although the mechanisms involved vary — some use a twist mechanism and some use a push button on top, and there are other variations as well.을 활용하여 구성한 선택지이지만 빈칸이 있는 **❻** 문장에서 then

이하의 'not'으로 인해 정답 선택지와 반대되는 내용을 담고 있으므로, 매력적인 오답 선택지이다. 오답

② the user's focus is on the technology itself rather than its use → focus, technology, use 등 글의 요지문과 관련된 내용이 포함되어 있고, ❶ Successful integration of an educational technology is marked by that technology being regarded by users as an unobtrusive facilitator of learning, instruction, or performance.와 ❷ When the focus shifts from the technology being used to the educational purpose that technology serves, then that technology is becoming a comfortable and trusted element, and can be regarded as being successfully integrated.를 적절히 반영한 내용으로, 빈칸으로 제시하기 적절하다. 정답

③ the user continues to employ outdated educational techniques → ❺ New and emerging technologies often introduce both fascination and frustration with users. 를 활용하여 구성한 선택지로, '계속 구식의 교육 기술을 사용하는' 것은 본문의 정보로부터 알 수 없는 내용이다. 오답

④ the user involuntarily gets used to the misuse of the technology → ❸ Few people give a second thought to the use of a ball-point pen although the mechanisms involved vary – some use a twist mechanism and some use a push button on top, and there are other variations as well.을 활용하여 작성한 선택지이나, 사용자가 '그 기술의 오용'에 익숙해진다는 언급이 없으므로, 이 선택지는 정답이 될 수 없다. 오답

⑤ the user's preference for interaction with other users persists → ❺ New and emerging technologies often introduce both fascination and frustration with users. 를 활용하여 작성한 선택지이나, 사용자 간의 상호작용에 관한 언급이 없으므로, 오답의 근거가 명확하다. 오답

III.
문항 출제 연습

[EBS 2022학년도 수능특강 영어독해연습 3강 5번]

다음 빈칸에 들어갈 말로 가장 적절한 것을 고르시오.

❶ One way in which someone's loyalty might be expressed is through a tendency to identify herself with the object of her loyalty. ❷ Such a loyal person to some extent treats the thing to which she is loyal as though it was her, feeling as she would feel and acting as she would act if certain things that are true of it were true of her. ❸ If your loyalty to your favorite sporting team is expressed in such a way, then you may feel like a success yourself when your team is doing well, and like a failure when your team is doing badly. ❹ You may feel pride when your team does something good—when it wins a tough game or raises money for charity—and you may feel shame when your team does something bad—when it gives a boring performance or mistreats its players. ❺ Such reactions exist beyond any tendencies to want to advance the interests of the object of your loyalty, to serve as its advocate, or to venerate it through involvement in appropriate rituals.

*venerate: 경의를 표하다, 공경하다

① to display loyalty and help someone else out
② to identify herself with the object of her loyalty
③ to build loyalty by making her feel very special
④ to hold certain beliefs independent of the evidence
⑤ to block negative effects and issues related to loyalty

The Limits of Loyalty / Simon Keller / Cambridge University Press (2010)

원문

Loyalty in identification

One way in which someone's loyalty might be expressed is through a tendency to identify herself with the object of her loyalty. Such a loyal person to some extent treats the thing to which she is loyal as though it was her, feeling as she would feel and acting as she would act if certain things that are true of it were true of her. If your loyalty to your favorite sporting team is expressed in such a way, then you may feel like a success yourself when your team is doing well, and like a failure when your team is doing badly. You may feel pride when your team does something good – when it wins a tough game or raises money for charity – and you may feel shame when your team does something bad – when it gives an insipid performance or mistreats its players. Such reactions exist beyond any tendencies to want to advance the interests of the object of your loyalty, to serve as its advocate, or to venerate it through involvement in appropriate rituals.

1. 지문 적합성 검토 및 빈칸으로 제시할 어구 탐색

① 반복되는 어구를 통해 확인할 수 있는 중심 소재는 무엇인가?

② 중심 소재와 연관된 요지는 무엇이며, 어디에 제시되어 있는가?

③ 요지를 전개하는 문단의 전개 방식은 자체로 완결성 있고 자족적인가?

④ 빈칸으로 제시할 문장은 어디가 가장 적절하며, 빈칸으로 제시할 어구로 가장 적절한 것은 무엇인가?

⑤ 교육과정 밖의 단어는 어떤 것이 있으며, 각주로 제시해야 할 단어는 무엇이 있는가?

2. 선택지 적합성 검토 (본문에 제시된 어휘/어구에 밑줄을 그으세요.)

① to display loyalty and help someone else out

② to identify herself with the object of her loyalty

③ to build loyalty by making her feel very special

④ to hold certain beliefs independent of the evidence

⑤ to block negative effects and issues related to loyalty

Practice ❷

다음 글에서 빈칸으로 제시하기에 적절한 부분을 찾고, 정답 선택지와 오답 선택지를 구성해 보세요.

[EBS 2022학년도 수능완성 실전편 5회 34번]

Fleeing has been perfected to a fine art, inspiring mythic levels of speed, endurance, and agility in prey species. Plains animals, such as antelopes, gazelles, and zebras, have also learned to measure their attackers' talents against their own. Knowing that lions, leopards, and cheetahs are capable of only short bursts of speed, the hoofed residents rarely panic at the sight of a cat as long as they have running room and a head start. The important thing is to keep an eye out so the predator doesn't "steal the bases" and get close enough for a deadly sprint. Against hunting dogs and wolves, however, prey animals know they can't depend on their endurance alone. Canines are not as fast as cats, but they can run for a long time, long enough to exhaust weak, old, or sick prey.

*agility: 민첩성   **hoofed: 발굽이 있는   ***canine: 갯과의 동물

① _____

② _____

③ _____

④ _____

⑤ _____

Unit 13 연결어 빈칸

I.
출제 시 고려 사항

1. 유형의 이해

① 글 내에서 앞의 내용과 뒤의 내용을 자연스럽게 연결해주는 적절한 연결어를 찾는 능력을 측정한다.

② 간접적인 글쓰기 유형으로 논리적 글의 구성 능력을 측정한다.

③ 연결사의 바로 앞뒤에 있는 문장의 관계 파악이 중요하지만, 글의 전체적인 흐름을 살펴야 정확한 답을 추론하도록 문항이 구성된다.

2. 지문 선정 시 고려 사항

① 글에서 두 빈칸의 위치가 적절한 균형을 이루어 글 전체를 읽어야 답을 찾을 수 있는 지문을 선정한다.

② 정답 선택지를 넣었을 때, 글의 흐름이 훨씬 부드럽게 이어지는 지문을 선정한다.

③ 두 개의 연결어가 글의 한 쪽에 치우쳐 있어 글의 나머지 부분을 읽지 않고도 답을 찾을 수 있는 지문은 지양한다.

④ 선택지에 제시된 연결어가 지문에 중복적으로 나와 있으면 정답의 단서를 제공할 수 있으므로 이런 지문은 지양한다.

⑤ 연결어가 반드시 필요한 곳을 빈칸으로 해야 한다. 정답에 해당하는 연결어가 없는 것이 글의 흐름이 자연스럽거나 연결어를 넣었을 때 오히려 의미가 부자연스러운 지문은 지양한다.

⑥ 정답 선택지의 연결어뿐만 아니라 다른 의미의 연결어를 넣어도 글의 흐름이 자연스러울 수 있는 지문은 지양한다.

3. 선택지 구성 시 고려 사항

① 첫 번째 빈칸이나 두 번째 빈칸에 들어갈 연결어 중 하나만 알아도 답이 나오지 않도록 (A), (B) 각각의 선택지에 동일한 연결어를 2개씩 쌍으로 제공한다.

② (A)의 선택지로 제시된 연결어가 (B)의 선택지에 반복해 나오지 않도록 구성한다.

③ (A)의 선택지에 제시된 연결어와 비슷한 의미를 지닌 연결어가 (B)의 선택지에 나오지 않도록 구성한다. 예를 들어 (A)에 For example이 있는데, (B)에 For instance를 넣는 것은 지양한다.

④ (A)의 선택지에서 쌍으로 제시되지 않고 단독으로 제시된 연결어는 (B)의 선택지에서는 쌍으로 제시된 연결어 중 하나와 짝을 지어 구성한다.

📝 기출문제에 사용된 선택지의 예

〈사례 제시〉

for example, for instance, similarly, likewise

〈추가〉

in addition, additionally, besides, furthermore, moreover

〈역접과 대조〉

nevertheless, however, conversely, on the contrary, in contrast, by contrast

〈부연 설명〉

in fact, in effect, in other words, that is

〈결과와 결론〉

thus, consequently, as a result, therefore, in short, in sum

〈기타〉

instead, otherwise

II.
기출 문항 분석

1. 대표 기출 문항 [2015학년도 6월 모의평가 33번]

다음 글의 빈칸 (A), (B)에 들어갈 말로 가장 적절한 것은?

❶When there is a discrepancy between the verbal message and the nonverbal message, the latter typically weighs more in forming a judgment. ❷＿＿＿(A)＿＿＿, a friend might react to a plan for dinner with a comment like "that's good," but with little vocal enthusiasm and a muted facial expression. ❸In spite of the verbal comment, the lack of expressive enthusiasm suggests that the plan isn't viewed very positively. ❹In such a case, the purpose of the positive comment might be to avoid a disagreement and support the friend, but the lack of a positive expression unintentionally leaks a more candid, negative reaction to the plan. ❺Of course, the muted expressive display might also be strategic and intentional. ❻＿＿＿(B)＿＿＿, the nonverbal message is deliberate, but designed to let the partner know one's candid reaction indirectly. ❼It is then the partner's responsibility to interpret the nonverbal message and make some adjustment in the plan.

	(A)		(B)
①	In addition	……	Instead
②	In addition	……	However
③	In contrast	……	That is
④	For example	……	However
⑤	For example	……	That is

출처 *More Than Words: The Power of Nonverbal Communication* / Miles L. Patterson / Maria Angels V (2010)

> **원문**
>
> verbal channel. That is, when there is a discrepancy between the verbal message and the nonverbal message, the latter typically weighs more in forming a judgment. For example, a friend might react to a plan for dinner with a comment like "that's good," but with little vocal enthusiasm and a muted facial expression. In spite of the verbal comment, the lack of expressive enthusiasm suggests that the plan isn't viewed very positively. In such a case, the purpose of the positive comment might be to avoid a disagreement and support the friend, but the lack of a positive expression unintentionally leaks a more candid, negative reaction to the plan. Of course, the muted expressive display might also be strategic and intentional. That is, the nonverbal message is deliberate, but designed to let the partner know one's candid reaction indirectly. It is then the partner's responsibility to interpret the nonverbal message and make some adjustment in the plan. Whether the expressive reaction

2. 지문 적합성 검토

① 총 7개의 문장으로 구성된 지문이다. 원문에서는 지문이 완전히 독립된 하나의 문단이 아니라 That is 다음에 이어지는 부분이었지만, That is를 삭제하고 현재 상태로 지문을 구성해도 의미상 지문의 독립성이 잘 유지되고 있으므로 적절한 지문이다. '언어적인 메시지와 비언어적인 메시지 사이에 차이가 있을 때, 판단을 형성하는 데 있어서 후자가 보통 더 큰 비중을 차지한다.'는 의미를 담고 있는 ❶ When there is a discrepancy between the verbal message and the nonverbal message, the latter typically weighs more in forming a judgment.의 내용이 글의 요지를 잘 나타내고 있으므로 문단의 첫 문장으로 전혀 어색함이 없다.

② 연결어가 들어갈 빈칸의 위치가 어느 한 곳에 치우쳐 있지 않고, 글의 앞부분과 뒷부분에 균형 있게 배치되어 있으므로 적절한 지문이다. 빈칸 (A)는 첫 번째 문장인 ❶ When there is a discrepancy between the verbal message and the nonverbal message, the latter typically weighs more in forming a judgment. 다음에 이어지는 문장에 위치해 있고, 빈칸 (B)는 마지막 문장인 ❼ It is then the partner's responsibility to interpret the nonverbal message and make some adjustment in the plan. 앞 문장에 위치해 있다.

③ 정답 선택지가 하나는 예시(For example)를 나타낼 때, 또 다른 하나는 부연 설명(That is)하는 내용을 제시할 때 쓰여 서로 의미가 다르므로 연결사 문항에 사용하기에 적절한 지문이다.

④ verbal message가 제시하는 정보와 nonverbal message가 제시하는 정보가 서로 상이할 때 일반적으로 nonverbal message가 상대방이 말하고자 하는 진의를 파악하는 데 더 중요한 역할을

한다는 익숙한 소재의 지문이다.

⑤ 교육과정 밖의 단어가 없으며, 원전의 일부를 그대로 가져와서 사용하였다.

3. 선택지 적합성 검토

① 빈칸 (A)의 선택지로 In addition 2개와 For example 2개가 각각 선택지 ①, ②번과 ④, ⑤번에 그리고 독립적으로 쓰인 In contrast가 중앙에 위치해 선택지가 균형 있게 적절히 배치되었다.

② (A)와 (B) 항목에서 서로 비슷한 의미를 지닌 연결어로 된 선택지는 없다. 모두가 각기 다른 의미를 지닌 선택지가 적절히 배치되었다. 선택지로 사용된 연결어는 In addition, Instead, However, In contrast, That is, For example인데, 모두 각각 독립적 의미를 가지고 있으며, 의미상 중복되는 것이 없다.

③ (A)에서 독립적으로 쓰인 In contrast는 (B)에서 쌍을 이루는 연결어 중 하나인 That is와 연결되고, (B)에서 독립적으로 쓰인 Instead는 (A)에서 쌍을 이루는 연결어 중 하나인 In addition과 연결되어 선택지가 균형 있게 적절히 배치되었다.

④ verbal message와 nonverbal message 사이에 discrepancy(차이)가 있을 때는 판단을 내릴 때 후자(nonverbal message)가 더 비중 있게 다루어진다는 ❶의 내용에 이어 ❷에서는 한 친구가 저녁 식사 계획에 관해 말로는 "that's good"이라고 하면서 목소리에 열성이 거의 없고 표정도 별로 없을 수도 있다는 내용을 통해 ❶에서 언급한 사례를 제시하고 있다. 그리고 그 사례에 대한 부수적인 설명이 ❸, ❹, ❺의 문장까지 이어진다. 따라서 빈칸 (A)의 정답 선택지로는 For example이 적절하고, In addition이나 In contrast를 넣으면 문맥이 통하지 않으므로 이 둘은 오답 선택지로 적절하다.

⑤ the muted expressive display는 또한 전략적이거나 의도적일 수도 있다는 ❺의 내용에 이어 ❻에서는 그 말이 무엇을 의미하는 것인지 좀 더 자세히 설명해 주는 내용이 이어지고 있다. 따라서 빈칸 (B)의 정답 선택지로는 부연 설명에 쓰이는 That is가 와야 적절하고, Instead나 However를 넣으면 문맥이 통하지 않으므로 이 둘은 오답 선택지로 적절하다.

III.
문항 출제 연습

Practice 1 [EBS 2015학년도 수능특강 영어 12강 2번]

다음 글의 빈칸 (A), (B)에 들어갈 말로 가장 적절한 것은?

❶ Robert Zajonc argues that smiling causes facial muscles to increase the flow of air − cooled blood to the brain, a process that produces a pleasant state by lowering brain temperature. ❷ _____(A)_____ , frowning decreases blood flow, producing an unpleasant state by raising temperature. ❸ To demonstrate, Zajonc and his colleagues conducted a study in which they asked participants to repeat certain vowels 20 times each, including the sounds *ah*, *e*, *u*, and the German vowel *ü*. In the meantime, temperature changes in the forehead were measured and participants reported on how they felt. ❹ As it turned out, *ah* and *e* (sounds that cause people to imitate smiling) lowered forehead temperature and lifted mood, whereas *u* and *ü* (sounds that cause us to imitate frowning) increased temperature and darkened mood. ❺ _____(B)_____ , people need not infer how they feel. ❻ Rather, facial expressions give rise to physiological changes that produce an emotional experience.

*physiological: 생리적인

	(A)		(B)
①	Conversely	……	In short
②	Conversely	……	However
③	Similarly	……	However
④	Furthermore	……	Instead
⑤	Furthermore	……	In short

출처 *Contemporary Accounting: A Strategic Approach for Users* /
Phil Hancock, Peter Robinson, Mike Bazley / Cengage AU (2019)

원문
in the brain (Izard, 1990). For example, Robert Zajonc (1993) argues that smiling causes facial muscles to increase the flow of air-cooled blood to the brain, a process that produces a pleasant state by lowering brain temperature. Conversely, frowning decreases blood flow, producing an unpleasant state by raising temperature. To demonstrate, Zajonc and colleagues (1989) conducted a study in which they asked participants to repeat certain vowels 20 times each, including the sounds *ah*, *e*, *u* and the German vowel *ü*. In the meantime, temperature changes in the forehead were measured and participants reported on how they felt. As it turned out, *ah* and *e* – sounds that cause people to mimic smiling – lowered forehead temperature and elevated mood, whereas *u* and *ü* – sounds that cause us to mimic frowning – increased forehead temperature and dampened mood. In short, people need not infer how they feel; rather, facial expressions evoke physiological changes that produce an emotional experience.

1. 지문 적합성 검토 (아래 질문에 답하시오.)

① 지문이 하나의 문단으로 완결성을 갖추고 있는가?

② 연결어가 들어갈 빈칸의 위치가 어느 한 곳에 치우쳐 있지 않고, 글의 앞부분과 뒷부분에 균형 있게 배치되어 있는가?

③ 정답 선택지 (A), (B)에 각각 들어갈 연결어가 서로 의미가 다른 것끼리 적절히 제시되어 있는가?

④ 정답 선택지의 연결어를 각 빈칸에 넣었을 때 글의 흐름이 자연스러운가?

⑤ 주석을 제시하거나 순화시켜야 할 교육과정 밖의 단어는 없는가?

2. 선택지 적합성 검토 (아래 질문에 답하시오.)

① 선택지 (A) 항목과 (B) 항목 각각에 동일한 연결어 두 쌍과 독립된 연결어 한 개가 균형 있게 배치되어 있는가?

② (A) 항목의 독립된 연결어가 (B) 항목에서도 독립된 연결어와 짝지어져 있지는 않은가?

③ 선택지 (A)에 Conversely 외에 다른 선택지는 올 수 없는가?

④ 선택지 (B)에는 In short 외에 다른 선택지는 올 수 없는가?

Practice ❷

다음 질문에 가장 적절한 정답 선택지와 오답 선택지를 구성해 보세요. [EBS 2015학년도 수능완성 유형편 13강 4번]
다음 글의 빈칸 (A), (B)에 들어갈 말로 가장 적절한 것은?

Aesthetics is the area of philosophy that concerns our appreciation of things as they affect our senses, and especially as they affect them in a pleasing way. As such, it frequently focuses primarily on the fine arts, the products of which are traditionally designed to please our senses.   (A)   , much of our aesthetic appreciation is not confined to art, but directed toward the world at large. We appreciate not only art, but also nature: broad horizons, fiery sunsets, and towering mountains. Moreover, our appreciation reaches beyond pristine nature to our more mundane surroundings: the solitude of a neighborhood park on a rainy evening, the chaos of a busy morning marketplace, the view from the road.   (B)   , there is a need for an aesthetics of the environment, for in such cases our aesthetic appreciation includes our surroundings: our environment.

	(A)		(B)
①	_____	……	_____
②	_____	……	_____
③	_____	……	_____
④	_____	……	_____
⑤	_____	……	_____

Unit 14 함축 의미 추론

I.
출제 시 고려 사항

1. 유형의 이해

① 함축적 의미를 지닌 어구나 문장이 글에서 의미하는 바를 추론할 수 있는 능력을 측정한다.

② 글의 주제와 밀접한 연관이 있는 내용을 담고 있는 비유적 어구나 문장에 밑줄을 친 다음 그 부분이 글에서 어떤 의미로 쓰였는지를 묻는다.

③ 글의 한 부분이 아니라 전체적인 흐름을 파악해야 밑줄 친 말의 함축적 의미를 이해할 수 있는 문항이 주로 출제된다.

2. 지문 선정 시 고려 사항

① 한 가지 주제에 관해 일관되게 기술하며 하나의 문단으로 내용이 완결성이 있는 지문을 선정한다.

② 밑줄을 치고자 하는 부분이 관용적인 표현이어서 그 뜻을 아는 것만으로 정답 추론이 가능한 지문은 가급적 피한다.

③ 글 전체의 흐름을 파악하지 않고 밑줄 친 부분의 단순한 해석만으로도 그 의미를 추론할 수 있는 지문은 가급적 피한다.

④ 밑줄 친 부분 자체에 주석을 제공해야 할 정도로 지나치게 어려운 단어가 포함된 지문은 가급적 피한다.

⑤ 밑줄 친 부분에 대한 단순한 해석을 글 전체의 흐름과 연결해 글 안에서의 함축적 의미를 추론할 수 있는 지문을 선정한다.

⑥ 글 전체의 흐름과는 무관하게 밑줄 친 부분 바로 앞 혹은 바로 뒤에 있는 문장의 뜻만 알아도 함축된 의미의 추론이 가능한 지문은 가급적 피한다.

3. 선택지 구성 시 고려 사항

① 밑줄 친 부분을 선택지의 내용으로 그대로 대체했을 때, 정답 선택지뿐만 아니라 오답 선택지도 문장 내에서 의미가 자연스럽게 통하도록 선택지를 구성한다.

② 정답 선택지와 완전히 정반대의 의미를 지닌 오답 선택지는 둘 중 하나가 정답인 듯한 인상을 주므로 가급적 제시하지 않는다.

③ 밑줄 친 부분이 어구이면 선택지를 어구의 형태로 제시하고, 밑줄 친 부분이 문장의 형태이면 선택지를 문장의 형태로 제시하는 것이 좋으나, 함축 의미의 내용에 따라 융통성 있게 판단한다.

④ 지문에 나온 단어 혹은 지문에 나온 단어와 비슷한 의미를 지닌 단어를 선택지에 최대한 사용하여 오답 선택지의 매력도를 높인다.

⑤ 오답 선택지라도 선택지의 내용이 지문의 내용과 너무 거리가 멀거나 의미가 모호한 선택지는 가급적 제시하지 않는다.

II.
기출 문항 분석

1. 대표 기출 문항 [2015학년도 6월 모의평가 33번]

밑줄 친 <u>don't knock the box</u>가 다음 글에서 의미하는 바로 가장 적절한 것은?

---

❶ By expecting what's likely to happen next, you prepare for the few most likely scenarios so that you don't have to figure things out while they're happening. ❷ It's therefore not a surprise when a restaurant server offers you a menu. ❸ When she brings you a glass with a clear fluid in it, you don't have to ask if it's water. ❹ After you eat, you don't have to figure out why you aren't hungry anymore. ❺ All these things are expected and are therefore not problems to solve. ❻ Furthermore, imagine how demanding it would be to always consider all the possible uses for all the familiar objects with which you interact. ❼ *Should I use my hammer or my telephone to pound in that nail?* ❽ On a daily basis, functional fixedness is a relief, not a curse. ❾ That's why you shouldn't even attempt to consider all your options and possibilities. ❿ You can't. ⓫ If you tried to, then you'd never get anything done. ⓬ So <u>don't knock the box</u>. ⓭ Ironically, although it limits your thinking, it also makes you smart. ⓮ It helps you to stay one step ahead of reality.

① Deal with a matter based on your habitual expectations.
② Question what you expect from a familiar object.
③ Replace predetermined routines with fresh ones.
④ Think over all possible outcomes of a given situation.
⑤ Extend all the boundaries that guide your thinking to insight.

출처 *The Eureka Factor: Creative Insights and the Brain* / John Kounios, Mark Beeman / Random House (2015)

By expecting what's likely to happen next, you prepare for the few most likely scenarios so that you don't have to figure things out while they're happening. It's therefore not a surprise when a restaurant server offers you a menu. When she brings you a glass with a clear fluid in it, you don't have to ask if it's water. After you eat, you don't have to figure out why you aren't hungry anymore. All these things are expected and are therefore not problems to solve.

Furthermore, imagine how taxing it would be to always consider all the possible uses for all the familiar objects with which you interact. *Should I use my hammer or my telephone to pound in that nail? Could the oven dry my clothes just as well as that clothes dryer?* On a daily basis, functional fixedness is a relief, not a curse.

That's why you shouldn't even attempt to consider all your options and possibilities. You can't. If you tried to, then you'd never get anything done.

So don't knock the box. Ironically, although it limits your thinking, it also makes you smart. It helps you to stay one step ahead of reality.

2. 지문 적합성 검토

① 원문의 단어를 하나도 수정하지 않고 그대로 모두 사용해도 될 정도로 지나치게 어려운 단어가 없으므로 적절한 지문이다. 글의 흐름은 다음과 같다.

다음에 무슨 일이 일어날지 예상함으로써, 가장 가능성이 높은 몇 가지 시나리오에만 대비한다면 그것들이 일어날 때 상황 파악을 할 필요가 없다는 ❶의 내용을 통해 일어날 일을 미리 예상하는 것이 도움이 된다는 것을 알 수 있다. 그리고 음식점 종업원이 메뉴를 제공할 때 놀라지 않는다거나, 그녀가 물을 가져다 줄 때 그게 물인지 묻지 않아도 된다거나, 식사한 후에는 왜 배가 고프지 않은지 궁금해 할 필요가 없이, 이 모든 것은 당연히 예상되는 일로 해결해야 할 문제가 아니라는 ❷~❺의 내용은 ❶에 대한 구체적인 사례가 되며, ❼에서는 한술 더 떠 "저 못을 박기 위해서 나의 망치나 나의 전화기 중 어떤 것을 사용해야 할까?"라고까지 상상해야 한다면 사는 게 매우 힘들 것이라 설명한다. 그리고 ❽에서 기능적 고정성은 저주가 아니라 안도라는 글의 핵심을 말한다. 그런 다음 ❾, ❿, ⓫에서 그렇기 때문에 모든 선택권과 가능성을 고려하려는 시도조차 해서도 안 되며, 그렇게 하려고 한다면, 결코 그 어떤 일도 끝낼 수 없을 것이라 한다. 그런 다음 ⓬에서 '그러니 상자를 두드리지 말라.'라고 한다. 그런 다음 ⓭, ⓮에서 비록 상자가 사고를 제한하지만, 우리를 똑똑하게도 만들어 주며, 우리가 현실보다 한발 앞서도록 도와준다고 결론을 내린다.

② 원문에서 여러 개로 나뉜 문단을 합쳐 하나의 문단으로 지문을 구성했으나 주제가 일관되고, 글 전체가 자연스럽게 이어지므로 적절한 지문이다. 지문의 ❶~❺의 내용, ❻~❽의 내용, ❾~⓫의 내용, ⓬~⓮의 내용이 원문에서는 각각 독립된 문단으로 총 4개의 문단으로 제시되었으나, 모의평가에서는 네 개의 지문을 하나로 합쳐 한 개의 문단으로 제시했다.

③ 밑줄로 제시된 don't knock the box는 중학생도 알 수 있는 매우 쉬운 단어로 구성되어 있으나, 글 전체를 읽지 않고서는 그 안에 함축된 의미를 알 수 없으므로 적절한 지문이다.

④ 밑줄 친 부분 바로 앞에 나온 문장이나 바로 뒤에 나온 문장만을 읽고서는 밑줄 친 부분의 의미를 추론할 수 없으므로 적절한 지문이다.

⑤ 교육과정 밖의 단어가 없으며, 원문의 글 일부를 그대로 가져와서 사용한 지문이다.

3. 선택지 적합성 검토

① Deal with a matter based on your habitual expectations(습관적인 기대를 바탕으로 문제를 처리하라). → 첫 문장인 ❶에서 언급된 내용에 대한 설명과 사례에 해당하는 ❷~❼의 내용 그리고 여기까지의 내용에 대한 결론의 일부인 ❽~❿의 내용을 일목요연하게 잘 설명하는 적절한 선택지이다. 특히 글의 핵심 내용인 habitual expectations라는 말이 선택지에 그대로 들어가 있다. 밑줄 친 부분의 the box는 판에 박혀 자동으로 인지하고 행하게 되는 일상의 모든 것이 그 안에 들어 있는 상자를 암시한다. 우리가 늘 하던 대로 그냥 하면 편할 것을 일상적으로 일어나는 모든 일에 대해 왜 그런 일이 일어나는 것인지 의문을 품고 상자들 두드려 상자의 문을 열어서 그 답을 찾으려 한다면 삶이 힘들어질 것이라는 내용의 글이므로 선택지 ①이 밑줄 친 부분의 함축적 의미로 가장 적절하다. 정답

② Question what you expect from a familiar object(익숙한 물건으로부터 기대하는 것에 대해 의문을 품으라). → ❶과 ❺에 나오는 expect와 ❻에 나오는 familiar objects라는 어휘를 사용해 오답 매력도를 높인 적절한 선택지이다. 오답

③ Replace predetermined routines with fresh ones(미리 정해진 일상을 새로운 일상으로 교체하라). → 지문의 어휘를 사용하지는 않았으나 ❽에 나온 functional fixedness와 의미상 등가를 이루는 predetermined routines라는 말을 사용하여 오답 매력도를 높인 적절한 선택지이다. 오답

④ Think over all possible outcomes of a given situation(주어진 상황의 모든 가능한 결과에 대해 숙고하라). → ❻과 ❾에 각각 나온 possible과 possibilities를 연상시키는 possible outcomes를 넣어 오답 매력도를 높인 적절한 선택지이다. 오답

⑤ Extend all the boundaries that guide your thinking to insight(사고를 통찰력으로 이끄는 모든 경계를 확대하라). → ⓫에 나온 limits your thinking을 활용하여 Extend all the boundaries / thinking을 넣어 오답 매력도를 높인 적절한 선택지이다. 오답

III.
문항 출제 연습

밑줄 친 Every no sparks a corresponding yes가 다음 글에서 의미하는 바로 가장 적절한 것은?

❶A quality of the human brain is known as *induction*, how something positive generates a contrasting negative image in our mind. ❷This is most obvious in our visual system. ❸When we see some color—red or black, for instance—it tends to intensify our perception of the opposite color around us, in this case, green or white. ❹As we look at the red object, we often can see a green halo forming around it. ❺In general, the mind operates by contrasts. ❻We are able to formulate concepts about something by becoming aware of its opposite. ❼The brain is continually dredging up these contrasts. ❽What this means is that whenever we see or imagine something, our minds cannot help but see or imagine the opposite. ❾If we are forbidden by our culture to think a particular thought or entertain a particular desire, that taboo instantly brings to mind the very thing we are forbidden. ❿Every no sparks a corresponding yes. ⓫We cannot control this vacillation in the mind between contrasts. ⓬This predisposes us to think about and then desire exactly what we do not have.

*halo: 후광   **dredge up: ~을 떠올리다   ***vacillation: 동요, 흔들림

① To improve your life, you must learn to say no politely.
② If anything is banned, we become anxious and eager for it.
③ We are often attracted to people with opposite personalities.
④ Most of us obey the law because we fear social punishment.
⑤ Reason-giving is effective to turn disagreement to agreement.

출처 *The Laws of Human Nature* / Robert Greene / Penguin (2018)

Such a syndrome can be explained by three qualities of the human brain. The first is known as *induction*, how something positive generates a contrasting negative image in our mind. This is most obvious in our visual system. When we see some color—red or black, for instance—it tends to intensify our perception of the opposite color around us, in this case green or white. As we look at the red object, we often can see a green halo forming around it. In general, the mind operates by contrasts. We are able to formulate concepts about something by becoming aware of its opposite. The brain is continually dredging up these contrasts.

What this means is that whenever we see or imagine something, our minds cannot help but see or imagine the opposite. If we are forbidden by our culture to think a particular thought or entertain a particular desire, that taboo instantly brings to mind the very thing we are forbidden. Every no sparks a corresponding yes. (It was the outlawing of pornography in Victorian times that created the first pornographic industry.) We cannot control this vacillation in the mind between contrasts. This predisposes us to think about and then desire exactly what we do not have.

1. 지문 적합성 검토 (아래 질문에 답하시오.)

① 원문의 수정된 부분이 없는가? 수정된 부분이 있다면 그 수정이 적절한가?

② 지문의 원문이 하나의 문단으로 구성되어 있는가? 두 개 이상의 문단을 하나로 합쳤다면 글의 흐름에 지장이 없는가?

③ 밑줄로 제시된 어구나 문장에 주석을 제시해야 할 만큼 지나치게 어려운 단어는 없는가?

④ 밑줄 친 부분 바로 앞의 내용이나 바로 뒤의 내용만으로 정답 추론이 가능하지는 않은가?

⑤ 주석을 제시하거나 순화시켜야 할 교육과정 밖의 단어는 없는가?

2. 선택지 적합성 검토 (각 선택지의 정답과 오답의 근거를 제시하시오.)

① To improve your life, you must learn to say no politely.

② If anything is banned, we become anxious and eager for it.

③ We are often attracted to people with opposite personalities.

④ Most of us obey the law because we fear social punishment.

⑤ Reason-giving is effective to turn disagreement to agreement.

Practice ❷

다음 질문에 가장 적절한 정답 선택지와 오답 선택지를 구성해 보세요.

밑줄 친 "the word's been stolen"이 다음 글에서 의미하는 바로 가장 적절한 것은?

[2021학년도 수능완성 유형편 12강 2번]

For many people, the words "Cajun" and "Creole" lead to visions of gumbo, red beans and rice, crawfish, and just about anything that's been "blackened, Cajun-style." While these culinary traditions are distinctive and delicious, they have overshadowed the many other unique cultural contributions made by Louisiana's Cajun and Creole communities, and are often considered without reference to the social and historical contexts that produced them. When "Cajun" and "Creole" are reduced to adjectives on menus and food labels, it becomes easy to lose sight of the people those adjectives first described. As poet Sheryl St. Germain writes in "Cajun," she fears "the word's been stolen" by retail commodifiers of a culture emptied of its content and its history, reduced—quite literally—to an object of consumption.

① _____

② _____

③ _____

④ _____

⑤ _____

언어 형식·어휘

Unit 15 어법

I.
출제 시 고려 사항

1. 유형의 이해

① 어법상 적절한 표현과 틀린 표현을 구별할 줄 아는 능력을 측정한다.

② 밑줄 친 부분 중 틀린 것을 고르는 유형과 네모 안에서 어법에 맞는 표현을 고르는 두 가지 유형이 출제된다.

③ 문장 구조의 주요 핵심 요소를 묻는 문제가 주로 출제되지만 단순한 어법 지식을 묻는 문제가 출제되기도 한다.

2. 지문 선정 시 고려 사항

① 부득이한 경우가 아니면 두 번째 문장 이후부터 선택지가 제시되므로 최소한 6문장 이상으로 구성된 지문을 선정한다.

② 어법이 맞는지 틀리는지를 따지기 전에 글의 의미를 파악하기도 어려울 정도의 고난도 지문은 가급적 피한다.

③ 가급적 글이 하나의 문단으로 완결성을 갖춘 지문을 선정한다.

④ 다양한 어법 항목을 제시할 수 있는 지문을 선정한다.

⑤ 어법 항목으로 사용하고자 하는 어휘가 너무 어려워 수정이 필요한 지문은 가급적 피한다.

3. 선택지 구성 시 고려 사항

① 하나의 선택지에서 하나의 어법 항목만 묻도록 선택지를 구성한다.

② 특정한 어법 항목이 중복되지 않도록 최대한 다양하게 선택지를 구성한다.

③ 고교 수준을 넘어설 정도로 지나치게 복잡한 문장에 선택지를 제시하는 것은 가급적 피한다.

④ 어법 항목의 옳고 그름 판단에 논란의 여지가 있거나 지나치게 지엽적인 것은 피한다.

⑤ 한 문장에서 선택지가 하나만 제시되도록 선택지를 구성한다.

II.
기출 문항 분석

1. 대표 기출 문항 [2021학년도 수능 29번]

다음 글의 밑줄 친 부분 중, 어법상 틀린 것은? [3점]

❶Regulations covering scientific experiments on human subjects are strict. ❷Subjects must give their informed, written consent, and experimenters must submit their proposed experiments to thorough examination by overseeing bodies. ❸Scientists who experiment on themselves can, functionally if not legally, avoid the restrictions ① associated with experimenting on other people. ❹They can also sidestep most of the ethical issues involved: nobody, presumably, is more aware of an experiment's potential hazards than the scientist who devised ② it. ❺Nonetheless, experimenting on oneself remains ③ deeply problematic. ❻One obvious drawback is the danger involved; knowing that it exists ④ does nothing to reduce it. ❼A less obvious drawback is the limited range of data that the experiment can generate. ❽Human anatomy and physiology vary, in small but significant ways, according to gender, age, lifestyle, and other factors. ❾Experimental results derived from a single subject are, therefore, of limited value; there is no way to know ⑤ what the subject's responses are typical or atypical of the response of humans as a group.

*consent: 동의   **anatomy: (해부학적) 구조   ***physiology: 생리적 현상

출처 *Science in Popular Culture: A Reference Guide* / A. Bowdoin Van Riper / Greenwood Press (2002)

Regulations covering scientific experiments on human subjects—shaped by the memory of past excesses—are stringent. Subjects must give their informed, written consent, and experimenters must submit their proposed experiments to rigorous scrutiny by overseeing bodies. Scientists who experiment on themselves can, functionally if not legally, avoid the restrictions associated with experimenting on other people. They can also sidestep most of the ethical issues involved: nobody, presumably, is more aware of an experiment's potential hazards than the scientist who devised it.

Nonetheless, experimenting on oneself remains deeply problematic. One obvious drawback is the danger involved; knowing that it exists does nothing to reduce it. A less obvious drawback is the limited range of data that the experiment can generate. Human anatomy and physiology vary, in small but significant ways, according to sex, age, lifestyle, and other factors. Experimental results derived from a single subject are, therefore, of limited value; there is no way to know whether the subject's responses are typical or atypical of the response of humans as a group.

2. 지문 적합성 검토

① ❶~❾까지 모두 9문장으로 구성되어 5개의 선택지와 다양한 어법 항목을 제시하기에 적절한 지문이다. 인간 피험자에 관한 과학 실험을 다루는 규정은 엄격하다는 문장 ❶의 내용에 이어, 문장 ❷에서 피험자는 서면 동의를 해야 하고, 실험자는 감독 기관에 의한 철저한 정밀 조사를 받아야 한다는 것이 ❶의 내용에 대한 사례로 제시된다. 그런 다음 문장 ❸~❽의 내용은 자신을 실험하는 과학자들에 대한 내용을 다루고 있는데, 그들이 법률적으로는 아니더라도, 직무상으로는 다른 사람들을 실험하는 것과 관련된 규제는 피할 수 있지만, 그에 수반되는 여러 가지 문제점이 있다는 것을 제기한다. 그런 다음 마지막으로 ❾에서 단 한 명의 피험자로부터 얻어진 실험 결과는 가치가 제한적이며, 그 피험자의 반응이 집단으로서의 인간 반응을 대표하는 것인지 아니면 이례적인 것인지 알 방법이 없다고 결론을 내린다. 이처럼 출제를 위한 어법 항목을 잘 갖추고 있을 뿐만 아니라 내용면에서도 완결성을 잘 갖춘 지문이다.

② 어려운 단어가 일부 있었으나 주석으로 제시하거나 순화하여 내용을 파악하는 데 무리가 없는 적절한 지문이다. 첫 문장인 ❶은 길이 조절을 위하여 대시 사이에 있던 원문의 shaped by the memory of past excesses를 삭제하였으며, 어려운 단어인 stringent를 strict로 순화하였다. 그리고 ❷의 thorough examination은 원문의 rigorous scrutiny를 순화한 표현이다. ❽의 gender는 원문의 sex를 순화한 표현이다.

③ 원문은 지문의 ❶~❹와 ❺~❾로 나뉜 두 개의 문단이었으나, 두 번째 문단이 Nonetheless라는 연결어로 시작되어 앞 문단과 의미상 자연스럽게 연결되어 두 문단을 하나로 합쳤어도 글의 흐름에 지장이 없는 적절한 지문이다.

④ 다섯 개 선택지의 어법 항목을 모두 다르게 구성하여 다양한 어법에 지식을 측정할 수 있는 적절한 지문이다. ① associated는 과거분사, ② it은 대명사, ③ deeply는 부사, ④ does는 동사, ⑤ what은 선행사를 포함하는 관계사에 대해 묻고 있다.

⑤ 어법 항목으로 제시된 어휘 중에서는 순화되거나 주석을 제시한 어휘가 없는 적절한 지문이다.

⑥ 주석을 제공한 consent(동의), anatomy((해부학적) 구조), physiology(생리적 현상) 외에는 특별히 추가 주석이나 순화가 필요한 어휘가 없다.

3. 선택지 적합성 검토

① associated → the restrictions를 수식하는 과거분사 형태의 쓰임이 적절한지를 묻는 적절한 선택지이다. restrictions가 associate의 동작을 행하는 주체가 아니라 동작의 대상이므로 과거분사인 associated는 어법상 적절하다. 오답

② it → 단수형 대명사 it의 타당성을 묻는 적절한 선택지이다. 앞에 단수인 experiment와 복수인 hazards가 있어 대명사가 지칭하는 것이 무엇인지 정확히 알아야 정답 여부를 판단할 수 있다. nobody, presumably, is more aware of an experiment's potential hazards than the scientist who devised ② it에서 it의 자리에 potential hazards를 넣으면 과학자들이 잠재적 위험을 고안하는 의미가 되어 문맥이 통하지 않는다. 대신 it의 자리에 experiment를 넣으면 문맥이 자연스럽게 연결되므로 대명사 it은 적절하다. 오답

③ deeply → 형용사와 부사의 쓰임을 구분하는 능력을 측정하는 적절한 선택지이다. experimenting on oneself remains ③ deeply problematic에서 뒤에 나오는 형용사 problematic을 수식하는 말이 와야 하므로 부사 deeply는 어법상 적절하다. 오답

④ does → 문장에서 술어 동사가 와야 할 위치인지 준동사가 와야 할 위치인지를 구분하는 능력을 측정하는 적절한 선택지이다. knowing that it exists ④ does nothing to reduce it에서 knowing that it exists가 주어이고 그 뒤에 이어지는 동사가 필요한 위치라는 것을 알아야 한다. 바로 앞에 exists라는 that절의 동사가 있어 doing이나 to do가 와야 하는 것으로 착각하기 쉽다. 동명사구는 단수 취급하므로 단수형 동사 does는 어법상 적절하다. 오답

⑤ what → there is no way to know ⑤ what the subject's responses are typical or atypical of the response of humans as a group에서 know의 목적어로 쓰인 명사절의 형태가 적절한지를 판단하는 능력을 측정하는 선택지이다. 자신이 이끄는 절 내의 명사를 하나 포함하는 what이 필요한 위치인지 완결된 형태의 명사절을 이끄는 that이나 whether와 같은 명사절을 이끄는 접속사가 필요한 위치인지를 알아야 한다. 뒤에 the subject's responses are typical or atypical of the response of humans as a group이라는 완결된 형태의 절이 왔으므로, what이 틀렸다는 것을 알고, 더 나아가 문맥상 whether가 적절하므로 what을 whether로 고쳐야 한다는 것을 알 수 있어야 한다. 정답

Practice ❶

[EBS 2020학년도 수능완성 유형편 8강 4번]

다음 글의 밑줄 친 부분 중, 어법상 틀린 것은?

❶ Bacteria are not only plentiful but also belong to many different types. ❷ Bacterial species outnumber any other biological life form in diversity, especially if we take the unknowns into account: it is estimated that we have characterized only one percent of all bacterial species that exist. ❸ Obviously, organisms ① invisible to the eye receive less attention than living things that we see around us, and doing research is hard if you can neither see nor grow the bugs. ❹ Most bacteria are not able to multiply under conditions ② where we can provide in a laboratory. ❺ Nevertheless, since we can isolate ③ their DNA, we can still estimate how many of the "unknowns" exist. ❻ It is possible ④ to determine whether DNA is of bacterial origin (as opposed to DNA from eukaryotes), and if so, whether it belongs to a species, or group of species, that has already been cultured and described. ❼ From such explorative DNA studies, we know that 99% of all bacterial species living in the oceans, in soils, or in sediments ⑤ have never been cultured.

*eukaryote: 진핵생물　**sediment: 퇴적물

출처　*Bacteria: The Benign, the Bad, and the Beautiful* / Trudy M. Wassenaar / Wiley-Blackwell (2012)

원문
> Bacteria are not only plentiful but also belong to many different types. Bacterial species outnumber any other biological life form in diversity, especially if we take the unknowns into account: it is estimated that we have characterized only one percent of all bacterial species that exist. Obviously, organisms invisible to the eye receive less attention than living things that we see around us, and doing research is hard if you can neither see nor grow the bugs. Most bacteria are not able to multiply under conditions that we can provide in a laboratory. Nevertheless, since we can isolate their DNA, we can still estimate how many of the "unknowns" exist. It is possible to determine whether DNA is of bacterial origin (as opposed to DNA from eukaryotes), and if so, whether it belongs to a species, or group of species, that has already been cultured and described. From such explorative DNA studies, we know that 99% of all bacterial species living in the oceans, in soils, or in sediments have never been cultured.

1. 지문 적합성 검토 (아래 질문에 답하시오.)

① 5개의 어법 항목을 구성할 수 있도록 지문이 6개 이상의 문장으로 구성되어 있는가?

② 선택지가 포함된 문장에 글의 의미를 파악하기 어려울 정도의 고난도 문장은 없는가?

③ 글이 하나의 문단으로 완결성을 갖추고 있는가?

④ 어법 항목으로 제시된 어휘가 너무 어려워 주석을 제공해야 하는 것은 없는가?

⑤ 주석을 제시하거나 순화시켜야 할 교육과정 밖의 단어는 없는가?

2. 선택지 적합성 검토 (각 선택지의 정답과 오답의 근거를 제시하시오.)

① invisible

② where

③ their

④ to determine

⑤ have

다음 글을 이용해 어법 문항을 직접 제작해 보세요.　　　　　　　　[EBS 2021학년도 영어독해연습 5강 1번]

If you have become much less active, spending a lot of time alone focused on feeling depressed, think about activities that engage your attention and that require a moderate level of concentration and effort. Driving, for example, is probably not ideal, because it is such an automatic behavioral sequence for most people that it siphons off only a small amount of attention. Something like strenuous aerobic exercise may be much more effective, because it captures more attention. But you would not want to choose exceedingly complex, demanding tasks, such as studying for a math exam, because any difficulties you have doing such a task could reinforce negative, self-critical thinking. When you are feeling depressed, a mentally demanding task may become overwhelming, and then you will start ruminating about failing the task (e.g., "Depression is going to ruin me, because I can't even concentrate on this simple math"). Thus moderately engaging activities are probably the best distracters for rumination. Take some time to discover the positive activities that are most effective in reducing or eliminating your bouts of rumination.

　　　　　*siphon off: ~을 흡수하다, ~을 빨아들이다　**ruminate: 어떤 생각을 계속해서 떠올리다
　　　　　***bout: (어떤 일이 계속되는) 기간, 한동안

(1) (A), (B), (C)의 각 네모 안에서 어법에 맞는 표현으로 가장 적절한 것은?

	(A)		(B)		(C)	
① [	]	······ [	]	······ [	]	
② [	]	······ [	]	······ [	]	
③ [	]	······ [	]	······ [	]	
④ [	]	······ [	]	······ [	]	
⑤ [	]	······ [	]	······ [	]	

(2) 밑줄 친 부분 중, 어법상 틀린 것은?

Unit 16 어휘

I.
출제 시 고려 사항

1. 유형의 이해

① 글에서 특정 낱말의 쓰임이 문맥상 적절한지 아닌지를 판단하는 능력을 측정하는 유형이다.

② 문장 내에서 낱말의 쓰임이 적절한지보다 글 전체의 흐름상 해당 낱말의 쓰임이 적절한지를 묻는 문제가 주로 출제된다.

③ 정답 선택지의 낱말을 그 반의어나 상대어로 대체해야 글의 흐름이 자연스러운 경우가 대부분이다.

2. 지문 선정 시 고려 사항

① 최소한 6개 이상의 문장으로 구성된 다양한 의미를 지닌 낱말이 있는 지문을 선정한다.

② 한 가지 주제를 통일성 있게 진술하는 완결성 있는 지문을 선정한다.

③ 주석으로 제공된 어휘가 정답 파악에 단서가 될 수 있는 지문은 가급적 피한다.

④ 어려운 낱말을 너무 많아 최대 3개로 권장되는 주석 제한 개수를 넘고 이를 대체할 만한 낱말이 없는 지문은 가급적 피한다.

3. 선택지 구성 시 고려 사항

① 한 문장에 두 개의 선택지가 들어가지 않도록 주의한다.

② 문장 내에서 쓰임이 어색해 바로 정답임이 드러나는 선택지는 가급적 피한다.

③ 정답 선택지도 앞뒤에 이어지는 낱말과의 연결 그리고 문장 내에서의 의미가 어색하지 않아야 한다.

④ 특정 선택지가 다른 선택지의 적절성 여부 판단에 영향을 주지 않도록 선택지를 구성한다.

⑤ 선택지로 제공되는 낱말이 한 가지 품사에 국한되지 않도록 가급적 다양한 품사로 선택지를 구성한다.

II.
기출 문항 분석

다음 글의 밑줄 친 부분 중, 문맥상 낱말의 쓰임이 적절하지 <u>않은</u> 것은?

---

❶ Chunking is vital for cognition of music. ❷ If we had to encode it in our brains note by note, we'd ① <u>struggle</u> to make sense of anything more complex than the simplest children's songs. ❸ Of course, most accomplished musicians can play compositions containing many thousands of notes entirely from ② <u>memory</u>, without a note out of place. ❹ But this seemingly awesome accomplishment of recall is made ③ <u>improbable</u> by remembering the musical *process*, not the individual notes as such. ❺ If you ask a pianist to start a Mozart sonata from bar forty-one, she'll probably have to ④ <u>mentally</u> replay the music from the start until reaching that bar—the score is not simply laid out in her mind, to be read from any random point. ❻ It's rather like describing how you drive to work: you don't simply recite the names of roads as an abstract list, but have to construct your route by mentally retracing it. ❼ When musicians make a mistake during rehearsal, they wind back to the ⑤ <u>start</u> of a musical phrase ('let's take it from the second verse') before restarting.

*chunking: 덩어리로 나누기   **bar: (악보의) 마디

출처 *The Music Instinct* / Philip Ball / Oxford University Press (2012)

원문

> Chunking is vital for cognition of music. If we had to encode it in our brains note by note, we'd struggle to make sense of anything more complex than the simplest children's songs. Of course, most accomplished musicians can play compositions containing many thousands of notes entirely from memory, without a note out of place. But this seemingly awesome feat of recall is made possible by remembering the musical *process*, not the individual notes as such. If you ask a pianist to start a Mozart sonata from bar forty-one, she'll probably have to mentally replay the music from the start until reaching that bar – the score is not simply laid out in her mind, to be read from any arbitrary point. It's rather like describing how you drive to work: you don't reel off the names of roads as an abstract list, but have to construct your route by mentally retreading it. When musicians make a mistake during rehearsal, they wind back to the start of a musical phrase ('let's take it from the second verse') before restarting.

2. 지문 적합성 검토

① 원문의 지문이 단일 문단으로 하나의 주제에 대해 통일성 있게 기술하고 있는 적절한 지문이다. 글의 첫 문장인 '❶ Chunking is vital for cognition of music(덩어리로 나누는 것은 음악의 인식에서 필수적인 것이다).'이 글의 주제문이다. 이어서 음악을 이해할 때 우리가 그것을 한 음 한 음 모두 부호화해야 한다면 음악을 이해하기 어려울 것이라는 내용의 문장 ❷가 이어진다. 그런 다음 뛰어난 음악가들은 수천 개의 음이 포함된 작품을 완전히 기억해 연주할 수 있지만, 이들 역시 개별적인 음을 기억하는 것이 아니라 음악적인 과정, 즉 덩어리 단위로 기억한다는 문장 ❸, ❹의 내용이 이어진다. 그리고 이러한 예로 피아니스트에게 모차르트의 소나타를 41번 마디부터 시작해 달라고 요청할 경우에 일어나는 사례와, 이를 출퇴근길의 운전에 비유한 ❺, ❻ 문장이 이어지고, 마지막 문장인 ❼에서 음악가들이 리허설 중에 실수한다면, 틀린 부분을 다시 시작하기 전에 한 악구, 즉 틀린 음만이 아니라 틀린 음이 포함된 악구 전체의 덩어리 단위로 다시 돌아간다는 내용으로 첫 주제문에 대한 내용을 다시 한 번 강조한다. 따라서 이 글은 음악의 이해에 있어 덩어리 단위 인식의 중요성이라는 하나의 주제에 대해 일관되게 기술하는 완결성 있는 지문이다.

② ❶~❼까지 총 7개의 문장으로 구성되었고, 각 문장의 길이도 적정 수준을 유지하여, 선택지로 사용할 단어가 충분한 적절한 지문이다.

③ 원문을 보면 주석으로 제공된 chunking과 bar를 제외하고도 어려운 어휘가 상당수 있지만, 모두 글의 흐름을 해치지 않고 대체어로 순화된 적절한 지문이다. 순화된 어휘는 다음과 같다. ❹ feat → accomplishment ❺ arbitrary → random ❻ reel off → simply recite ❼ retreading → retracing

3. 선택지 적합성 검토

(1) 한 문장에서 하나의 낱말에만 밑줄을 그어 선택지가 적절히 구성되었다.

(2) 동사(struggle), 명사(memory / start), 형용사(improbable), 부사(mentally) 등 다양한 품사로 선택지가 적절히 구성되었다.

(3) ① struggle ② memory ③ improbable ④ mentally ⑤ start가 서로의 적절성 판단 여부에 영향을 주지 않도록 선택지가 적절히 구성되었다.

(4) 각 선택지의 적절성

① struggle → ❶에서 Chunking is vital for cognition of music.이라고 했으므로, 'If we had to encode it in our brains note by note(만일 우리가 그것을 한 음 한 음 우리의 뇌에서 부호화해야 한다면)'의 상황이 된다면 'make sense of anything more complex than the simplest children's songs(가장 간단한 동요보다 더 복잡한 것은 어느 것이든 이해하는 데)'하는 일이 쉽지 않을 것이므로, struggle은 적절하다. 오답

② memory → ❹에 언급된 But this seemingly awesome accomplishment of recall의 recall을 통해 memory를 추론할 수 있으므로 memory는 적절하다. 오답

③ improbable → ❸에서 Of course, most accomplished musicians can play compositions containing many thousands of notes entirely from memory라고 언급했으므로, this accomplishment는 '가능하다'는 맥락이 되어야 한다. 그리고 이어지는 ❺, ❻, ❼의 문장에 나오는 내용도 모두 this seemingly awesome accomplishment of recall is made possible by remembering the musical process, not the individual notes as such의 내용을 뒷받침하고 있다. 따라서 ③의 improbable을 possible과 같은 낱말로 바꿔야 적절하다. 정답

④ mentally → 기억을 상기하는 것에 관한 내용이므로 physically가 아니라 mentally가 와야 문맥상 적절하다는 것을 알 수 있다. 오답

⑤ start → 글 전체의 흐름을 통해서도 start가 적절하다는 것을 알 수 있지만, 문장 내의 wind back to와 let's take it from the second verse와 같은 말을 통해서도 musical phrase의 end가 아니라 시작(start) 부분이 와야 한다는 것을 알 수 있다. 오답

III.
문항 출제 연습

Practice 1 [EBS 2022학년도 수능완성 실전편 3회 30번]

다음 글의 밑줄 친 부분 중, 문맥상 낱말의 쓰임이 적절하지 <u>않은</u> 것은?

❶According to the *restorative theory*, sleep allows the body, including the brain, to rest and repair itself. ❷Various kinds of evidence ① <u>support</u> this theory: After people engage in vigorous physical activity, such as running a marathon, they generally sleep longer than usual. ❸Growth hormone, released primarily during deep sleep, ② <u>facilitates</u> the repair of damaged tissue. ❹Sleep apparently enables the brain to replenish energy stores and also ③ <u>strengthens</u> the immune system. ❺More recently, researchers have demonstrated that sleep may help the brain clear out metabolic by-products of neural activity, just as a janitor takes out the trash. ❻Neural activity creates by-products that can be ④ <u>toxic</u> if they build up. ❼These by-products are removed in the interstitial space — a small fluid-filled space between the cells of the brain. ❽During sleep, a 60 percent increase in this space ⑤ <u>disturbs</u> efficient removal of the debris that has accumulated while the person is awake.

*replenish: 보충하다 **interstitial space: 간질 공간(세포 사이의 체액을 이루는 공간)

출처 *Psychological Science* / Michael Gazzaniga et. al / W. W. Norton & Company Inc. (2016)

원문

> **RESTORATION AND SLEEP DEPRIVATION** According to the *restorative theory*, sleep allows the body, including the brain, to rest and repair itself. Various kinds of evidence support this theory: After people engage in vigorous physical activity, such as running a marathon, they generally sleep longer than usual. Growth hormone, released primarily during deep sleep, facilitates the repair of damaged tissue. Sleep apparently enables the brain to replenish energy stores and also strengthens the immune system (Hobson, 1999). More recently, researchers have demonstrated that sleep may help the brain clear out metabolic by-products of neural activity, just as a janitor takes out the trash (Xie et al., 2013). Neural activity creates by-products that can be toxic if they build up. These by-products are removed in the interstitial space—a small fluid-filled space between the cells of the brain. During sleep, a 60 percent increase in this space permits efficient removal of the debris that has accumulated while the person is awake.

1. 지문 적합성 검토 (아래 질문에 답하시오.)

① 선택지를 구성하기에 충분한 길이의 문장이 최소한 6개 이상 있는가?

② 지문이 한 가지 주제를 통일성 있게 다루며 완결성이 있는가?

③ 주석으로 제공된 단어가 특정 선택지의 적절성 판단에 영향을 주지는 않는가?

④ 어려운 단어가 지나치게 많아 선택지 구성이 어렵지는 않은가?

⑤ 주석을 제시하거나 순화시켜야 할 교육과정 밖의 단어는 없는가?

2. 선택지 적합성 검토 (각 선택지의 정답과 오답의 근거를 제시하시오.)

① support

② facilitates

③ strengthens

④ toxic

⑤ disturbs

Practice ❷

다음 글을 이용해 어휘 문항을 직접 제작해 보세요. [EBS 2022학년도 영어독해연습 9강 8번]

The development of advanced brains that can transcend appetitive urges and satisfy more complex demands was motivated by significant evolutionary pressures. The unrestrained pursuit of noticeable stimuli to serve internal urges is not adaptive in a world filled with danger. In addition, the ability to postpone gratification on the basis of context is essential to the development of social groups. For example, the lowest animals in a social hierarchy must wait to eat until more dominant members of the social group are sated. To make such advanced behaviors possible, special circuits evolved to activate the internal urges and narrow external focus that are induced by the reward system. These circuits, whose major components are located in the prefrontal cortex, promote the pursuit of reward in a manner that is consistent with contextual considerations, learned rules, and a vision of the future. Clinical work with functional brain imaging has defined both the general circuits that drive default brain function and those that support lower levels of complexity and adaptability.

*sate: 충분히 만족시키다   **prefrontal cortex: 전두엽 피질

(1) (A), (B), (C)의 각 네모 안에서 문맥에 맞는 낱말로 가장 적절한 것은?

	(A)		(B)		(C)
① [ ]	……	[ ]	……	[ ]
② [ ]	……	[ ]	……	[ ]
③ [ ]	……	[ ]	……	[ ]
④ [ ]	……	[ ]	……	[ ]
⑤ [ ]	……	[ ]	……	[ ]

(2) 밑줄 친 부분 중, 문맥상 낱말의 쓰임이 적절하지 <u>않은</u> 것은?

I.
출제 시 고려 사항

1. 유형의 이해

① 글에서 반복되어 나오는 특정 대상이 각각 어떤 인물을 가리키는지를 구분하는 능력을 측정한다.

② 밑줄 친 부분이 대명사로 제시되는 경우가 많지만, 그중 일부가 명사구로 제시되기도 한다.

③ 최소한 두 명 이상의 등장인물이 상호작용을 하는 상황에서 각각의 밑줄 친 부분이 정확히 누구를 지칭하는지 제대로 판단할 수 있어야 한다.

2. 지문 선정 시 고려 사항

① 한 문장에 하나의 지칭 대상에만 밑줄을 그어야 하므로 최소한 6개 이상의 문장으로 구성된 지문을 선정한다.

② 글의 초반부터 같은 성별의 등장인물이 2인 이상 번갈아 언급되는 일화나 이야기 형태의 지문을 선정한다.

③ 원문이 단일 문단이 아니더라도 필요 시 하나의 문단으로 재구성하기 쉬운 지문을 선정한다.

④ 지나치게 어려운 단어가 많은 지문이나 학술적인 내용의 지문은 가급적 피한다.

3. 선택지 구성 시 고려 사항

① 첫 번째 선택지는 최소한 두 번째나 세 번째 문장부터 제시한다.

② 독자의 관점에 따라 지칭 대상이 명확하지 않아 혼동을 유발할 수 있는 대상은 선택지로 제시하지 않는다.

③ 가급적 2명의 등장인물이 번갈아 언급되는 부분에서 선택지를 제시한다.

I.
기출 문항 분석

1. 대표 기출 문항 [2018학년도 수능 30번]

밑줄 친 부분이 가리키는 대상이 나머지 넷과 <u>다른</u> 것은?

❶ Scott Adams, the creator of *Dilbert*, one of the most successful comic strips of all time, says that two personal letters dramatically changed his life. ❷ One night ① <u>he</u> was watching a PBS-TV program about cartooning, when he decided to write to the host of the show, Jack Cassady, to ask for his advice about becoming a cartoonist. ❸ Much to ② <u>his</u> surprise, he heard back from Cassady within a few weeks in the form of a handwritten letter. ❹ The letter advised Adams not to be discouraged if he received early rejections. ❺ Adams got inspired and submitted some cartoons, but ③ <u>he</u> was quickly rejected. ❻ Not following Cassady's advice, ④ <u>he</u> became discouraged, put his materials away, and decided to forget cartooning as a career. ❼ About fifteen months later, he was surprised to receive yet another letter from Cassady, especially since he hadn't thanked ⑤ <u>him</u> for his original advice. ❽ He acted again on Cassady's encouragement, but this time he stuck with it and obviously hit it big.

출처 *Positive Words, Powerful Results: Simple Ways to Honor, Affirm, and Celebrate Life* / Hal Urban / Touchstone (2004)

원문

Scott Adams, the creator of *Dilbert*, one of the most successful comic strips of all time, says that two personal letters launched his career and dramatically changed his life. Being a professional cartoonist had been a dream of his for quite some time, but he had no idea about how to get started. Then one night he watched a PBS-TV program about cartooning, and he got some ideas. He wrote to the host of the show, Jack Cassady, and asked for his advice. Much to his surprise, he heard back from Cassady within a few weeks in the form of a handwritten letter. In it, Cassady provided answers to all of Adams's questions.

Cassady encouraged Adams to give it a go and advised him to not be discouraged if he received early rejections. Adams got inspired and submitted cartoons to two national magazines. He was quickly rejected by both with form letters. Not following Cassady's advice, he got discouraged, put his materials away, and decided to forget cartooning as a career. About fifteen months later, he was surprised to receive yet another letter from Cassady, especially since he hadn't thanked him for his original advice.

In this second letter, Cassady wrote: "I'm dropping you this note to again encourage you to submit your ideas to various publications. I hope you have already done so and are making a few bucks and having some fun, too. Sometimes encouragement in the funny business of graphic humor is hard to come by. That's why I am encouraging you to hang in there and keep drawing." Adams says he was "profoundly touched" by this gesture, especially since Cassady had nothing to gain by writing either letter. He acted again on Cassady's encouragement, but this time he stuck with it and obviously hit it big. Adams says, "I wouldn't

2. 지문 적합성 검토

① ❶~❽까지 총 8개의 문장으로 구성되어 두 번째나 세 번째 문장부터 지칭 대상에 밑줄을 그을 수 있는 적절한 지문이다. '역대 가장 성공적인 연재만화의 하나인 'Dilbert'의 창작자 Scott Adams 는 두 통의 개인적인 편지가 극적으로 자신의 인생을 바꾸었다고 말한다.'로 시작하는 문장 ❶로 Scott Adams에 관한 일화가 시작된다. 첫 문장에서부터 Dilbert라는 만화 속 등장인물과 Scott Adams라는 만화가 두 명의 인물이 이미 등장한다. 그런 다음 문장 ❷에서 Scott Adams가 PBS-TV 프로그램을 보던 중 그 쇼의 사회자인 Jack Cassady에게 편지를 써서 그의 조언을 구하기로 한다는 내용이 이어진다. 이후 Adams가 Cassady의 답장을 받고, 답장 받은 편지에서 Cassady 가 Adams에게 조언하는 내용인 ❸, ❹의 내용이 이어진다. 그런 다음 Cassady의 격려에 힘입어 몇 편의 만화를 제출하지만 금방 거절당해, 다시 낙심한 나머지 만화 제작을 잊기로 하는 Adams 에 대한 내용이 ❺, ❻에서 묘사되며, 놀랍게도 약 15개월 후 Adams가 Cassady로부터 또 한 통의 격려 편지를 받고, 이번에는 끝까지 해내어 크게 성공하게 된다는 ❼, ❽의 내용으로 결말을 맺는 완결성 있는 지문이다.

② ❶에서 Scott Adams라는 남성 인물이 언급된 다음 ❷에서 Jack Cassady라는 또 다른 남성 인물이 등장해 둘에 관한 내용이 반복적으로 나오므로 지칭 추론 문항에 적절한 지문이다.

③ 평범한 일화를 다루고 있으며, 주석 단어가 하나도 없을 정도로 편하게 읽을 수 있는 적절한 지문이다.

④ 원문은 3개의 긴 문단으로 구성되어 있으나, 대화의 흐름을 크게 훼손하지 않고 하나의 문단으로 적절히 구성할 수 있었다. 원문의 수정 과정은 다음과 같다. ❶에서는 원문의 launched his career 부분을 삭제했다. ❷에서는 원문의 Being a professional ~ Then 부분을 삭제하고 바로 One night로 시작했다. 그리고 이어서 원문의 Then one night he watched ~ and asked for his advice를 현재의 형태로 수정했다. ❸에서는 원문의 문장을 그대로 사용했다. ❹에서는 Much to his surprise 부분은 그대로 사용한 다음 이어지는 세 개의 문장을 현재처럼 하나로 합쳤다. ❺에서는 이어지는 두 문장을 하나로 합쳤다. ❻과 ❼에서는 원문의 문장을 그대로 사용했다. ❽에서는 여섯 문장이 넘는 원문의 마지막 문단 거의 전부를 하나의 문장으로 압축하여 글의 결론을 내렸다.

3. 선택지 적합성 검토

(1) One night ① he was watching a PBS-TV program ~.

→ 밑줄 친 he가 가리킬 수 있는 대상은 ❶에서 언급된 Scott Adams와 그의 만화 작품 등장인물인 Dilbert가 있으므로, he가 둘 중 누구를 가리키는지 판단해야 한다. 따라서 선택지로 적절하다. ① he = Scott Adams 오답

(2) Much to ② his surprise, he heard back from Cassady ~.

→ ❶에서 Scott Adams가 언급되고 ❷에서 Jack Cassady가 언급된 후, ❸에서 Much to his surprise가 나왔으므로 his가 Scott Adams인지 Jack Cassady인지를 판단해야 한다. 그러므로 선택지로 적절하다. ② his = Scott Adams 오답

(3) Adams got inspired and submitted some cartoons, but ③ he was quickly rejected.

→ ❸의 he heard back from Cassady에서 he(= Scott Adams)와 Cassady 두 사람이 언급되고, ❹에서 Adams가 언급된 다음에 ❺에서 he가 가리키는 대상을 찾아야 하므로 선택지로 적절하다. ③ he = Scott Adams 오답

(4) Not following Cassady's advice, ④ he became discouraged, put his materials away, and decided to forget cartooning as a career.

→ ❺에서 Adams가 언급되고 ❻에서 Cassady's advice가 언급된 다음에 he가 가리키는 대상을 찾아야 하므로 선택지로 적절하다. ④ he = Scott Adams 오답

(5) About fifteen months later, he was surprised to receive yet another letter from Cassady, especially since he hadn't thanked ⑤ him for his original advice.

→ 앞의 내용에서 Adams와 Cassady가 계속 언급된 다음에 '❼ About fifteen months later, he was surprised to receive yet another letter from Cassady, ~.'에서 he(= Scott Adams)와 Cassady가 주절에서 언급된 후 since가 이끄는 부사절의 him이 가리키는 대상을 찾아야 하므로 선택지로 적절하다. ⑤ him = Cassady 정답

문항 출제 연습

Practice ❶

[EBS 2015학년도 수능완성 유형편 7강 1번]

밑줄 친 부분이 가리키는 대상이 나머지 넷과 <u>다른</u> 것은?

❶Aeneas and his men returned to Sicily, and a fire destroyed four of their ships. ❷Once they finally arrived in Cumae, Italy, Aeneas went to the temple of Apollo and asked for guidance. ❸Apollo told Aeneas that ① he had to enter the underworld, find his father, and ask his advice. ❹On this mission, Aeneas endured many dangers. ❺② He was eventually able to cross the Acheron River and reach Hades. ❻From there, Aeneas traveled through the underworld to the Elysian Fields, home of the blessed souls, where ③ he was reunited with his father's spirit. ❼The spirit told Aeneas the history of Rome. ❽④ He told of the wars Aeneas would fight and of his destiny, which would lead to Rome ruling the world. ❾When the story was finished, ⑤ he returned to the world of the living.

출처 *Storytelling: An Encyclopedia of Mythology and Folklore* / Josepha Sherman / Routledge (2015)

원문

> Aeneas and his men returned to Sicily, and a fire destroyed four of their ships. Once they finally arrived in Cumae, Italy, Aeneas went to the temple of Apollo and asked for guidance. Apollo told Aeneas that he had to enter the underworld, find his father, and ask his advice.
>
> On this mission, Aeneas endured many dangers. He was eventually able to cross the Acheron River and reach Hades. From there, Aeneas traveled through the underworld to the Elysian Fields, home of the blessed souls, where he was reunited with his father's spirit. The spirit told Aeneas the history of Rome. He told of the wars Aeneas would fight and of his destiny, which would lead to Rome ruling the world. When the story was finished, Aeneas returned to the world of the living.

1. 지문 적합성 검토 (아래 질문에 답하시오.)

① 다섯 개의 선택지에 밑줄을 그을 수 있도록 지문이 최소 여섯 개 이상의 문장으로 구성되어 있는가?

② 글의 초반부터 등장인물이 둘 이상 언급되어 있는가?

③ 원문이 하나의 단일 문단이거나 단일 문단으로 구성하기가 비교적 쉬운가?

④ 지나치게 어려운 단어가 많아 글의 내용을 파악하기에 어려움은 없는가?

⑤ 주석을 제시하거나 순화시켜야 할 교육과정 밖의 단어는 없는가?

2. 선택지 적합성 검토 (각 선택지의 정답과 오답의 근거를 제시하시오.)

다음 각 선택지가 적절한 이유를 서술하시오.

Apollo told Aeneas that ① he had to enter the underworld, find his father, and ask his advice.

② He was eventually able to cross the Acheron River and reach Hades.

From there, Aeneas traveled through the underworld to the Elysian Fields, home of the blessed souls, where ③ he was reunited with his father's spirit.

④ <u>He</u> told of the wars Aeneas would fight and of his destiny, which would lead to Rome ruling the world.

When the story was finished, ⑤ <u>he</u> returned to the world of the living.

Practice ❷

다음 글을 이용해 지칭 추론 문항을 직접 제작해 보세요. [EBS 2015학년도 수능특강 영어 8강 2번]

Richard Porson, a famous classical scholar, was once traveling with a young Oxford student. In an attempt to impress the ladies present, the young man let slip a Greek quotation which he said was from Sophocles. The professor was not taken in by the young man's bluff and, pulling a pocket edition of Sophocles from the folds of his coat, challenged him to find the passage in question. Not discouraged, the student said that he had made a mistake and that the quotation was in fact from Euripides. To the great amusement of the young ladies, Porson immediately produced a copy of Euripides from his pocket and issued the same challenge. In the last attempt to save face, the young man announced that the passage was, of course, from Aeschylus. However, on seeing the inevitable copy of Aeschylus emerge from Porson's pocket, he finally admitted defeat. "Coachman!" he cried. "Let me out! There's a fellow here who has the whole Bodleian Library in his pocket."

간접 쓰기

Unit 18 무관한 문장 파악

I.
출제 시 고려 사항

1. 유형의 이해

① 쓰기 능력을 간접적으로 평가하기 위한 유형으로, 좋은 글쓰기를 위해 필요한 통일성(unity)에 대한 이해도를 평가한다.

② 주어진 문장 가운데 글의 흐름과 무관한 문장을 고르도록 하는데, 문단의 요지와 이를 뒷받침하는 주요 세부 사항을 활용하여 출제한다.

③ 특정 주제에 관한 글을 읽고, 주제 및 요지를 파악한 다음 글의 흐름을 방해하거나 주제와 동떨어진 진술을 담은 문장을 고르는 유형이다.

2. 지문 선정 시 고려 사항

① 글의 요지 및 이를 뒷받침하는 주요 세부 사항을 합쳐서 총 5개 이상의 문장으로 구성된 지문을 선정한다.

② 지문 전체에 걸쳐 단일의 소재 및 주제를 담고 있는 지문이어야 한다.

③ 첫 문장이 주제문으로 글의 요지를 첫 문장에 제시한 이후 이어지는 4개의 문장이 주제문을 보충하는 구조의 지문을 선정한다.

④ 주제에 대해 넓게 환기하기 위해 주제문 앞에 도입문(hook)이 있거나, 추상적이거나 전문적으로 진술된 주제문을 해설하는 두 번째 문장이 있는 경우, 세 번째 문장부터 선택지를 제시할 수 있으며, 이 경우 선정된 지문은 6개 이상의 문장으로 구성되며, 무관한 문장을 포함하면 전체가 총 7개

이상의 문장으로 구성된다.

⑤ 글의 요지를 뒷받침하는 세부 사항이 서너 개 있는 문단을 활용하되, 앞뒤 문장 간에 상당한 일관성과 논리성을 갖춘 지문을 선정해야 한다.

⑥ 세부 사항의 위계가 명확하고 자연스러운 논리로 전개되는 글을 지문으로 이용해야 한다.

⑦ 문항에 부합하는 지문을 만들기 위해, 인위적으로 한 문장을 두 문장으로 쪼개거나 두 문장을 합쳐 하나의 문장으로 만들지 않는다.

3. 선택지 구성 시 고려 사항

① 주제문에 해당하는 첫 문장은 선택지로 구성하지 않는다.

② 글의 요지를 명확하게 제시한 이후, 주제문의 뒷받침 문장을 선택지로 구성한다.

③ 글의 요지가 한 문장이 아닌 여러 문장(2~3개 문장)에 포괄되어 있을 경우, 요지에 해당하는 내용이 모두 제시된 이후에 나오는 문장들에 선택지를 배치한다. 이 경우, 해당 문항의 전체 문장의 개수는 7개 이상이 된다.

⑤ 선택지로 제시된 5개의 문장의 의미가 명확해야 하며, 각 문장의 정보량, 문장 길이, 구문의 난도, 그리고 어휘 수준이 비교적 비슷해야 한다.

⑥ 지문의 내용과 전혀 관계 없는 엉뚱한 진술을 하는 문장을 무관한 문장으로 제시하는 것이 아니라, 관계가 있는 듯 보이지만 실제로 주제와는 동떨어지거나 글의 흐름에 어울리지 않는 문장을 제시한다.

⑦ 무관한 문장은 출제자가 영작하기보다는 주제와 연관성을 유지할 수 있도록, 통상 해당 지문을 발췌한 곳의 앞뒤에서 문장을 가져다 쓰는 것이 좋다.

⑧ 무관한 문장에는 보통 주석으로 제공할 만한 어려운 단어가 없어야 한다.

⑨ however, on the other hand, on the contrary 등을 포함한 역접이나 반전의 연결어를 담은 문장이나 in addition, moreover, furthermore 등의 부연을 포함한 문장을 선택지 ⑤로 제시하지 않는다. 역접(반전)의 내용이나 첨가하는 내용으로 이어지는 새로운 문단의 시작으로 볼 수 있기 때문이다.

시험에 출제된 주제문과 무관한 문장의 사례

[주제문 1]

New technologies encounter challenges based on both how many of our existing habits they promise to alter and the strength of these habits.

• 무관한 문장: The success of an electronics product is linked to the innovative technological design both of its electronic processes and of its major components.

[주제문 2]

When photography came along in the nineteenth century, painting was put in crisis. The photograph, it seemed, did the work of imitating nature better than the painter ever could.

• 무관한 문장: Therefore, the painters of that century put more focus on expressing nature, people, and cities as they were in reality.

[주제문 3]

One of the most widespread, and sadly mistaken, environmental myths is that living "close to nature" out in the country or in a leafy suburb is the best "green" lifestyle. Cities, on the other hand, are often blamed as a major cause of ecological destruction—artificial, crowded places that suck up precious resources. Yet, when you look at the facts, nothing could be farther from the truth. [hook 포함 총 3문장]

• 무관한 문장: Landscape protection in the US traditionally focuses on protecting areas of wilderness, typically in mountainous regions.

[주제문 4]

The genre film simplifies film watching as well as filmmaking. In a western, because of the conventions of appearance, dress, and manners, we recognize the hero, sidekick, villain, etc., on sight and assume they will not violate our expectations of their conventional roles. [주제문을 해설하는 문장 포함 총 2문장]

• 무관한 문장: Genre mixing is not an innovation of the past few decades; it was already an integral part of the film business in the era of classical cinema.

II.
기출 문항 분석

1. 대표 기출 문항 [2018학년도 수능 35번]

다음 글에서 전체 흐름과 관계 없는 문장은?

❶In the context of SNS, media literacy has been argued to be especially important "in order to make the users aware of their rights when using SNS tools, and also help them acquire or reinforce human rights values and develop the behaviour necessary to respect other people's rights and freedoms". ❷① With regard to peer-to-peer risks such as bullying, this last element is of particular importance. ❸② This relates to a basic principle that children are taught in the offline world as well: 'do not do to others what you would not want others to do to you'. ❹③ Children's SNS activities should be encouraged when we help them accumulate knowledge. ❺④ This should also be a golden rule with regard to SNS, but for children and young people it is much more difficult to estimate the consequences and potential serious impact of their actions in this environment. ❻⑤ Hence, raising awareness of children from a very early age about the particular characteristics of SNS and the potential long-term impact of a seemingly trivial act is crucial.

출처 *Minding Minors Wandering the Web: Regulating Online Child Safety /* Simone van der Hof et. al / Springer Science & Business Media (2014)

원문 Media literacy[37] and skills are of the utmost importance to children's use of the Internet.[58] In the context of SNS, media literacy has been argued to be especially important "in order to make the users aware of their rights when using these tools, and also help them acquire or reinforce human rights values and develop the behaviour necessary to respect other people's rights and freedoms".[59] With regard to peer-to-peer risks such as bullying or sexting, this last element is of particular importance. This relates to a basic principle that children are taught in the offline world as well: 'do not do to others what you would not want others do to you'. This should also be a golden rule with regard to SNS, but for children and young people it is much more difficult to estimate the consequences and potential grave impact of their actions in this environment. Hence, raising awareness of children from a very early age about the particular characteristics of SNS and the potential long-term impact of a seemingly trivial act is crucial. Furthermore, children are often completely unaware of a number of basic legal principles, such as portrait rights or the right to privacy. However, it is crucial that they have a clear understanding of the fact that certain acts in SNS may have legal implications, and this should be conveyed to them in an age-appropriate, clear and understandable manner.

2. 지문 적합성 검토

① 원문은 총 8개의 문장으로 한 문단을 구성하고 있는데, 글의 요지와 이를 보충하는 세부 사항에 해당하는 5개의 문장을 발췌한 다음 무관한 문장을 끼워 넣어 총 6개의 문장으로 지문을 구성하였다.

② 원문의 한 문단을 그대로 사용하지 않고, 중간의 일부를 가져왔는데, 현재 상태로 지문을 구성해도 의미상 지문의 독립성이 잘 유지되고 있고, 첫 문장에서 글의 요지를 잘 나타낸 다음 나머지 4개의 문장이 이를 세부적으로 보충 설명하고 있으므로, 글의 통일성을 측정하기에 적절한 지문이다.

③ [주제문 제시] ❶: SNS 사용자들에게는 미디어 정보 해독력이 꼭 필요하다는 내용으로 글의 요지에 해당함.

[주제문 강화] ❷ : 타인의 권리와 자유를 존중할 수 있는 미디어 정보 해독력을 가져야 한다는 내용으로 글의 요지와 직접적인 관련이 있는 내용임.

[세부 사항 1] ❸ : 이러한 요소는 오프라인의 기본 원칙과도 상관성이 있다는 내용으로 글의 요지를 강조하는 세부 사항에 해당함.

[세부 사항 2] ❺ : 황금률에 해당하지만, 아이들과 젊은이들이 SNS 환경에서 실제적인 어려움을 겪고 있다는 내용으로, 글의 결론을 도출하기 위한 타당성을 제공하고 있음.

[결론] ❻: 아주 이른 나이부터 SNS의 특성 및 그 활동의 영향에 대한 의식을 높여야 한다는 내용으로, 글의 결론에 해당함.

④ SNS 상황, SNS 도구, 미디어 정보 해독력, 아이들의 SNS 활동, SNS의 특수한 특성 등 지문 전체에 걸쳐 단일의 소재 및 주제를 담고 있다.

⑤ 첫 문장에 필자의 주장을 담은 주제문을 제시하였고, 이어지는 4개 문장이 글의 요지와 직접적으로 관련되거나, 글의 요지를 강조하거나, 주제문에 이은 결론을 도출하는 등 주제문의 세부 사항에 해당한다.

⑥ 주제문에 이어지는 세부 사항의 위계가 명확하고, 지시어 This를 두 번 사용하였고, 연결어 Hence를 사용하는 등 자연스러운 논리로 지문이 구성되었다.

⑦ 교육과정 밖의 단어가 없으며, 원전의 일부를 그대로 가져와서 사용하였다.

3. 선택지 적합성 검토

① 문장 ❹ : 지식 축적을 위해 아이들의 SNS 활동을 권장해야 한다는 내용인데, 아이들의 SNS 활동을 언급하고 있어서 지문 내용과 관련성은 있다.

② 그러나 'SNS 사용자들에게 미디어 정보 해독력이 꼭 필요하다'는 글의 요지와는 연관성이 없으므로 문장 ❹는 글의 주제 및 요지와는 동떨어져 있음을 확인할 수 있다.

③ 전체 지문이 비교적 평이한 문장 구조와 어휘 수준을 가지고 있지만, 주제문과 문장 ❺가 다른 문장에 비해 비교적 길고, 무관한 문장에 해당하는 문장 ❹가 다른 문장에 비해 길이가 짧아 다소 아쉬움이 있다.

III.
문항 출제 연습

다음 글에서 전체 흐름과 관계 없는 문장은?

---

❶As scientific knowledge has substantially expanded, our approach to knowledge may have changed: the earlier naive beliefs in undeniable truths have given way to the contextualization of knowledge, dramatically expressed as the end of grand narratives. ❷① This is evident in the changing approaches towards expert knowledge, from full trust in the skills of the expert to a reserved trust, which places a higher burden of judgement on the individuals and the society. ❸② A major shift from 'science' to 'research' is identified in the production of scientific knowledge. ❹③ Scientific knowledge allows us to develop new technologies, solve practical problems, and make informed decisions—both individually and collectively. ❺④ According to this shift, knowledge becomes less final and more open to change. ❻⑤ Science was associated with 'certainty, coldness, aloofness, objectivity, distance, and necessity', but research was, in contrast, 'uncertain; open-ended; immersed in many lowly problems of money, instruments, and know-how'.

* aloofness: 냉담함   ** immerse: 몰두하게 하다

출처   *Knowledge Economy and the City: Spaces of Knowledge* / Ali Madanipour / Routledge (2013)

원문

> As scientific knowledge has substantially expanded, our approach to knowledge may have changed: the earlier naïve beliefs in undeniable truths have given way to the contextualization of knowledge, dramatically expressed as the end of grand narratives (Lyotard, 1984). This is evident in the changing approaches towards expert knowledge, from full trust in the skills of the expert to a qualified trust, which places a higher burden of judgement on the individuals and the society. A major shift from 'science' to 'research' is identified in the production of scientific knowledge. According to this shift, knowledge becomes less final and more open to change. Science was associated with 'certainty, coldness, aloofness, objectivity, distance, and necessity', but research was, in contrast, 'uncertain; open-ended; immersed in many lowly problems of money, instruments, and know-how' (Latour, 1999: 20).

1. 지문 적합성 검토 (아래 질문에 답하시오.)

① 지문 전체에 걸친 단일의 소재 및 주제는 무엇인가?

② 첫 문장과 이어지는 문장들의 논리 관계는 어떠한가?

③ 세부 사항의 위계가 명확하고 앞뒤 문장이 논리적으로 자연스럽게 연결되었는가?

④ 주석을 제시하거나 순화시켜야 할 교육과정 밖의 단어는 없는가?

2. 선택지 적합성 검토 (각 선택지의 정답과 오답의 근거를 제시하시오.)

① 글의 요지에 해당하는 부분이 어디까지인가?

② 선택지로 제시한 5개 문장의 각각의 명확한 의미는 무엇이며, 각 문장의 난도와 정보량의 차이가 있는가?

③ 정답으로 제시한 무관한 문장이 지문 내용과 어떤 연관성을 가지고 있고, 그것이 명확하게 주제와 동떨어진 내용을 담고 있는가?

④ 정답으로 제시한 무관한 문장이 너무 어렵지는 않은가?

다음 글을 읽고, 글의 흐름과 무관한 문장을 넣어 문항을 완성하시오. [EBS 2021학년도 수능특강 영어 13강 1번]

Movies and cartoons sometimes portray scientists as loners in white lab coats, working in isolated labs. In reality, science is an intensely social activity. Most scientists work in teams, which often include both graduate and undergraduate students. And to succeed in science, it helps to be a good communicator. Research results have no impact until shared with a community of peers through seminars, publications, and websites. And, in fact, research papers aren't published until they are vetted by colleagues in what is called the "peer review" process. Most of the examples of scientific inquiry described in science textbooks for college students, for instance, have all been published in peer reviewed journals.

* vet: 심사하다

Unit 19 글의 순서 파악

I.
출제 시 고려 사항

1. 유형의 이해

① 쓰기 능력을 간접적으로 평가하기 위한 유형으로, 좋은 글쓰기를 위해 필요한 일관성(coherence)에 대한 이해도를 평가한다.

② 주어진 글(대개 주제문)에 이어질 단락의 순서를 정하도록 하는 문항인데, 단락간의 관계를 정확히 파악하여 글 전체의 논리적 흐름을 완성하는 능력을 요구한다.

③ 주어진 글을 신속히 읽고 글의 소재 및 중심 내용을 파악한 후, 단락 간의 논리적 관계와 단서들(세부 정보, 연결사, 지시어 등)을 활용하여 전체 흐름을 종합적으로 파악하는 능력을 측정한다.

2. 지문 선정 시 고려 사항

① 하나의 흐름을 가진 지문을 선정하되, 의미 단위로 단락을 나눌 수 있는 지문을 택한다.

② 단락의 배열 방법이 하나만 나올 수밖에 없는 지문이어야 한다.

③ 지문의 첫 문장에 주제문을 명시적으로 진술한 문단 유형을 선택할 수도 있고, 주제문 앞에 양보·대조·배경 정보가 제시된 문단 유형을 선택할 수도 있다.

④ 각 단락마다 1~2개의 문장으로 구성되기 위해서는 최소한 6개 이상의 문장으로 구성된 지문이어야 하는데, 최근에는 한 단락을 2개 이상의 문장으로 구성하는 것이 선호되므로, 가급적 8개 이상의 문장으로 구성된 지문을 선정한다.

⑤ 시간의 순서로 사건을 나열하는 이야기 구조보다는 내용과 논리 구조로 연결된 학술적 내용의 글을 선정하는 것이 바람직하다.

⑥ 예시, 나열, 비교와 대조, 원인과 결과 등 글쓰기에서 사용되는 보편적 글의 구조를 담은 지문이 주로 사용된다.

⑦ 지시어나 대명사에 의한 지시적 표현 또는 연결어나 접속사에 의한 연결 관계에 의해서라기보다는 문장 간의 논리 관계에 따라 단락의 순서가 정해지는 지문이 고난도 문항이다.

⑧ 지문이 그 자체로 완결성이 있어야 한다. 즉, 지문 완결성이 약하지만 순서가 잘 나온다고 해서 좋은 문항이 되는 것은 아니다.

3. 선택지 구성 시 고려 사항

① 주제문에 해당하는 부분을 주어진 글에 제시한다.

② 주어진 글과 이어지는 글 (A), (B), (C)의 길이가 가급적 비슷해야 한다.

③ 4개의 작은 의미 단위로 구분되도록 단락을 구성한다.

④ 지시적인 표현이나 연결어에 의해 문제가 너무 쉬워지지 않도록 해야 한다.

⑤ 정답 이외의 순서로 배열해도 글의 흐름이 자연스럽지 않도록 단락을 나누어 구성한다.

II.
기출 문항 분석

1. 대표 기출 문항 [2021학년도 6월 모의평가 36번]

주어진 글 다음에 이어질 글의 순서로 가장 적절한 것은?

❶ Studies of people struggling with major health problems show that the majority of respondents report they derived benefits from their adversity. ❷ Stressful events sometimes force people to develop new skills, reevaluate priorities, learn new insights, and acquire new strengths.

(A) ❸ High levels of adversity predicted poor mental health, as expected, but people who had faced intermediate levels of adversity were healthier than those who experienced little adversity, suggesting that moderate amounts of stress can foster resilience. ❹ A follow-up study found a similar link between the amount of lifetime adversity and subjects' responses to laboratory stressors.

(B) ❺ Intermediate levels of adversity were predictive of the greatest resilience. ❻ Thus, having to deal with a moderate amount of stress may build resilience in the face of future stress.

(C) ❼ In other words, the adaptation process initiated by stress can lead to personal changes for the better. ❽ One study that measured participants' exposure to thirty-seven major negative events found a curvilinear relationship between lifetime adversity and mental health.

* resilience: 회복력

① (A) − (C) − (B)   ② (B) − (A) − (C)

③ (B) − (C) − (A)   ④ (C) − (A) − (B)

⑤ (C) − (B) − (A)

출처 *Psychology: Themes and Variations* / Wayne Weiten / Cengage Learning (2014)

원문

> Research on resilience suggests that stress can promote personal growth or self-improvement (Calhoun & Tedeschi, 2008, 2013). For example, studies of people grappling with major health problems show that the majority of respondents report they derived benefits from their adversity (Lechner, Tennen, & Affleck, 2009). Stressful events sometimes force people to develop new skills, reevaluate priorities, learn new insights, and acquire new strengths. In other words, the adaptation process initiated by stress can lead to personal changes for the better. One study that measured participants' exposure to thirty-seven major negative events found a curvilinear relationship between lifetime adversity and mental health (Seery, 2011). High levels of adversity predicted poor mental health, as expected, but people who had faced intermediate levels of adversity were healthier than those who experienced little adversity, suggesting that moderate amounts of stress can foster resilience. A follow-up study found a similar link between the amount of lifetime adversity and subjects' responses to laboratory stressors (Seery et al., 2013). Intermediate levels of adversity were predictive of the greatest resilience. Thus, having to grapple with a moderate amount of stress may build resilience in the face of future stress.

2. 지문 적합성 검토

① 원전의 한 문단에서 첫 문장을 삭제한 후 사용하였지만, 지문 내용이 하나의 흐름으로 연결되었고, 원문의 어려운 한 단어(grapple)를 쉬운 단어(struggle)로 순화한 것과 어려운 단어를 주석(resilience)으로 제공한 것 외에는 지나치게 어려운 단어가 없고, 문장 구조 역시 평이하여서 적절한 지문이다.

② 주어진 글 (문장 ❶ + 문장 ❷) : 스트레스를 유발하는 사건들을 겪고 이를 극복한 사람들이 다양한 장점을 얻는다는 내용으로 주제문을 제시하고 있음.

단락 (C) (문장 ❼ + 문장 ❽) : 스트레스에 적응하는 과정이 개인적 개선으로 이어진다는 내용으로, In other words라는 연결어를 통해 앞선 내용을 재진술한 다음, 첫 번째 연구 결과를 설명함.

단락 (A) (문장 ❸ + 문장 ❹) : 높은 수준의 역경은 나쁜 건강을 예측하지만 중간 수준의 역경에 직면했던 사람들은 역경을 거의 경험하지 않았던 사람들보다 더 건강하다는 결과를 언급하는데, 이는 (C)에서 언급된 곡선 관계에 대한 자세한 설명을 부연하는 내용이며, 이후에는 후속 연구에 대해 언급하고 있음.

단락 (B) (문장 ❺ + 문장 ❻) : (A)의 후반부의 후속 실험에 언급된 비슷한 관계에 해당하는 중간 정도의 역경이 가진 가장 큰 회복력을 다시 언급한 다음, 두 개의 실험으로부터 얻어낸 글쓴이의 견해를 제시하면 글을 마무리하고 있음.

③ 주제문 제시 → 주제문 재진술 → 첫 번째 연구 및 결과 → 두 번째 연구 및 결과 → 결론 도출의 논리 구조로 지문이 구성되었다.

④ 각 2개의 문장으로 구성된 4개의 단락이 각각의 의미 단위를 구성하고 있으며, 주제문과 결론을 갖춘 완결된 지문이다.

3. 선택지 적합성 검토

① 주제문과 이를 강화하는 두 개의 문장(문장 ❶ + 문장 ❷)으로 주어진 글을 구성하고 있다.

② 글 (A)가 주어진 글 및 이어지는 글 (B), (C)에 비해 길이가 길지만, 하나의 의미 단위를 구성하고 있으며, 각 단락마다 동일한 2개의 문장을 구성하고 있어서 정보량의 차이가 크다고 볼 수는 없다.

③ In other words와 Thus 등의 연결 장치가 있지만, 연결 관계에 의존하는 것만으로는 문제를 풀 수 없고, 문장 간의 내용과 논리에 의해 문제를 풀도록 구성했다.

④ 단락 간의 논리가 명확하여 정답 이외의 순서로 연결할 경우, 선행 연구와 후속 연구의 내용상 단절 등 지문의 연결 관계가 부자연스럽다.

III.
문항 출제 연습

주어진 글 다음에 이어질 글의 순서로 가장 적절한 것은?

> ❶ In terms of parenting, limited funds may restrict parents' ability, for example, to pay for the best private schools or to satisfy their children's demands for the latest gaming console. ❷ Yet constraints need not be exclusively of a financial nature.

(A) ❸ In some instances, time constraints can be extreme: some parents migrate without their families in pursuit of work, enduring separation from their children for years. ❹ Limits to parents' knowledge and abilities are equally important.

(B) ❺ For many parents, the most significant constraints are time and capabilities. ❻ Some parents need to work long hours, cutting down the time they can spend with their children.

(C) ❼ Some parents may have the time and resources to care for their children, but fail to provide them with an appropriate diet because they are unaware of the nutritional properties of different types of food. ❽ Others underestimate the importance of education as a means of getting on in society and do not put effort into motivating their children to do well in school.

① (A) − (C) − (B)   ② (B) − (A) − (C)
③ (B) − (C) − (A)   ④ (C) − (A) − (B)
⑤ (C) − (B) − (A)

출처 *Love, Money, and Parenting: How Economics Explains the Way We Raise Our Kids* / Matthias Doepke, Fabrizio Zilibotti / Princeton University Press (2020)

In terms of parenting, limited funds may restrict parents' ability, for example, to pay for the best private schools or to satisfy their children's demands for the latest gaming console. Yet constraints, like objectives, need not be exclusively of a financial nature. For many parents, the most significant constraints are time and capabilities. Some parents need to work long hours, cutting down the time they can spend with their children. In some instances, time constraints can be extreme: some parents are locked in jail, and others migrate without their families in pursuit of work, enduring separation from their children for years. Limits to parents' knowledge and abilities are equally important. Some parents may have the time and resources to care for their children, but fail to provide them with an appropriate diet because they are unaware of the nutritional properties of different types of food. Others underestimate the importance of education as a means of getting on in society and do not put effort into motivating their children to do well in school. In emphasizing the different constraints and opportunities that people (especially, the rich and the poor) face, our thinking is heavily influenced by the work of the British economist Tony Atkinson, who was one of Fabrizio's mentors at the London School of Economics. His lifelong research on inequality and poverty would have made him a likely Nobel laureate had he lived longer.

1. 지문 적합성 검토 (아래 질문에 답하시오.)

① 원문의 수정된 부분이 없는가? 수정된 부분이 있다면 그 수정이 적절한가?

② 전체 지문에 걸친 하나의 흐름은 무엇이며, 각 단락이 어떤 논리적 전개를 가지고 있는가?

③ 단락 배열 방법은 무엇인가?

④ 지시적 표현 또는 연결 관계에 의해 순서가 정해지는가? 아니면 내용적 연결 관계에 의한 논리적 흐름에 의해 순서가 정해지는가?

⑤ 주석을 제시하거나 순화시켜야 할 교육과정 밖의 단어는 없는가?

2. 선택지 적합성 검토 (각 선택지의 정답과 오답의 근거를 제시하시오.)

(1) 주제문에 해당하는 부분을 주어진 글로 제시하고 있는가?

(2) 주어진 글과 이어지는 글 (A), (B), (C)의 길이가 비슷한가?

(3) 단락 구성이 의미 단위로 잘 구분되어 있는가?

(4) 정답 이외의 순서로 배열해도 글이 자연스럽게 연결되지는 않는가?

다음 주어진 글을 네 단락으로 나누어, 글의 순서 파악 문항으로 구성해 보시오.

[EBS 2020학년도 수능특강 영어독해연습 Mini Test 2회 19번]

The yolk and white in an uncooked egg are liquid and free to slosh around slightly inside the shell. When you twist the egg fast in an attempt to spin it, the contents resist moving. That is, the contents have inertia, a desire to stay motionless until pushed by some force or other. That's Newton's First Law of Motion: an egg yolk at rest will remain at rest until shoved by something harder than raw egg white. (Those weren't his exact words.) When you apply a twisting force to the outside of the egg, the force isn't transmitted effectively through the egg white; it's like trying to play pool with a liquid cue. The egg's contents try to stay motionless and lag behind. In effect, some of your twisting force is wasted and the egg won't spin as much as you might expect from how hard you twisted it. In a hard egg, on the other hand, the solid contents transmit your force to the whole egg mass, and the egg spins with the full amount of momentum you expect.

*slosh: 출렁거리다 **inertia: 관성

Unit 20 문장 삽입

I.
출제 시 고려 사항

1. 유형의 이해

① 간접 쓰기 유형으로, 글의 일관성(coherence)과 응집성(cohesion)을 파악하는 능력을 측정한다.

② 주어진 문장을 적절한 곳에 넣어 문단을 완성하도록 하는데, 문단의 요지와 이를 뒷받침하는 주요 세부 사항을 활용한다.

③ 하나의 주제에 대해 통일성 있고 논리적인 글을 구성할 수 있는지의 능력을 측정한다.

2. 지문 선정 시 고려 사항

① 지문 전체에 걸쳐 단일의 소재 및 주제를 담고 있는 지문이어야 한다.

② 주제문이 지문의 첫 부분에 제시되어 있으며, 전혀 편집을 하지 않은, 명확하고 충분히 발전된 지문을 선정한다.

③ 세부 사항의 앞뒤 관계가 명확하고, 글의 논리적 전개가 자연스러운 지문을 선정하는 것이 중요하다.

④ 주어진 문장의 위치를 고정시킬 수 있는 지시적 표현, 연결 단서, 논리적 상관관계가 있는 지문을 선정하되, 논리적 상관관계에 의해 문제를 해결하도록 하는 지문이 고난도이다.

⑤ 길이가 비슷한 7개의 문장으로 된 문단을 선택하되, 추상적이거나 전문적으로 진술된 주제문을 해설하는 두 번째 문장이 있는 경우, 8개 이상의 문장으로 된 문단을 선택할 수도 있다.

⑥ 글의 요지를 뒷받침하는 세부 사항이 서너 개 있는 문단을 활용하되, 앞뒤 문장 간에 상당한 일관성과 논리성을 갖춘 지문을 선정해야 한다.

⑦ 문항에 부합하는 지문을 만들기 위해 인위적으로 한 문장을 두 문장으로 쪼개거나 두 문장을 합쳐 하나의 문장으로 만들지 않는다.

3. 선택지 구성 시 고려 사항

① 첫 문장과 마지막 문장은 선택지로 구성하지 않고, 그냥 둔다.

② 지문의 앞 부분(첫 문장 혹은 첫 두 세 문장)에서 글의 요지를 충분히 제시한 다음, 이어지는 뒷부분부터 선택지를 구성한다.

③ 해당 문장이 빠지면 전체 지문에서 논리적 비약이나 반전이 생기는 문장을 축출하여 주어진 문장으로 구성한다.

④ 주어진 지문에서 핵심을 도입하는 문장(point introduction sentence)이나 관련 문장(relation sentence)을 주어진 문장으로 삼는다.

⑤ 지시적인 표현이나 연결어만으로 정답을 찾을 수 있는 너무 쉬운 문항이 되지 않아야 한다.

⑥ 주어진 문장이 들어갈 자리가 하나만 나올 수밖에 없도록 출제해야 한다.

⑦ 주어진 문장이 없어도 지문의 연결 관계가 자연스럽고 논리적 일관성이 있으면, 정답이 없는 문항이 될 수 있으므로 주의해야 한다.

시험에 출제된 주제문과 주어진 문장의 사례

[주제문 1]

Designers draw on their experience of design when approaching a new project. This includes the use of previous designs that they know work—both designs that they have created themselves and those that others have created.

• 주어진 문장: Note that copyright covers the expression of an idea and not the idea itself.

[주제문 2]

Resident-bird habitat selection is seemingly a straightforward process in which a young dispersing individual moves until it finds a place where it can compete successfully to satisfy its needs.

• 주어진 문장: Thus, individuals of many resident species, confronted with the fitness benefits of control over a productive breeding site, may be forced to balance costs in the form of lower nonbreeding survivorship by remaining in the specific habitat where highest breeding success occurs.

[주제문 3]

The fragmentation of television audiences during recent decades, which has happened throughout the globe as new channels have been launched everywhere, has caused advertisers much concern.

• 주어진 문장: Still, it is arguable that advertisers worry rather too much about this problem, as advertising in other media has always been fragmented.

[주제문 4]

Clarity is often a difficult thing for a leader to obtain. Concerns of the present tend to seem larger than potentially greater concerns that lie farther away.

• 주어진 문장: Compounding the difficulty, now more than ever, is what ergonomists call information overload, where a leader is overrun with inputs—via e-mails, meetings, and phone calls—that only distract and confuse her thinking.

II.
기출 문항 분석

1. 대표 기출 문항 [2018학년도 수능 38번]

글의 흐름으로 보아, 주어진 문장이 들어가기에 가장 적절한 곳은?

---

❻ Experiments show that rats display an immediate liking for salt the first time they experience a salt deficiency.

---

❶ Both humans and rats have evolved taste preferences for *sweet* foods, which provide rich sources of calories. ❷ A study of food preferences among the Hadza hunter-gatherers of Tanzania found that honey was the most highly preferred food item, an item that has the highest caloric value. (①) ❸ Human newborn infants also show a strong preference for sweet liquids. (②) ❹ Both humans and rats dislike *bitter* and *sour* foods, which tend to contain toxins. (③) ❺ They also adaptively adjust their eating behavior in response to deficits in water, calories, and salt. (④) ❼ They likewise increase their intake of sweets and water when their energy and fluids become depleted. (⑤) ❽ These appear to be specific evolved mechanisms, designed to deal with the adaptive problem of food selection, and coordinate consumption patterns with physical needs.

* deficiency: 결핍   ** deplete: 고갈시키다

출처 *Evolutionary Psychology: The New Science of the Mind* / David Buss / Psychology Press (2015)

원문
> Do humans have evolved food preferences? Both humans and rats have evolved taste preferences for *sweet* foods, which provide rich sources of calories (Birch, 1999; Krebs, 2009). A study of food preferences among the Hadza hunter-gatherers of Tanzania found that honey was the most highly preferred food item, an item that has the highest caloric value (Berbesque & Marlowe, 2009). Human newborn infants also show a strong preference for sweet liquids. Both humans and rats dislike *bitter* and *sour* foods, which tend to contain toxins (Krebs, 2009). They also adaptively adjust their eating behavior in response to deficits in water, calories, and salt (Rozin & Schull, 1988). Experiments show that rats display an immediate liking for salt the first time they experience a salt deficiency. They likewise increase their intake of sweets and water when their energy and fluids become depleted. These appear to be specific evolved mechanisms, designed to deal with the adaptive problem of food selection, and coordinate consumption patterns with physical needs (Krebs, 2009; Rozin, 1976).

2. 지문 적합성 검토

① 지문이 총 8개의 문장으로 구성되었고, 지문 전체가 음식, 특히 '단' 음식에 대한 인간과 쥐의 선호에 대해 다루고 있다.

② 주제문이 지문의 첫 부분에 제시되고 있고, 주제문을 강화하는 연구 결과를 세부 사항으로 제시하고 있어서 그 앞뒤 관계가 명확하며, 글의 논리적 전개가 자연스럽다.

③ 문장 ❶: 인간과 쥐 모두 열량 제공의 원천인 '단맛'을 선호하는 쪽으로 발달해 왔다는 내용으로 글의 주제문에 해당함.

문장 ❷: 수렵 채집인이 가장 선호하는 음식이 꿀이라는 연구 결과를 소개하는 내용으로, 주제문을 보충하는 첫 번째 세부 사항에 해당함.

문장 ❸: 인간의 갓난아기도 단 음료에 대한 강한 선호를 보인다는 내용으로, 주제문을 보충하는 두 번째 세부 사항에 해당함.

문장 ❹: 인간과 쥐 모두 독을 포함할 수 있는 '쓴맛'이나 '신맛'의 음식을 선호하지 않는다는 내용으로, 주제문을 보충하는 세 번째 세부 사항에 해당함.

문장 ❺: 인간과 쥐는 물, 열량, 소금의 부족에 대응하여 먹는 행동을 조정한다는 내용으로, 네 번째 세부 사항에 해당하는 문장임.

문장 ❻ (주어진 문장) : 쥐가 소금 부족 시 소금에 대한 선호를 보인 실험 내용을 소개하는 내용으로, 네 번째 세부 사항인 문장 ❺에 대한 첫 번째 부연 설명에 해당함.

문장 ❼: 그와 비슷하게 그것들(쥐들)은 열량이나 체액 부족 시 당과 물의 섭취를 늘린다는 내용으로, 문장 ❺에 대한 두 번째 부연 설명에 해당함.

문장 ❽: 이것들은 음식 선택의 적응적 문제를 처리하고 음식 섭취 방식을 신체적 요구와 조화되도록 하기 위한 진화적 기제에 해당한다는 내용으로, 문장 ❺~❼의 내용을 요약 정리하고 있음.

④ 문장의 길이가 비교적 비슷하고, 주어진 문장은 문장 ❺에 제시된 주제문을 보충하는 네 번째 세부 사항과 연관된 문장으로 주어진 문장을 ④에 넣지 않으면, 문장 ❺와 ❼로 이어지는 논리적 흐름이 부자연스럽게 된다.

3. 선택지 적합성 검토

① 주제문과 이를 강화하는 첫 두 문장을 선택지로 구성하지 않고, 그냥 두었다.

② 주어진 문장은 네 번째 세부 사항을 부연 설명하는 관련 문장(relation sentence)으로 문장 ❻은 쥐가 소금 부족 시 소금에 대한 선호를 보인 실험 내용을 나타내고 있으므로 소금 부족이 언급된 내용(문장 ❺)의 뒤에 와야 하고, 그와 비슷하게 열량이나 체액 부족 시 당과 물의 섭취를 늘린다는 내용(문장 ❼)의 앞에 들어가는 것이 가장 적절하다

③ 문장 ❻과 문장 ❼은 문장 ❺의 관련 문장(relation sentence)인데, 주어진 문장이 없으면 문장 ❼의 연결어 likewise가 연결하는 논리가 생길 수 없으므로, 선택지 ④의 위치에 논리적 비약이 발생하고 있다.

III.
문항 출제 연습

Practice ❶

글의 흐름으로 보아, 주어진 문장이 들어가기에 가장 적절한 곳은?

❹ But what is a negative effect in the presentation of fiction can be a positive one in the presentation of fact.

❶ Children recognize books as fiction sooner than television. (①) ❷ Apparently, the fact that print does not physically resemble the things and events it symbolizes makes it easier to separate its content from the real world. (②) ❸ Thus, as many have feared, television, with its presentation of live action, is a more tempting medium in transforming fantasy into reality. (③) ❺ Television can be an extremely compelling medium for teaching children about the real world. (④) ❻ In Scandinavia it was found that if eleven-year-olds learn of the same news event from television, parents, teachers, and the newspaper, the majority will rely primarily on television. (⑤) ❼ They consider television the best-informed medium, and they say that on television "you can see for yourself what is happening."

🔲 출처 *Mind and Media: The Effects of Television, Video Games, and Computers* / Patricia M. Greenfield / Psychology Press (2014)

🔲 원문

Children recognize books as fiction sooner than television.[36] Apparently, the fact that print does not physically resemble the things and events it symbolizes makes it easier to separate its content from the real world. Thus, as many have feared, television, with its presentation of live action, is a more seductive medium in transforming fantasy into reality. But what is a negative effect in the presentation of fiction can be a positive one in the presentation of fact. Television can be an extremely compelling medium for teaching children about the real world. In Scandinavia it was found that if eleven-year-olds learn of the same news event from television, parents, teachers, and the newspaper, the majority will rely primarily on television. They consider television the best-informed medium, and they say that on television "you can see for yourself what is happening."[37]

1. 지문 적합성 검토

① 원문의 수정된 부분이 없는가? 수정된 부분이 있다면 그 수정이 적절한가?

② 전체 지문의 흐름은 어떠하고, 문단을 이루고 있는 각 문장이 어떤 의미 단위를 가지고 있는가?

③ 세부 사항의 앞뒤 관계와 글의 논리적 전개는 어떠한가?

④ 지시적 표현 또는 연결 관계에 의해 순서가 정해지는가? 아니면 내용적 연결 관계에 의한 논리적 흐름에 의해 순서가 정해지는가?

⑤ 주석을 제시하거나 순화시켜야 할 교육과정 밖의 단어는 없는가?

2. 선택지 적합성 검토 (각 선택지의 정답과 오답의 근거를 제시하시오.)

① 지문의 첫 부분에서 글의 요지를 충분히 제시한 다음, 이어지는 문장부터 선택지를 구성하고 있는 가?

② 해당 문장이 빠지면 어떤 논리적 비약이나 반전이 생기는가?

③ 주어진 문장이 들어갈 자리가 하나밖에 나올 수밖에 없는가?

Practice 2

다음 글을 읽고, 문장 삽입 문항을 제작해 보시오. [EBS 2020학년도 수능특강 영어독해연습 9강 9번]

Not a single color belonging to the range of greens is present in Old Stone Age paintings. On cave walls we find tones of red, black, brown, and ochers in different shades but no green or blue and scarcely any white. And that is more or less the case a few thousand years later in the New Stone Age, when the first dyeing practices appeared. Having become sedentary, humans dyed in red and yellow tones long before dyeing in greens or blues. Ubiquitous in the plant world, green is a color that humans reproduced, made, and mastered late and with difficulty. Perhaps that explains why in the West it long remained a minor color, playing practically no role in social life, religious rituals, or artistic creation, not totally absent as in the Old Stone Age, but unnoticeable. Compared to red, white, and black—the three "basic" colors in most ancient European societies—the symbolic power of green was undoubtedly too limited to prompt emotions, transmit ideas, or structure classifications or systems.

*ocher: 황토색 **sedentary: 한곳에 머물러 사는 ***ubiquitous: 아주 흔한

I.
출제 시 고려 사항

1. 유형의 이해

① 대표적인 간접쓰기 유형으로, 문단의 내용을 요약하는 요약문의 빈칸을 완성하는 유형이다.

② 지문을 읽고, 문단의 요지를 적절한 영어 구문을 사용하여 표현하는 능력을 측정한다.

③ 글의 요지를 파악하는 능력과 동시에 글을 요약하여 쓸 수 있는지를 평가하는 유형이다.

2. 지문 선정 시 고려 사항

① 글의 요지가 명확해야 하지만 주제문이 문단 안에 명시적으로 표현되지 않고 함축되어 있는 지문을 선정한다.

② 지문 전체의 내용이 적절한 길이의 한 문장(가급적 복문(complex sentence))의 형태로 요약될 정도의 정보를 포함하고 있어야 한다.

③ 중심 생각과 세부 사항이 잘 조합되어 있고, 문장 간의 일관성과 응집력을 갖춘 지문을 선정해야 한다.

④ 배경지식에 의해, 글을 읽지 않고도 요약문을 완성할 수 있는 지문은 아무리 내용이 좋아도 이 유형에는 부적합하다.

⑤ 논거가 주로 실험 결과인 글에 국한하지 말고 다양한 소재의 글에서 출제한다.

⑥ 문단 내용을 요약하거나 요지를 강화하기 위해 결론에 해당하는 문장(conclusion sentence)을 제시하고 있는 지문은 피해야 한다.

3. 선택지 구성 시 고려 사항

① 지문의 일부가 아닌 글 전체 내용을 포괄하는 요약문을 구성하되, 요약문이 가급적 복문(complex sentence)의 형태를 취할 수 있도록 한다.

② 요약문 안에 있는 두 개의 빈칸이 적절하게 떨어져 있어야 하고, 두 개의 빈칸 사이에 상호 간섭이 생기지 않아야 한다.

③ 어법에 맞도록 요약문을 구성해야 하며, 지나치게 어려운 구문이나 어휘를 사용해서는 안 되며, 요약문의 내용을 지나치게 비비 꼬아서는 안 된다.

④ 선택지 구성 시, 빈칸에 들어갈 단어가 앞뒤의 단어와 자연스럽게 연결될 수 있도록 연어(collocation)를 고려하여 배치해야 한다.

⑤ 요약문은 본문의 내용이나 표현을 압축하는 것이므로, 본문에 있는 단어를 그대로 반복하는 것은 지양해야 한다.

⑥ 빈칸 (A)와 빈칸 (B)에 들어갈 선택지는 상황에 따라 각각 2개, 3개, 5개로 다양하게 구성하되, (A)와 (B) 중 하나만 알면 나머지 정답이 자동적으로 추론되도록 구성해서는 안 된다.

기출 문항 분석

1. 대표 기출 문항 [2019학년도 수능 40번]

다음 글의 내용을 한 문장으로 요약하고자 한다. 빈칸 (A), (B)에 들어갈 말로 가장 적절한 것은?

❶ Biological organisms, including human societies both with and without market systems, discount distant outputs over those available at the present time based on risks associated with an uncertain future. ❷ As the timing of inputs and outputs varies greatly depending on the type of energy, there is a strong case to incorporate time when assessing energy alternatives. ❸ For example, the energy output from solar panels or wind power engines, where most investment happens before they begin producing, may need to be assessed differently when compared to most fossil fuel extraction technologies, where a large proportion of the energy output comes much sooner, and a larger (relative) proportion of inputs is applied during the extraction process, and not upfront. ❹ Thus fossil fuels, particularly oil and natural gas, in addition to having energy quality advantages (cost, storability, transportability, etc.) over many renewable technologies, also have a "temporal advantage" after accounting for human behavioral preference for current consumption/return.

* upfront: 선행 투자의

⬇

Due to the fact that people tend to favor more _____(A)_____ outputs, fossil fuels are more _____(B)_____ than renewable energy alternatives in regards to the distance between inputs and outputs.

	(A)		(B)
①	immediate	……	competitive
②	available	……	expensive
③	delayed	……	competitive
④	convenient	……	expensive
⑤	abundant	……	competitive

출처 *The End of Growth: Adapting to Our New Economic Reality* / Richard Heinberg/ New Society Publishers (2011)

Biological organisms, including human societies both with and without market systems, discount distant outputs over those available at the present time based on risks associated with an uncertain future. As the timing of inputs and outputs varies greatly depending on the type of energy, there is a strong case to incorporate time when assessing energy alternatives. For example, the energy output from solar panels or wind power engines, where most investment happens before they begin pro-ducing, may need to be assessed differently when compared to most fossil fuel extraction technologies, where a large portion of the energy output comes much sooner, and a larger (relative) portion of inputs is applied during the extraction process, and not upfront. Thus fossil fuels, particularly oil and natural gas, in addition to having energy quality ad-vantages (cost, storability, transportability, etc.) over many renewable technologies, also have a "temporal advantage" after accounting for hu-man behavioral preference for current consumption/return.

2. 지문 적합성 검토

① 원문이 단일 문단으로 에너지라는 단일 소재로 하나의 주제에 대해 통일성 있게 기술하고 있는 적절한 지문이다.

② ❶∼❹까지 총 4개의 문장으로 구성되었고, 주제문이 문단 안에 명시적으로 표현되지 않은 상태에서 글 전체의 내용을 종합적으로 고려하여 글의 요지를 파악하도록 지문을 구성하고 있다.

③ 문장 ❶과 문장 ❷에서 글의 주제를 제시하고 있는데, 이 글의 주제는 '에너지 유형에 따른 투입과 생산 시기의 차이'를 다루고 있다.

④ 인과 관계로 연결된 문장 ❸과 문장 ❹의 사례를 함께 고려하여 종합적으로 판단해야 글의 요지를 파악할 수 있다.

문장 ❸: 재생 가능 대체 에너지에 대한 화석 연료의 '시간적' 이점을 서술하고 있음.

– 생산의 측면: 많은 비율의 에너지 생산이 훨씬 더 빨리 가능함.

– 투입의 측면: 추출 과정에 더 큰 비율의 투입이 적용되고 선행 투자는 많지 않음.

문장 ❹: 따라서, 화석 연료가 재생 연료보다 에너지 품질과 시간에서 이점을 가짐.

글의 요지: 사람들에게는 현재 이용할 수 있는 생산물을 선호하는 경향이 있고, 이로 인해 화석 연료를 재생 가능 대체 에너지보다 더 선호한다.

⑤ 한 문장의 길이가 비교적 긴 편이지만, 독해가 어려울 정도는 아니며, 구문 및 어휘 수준이 비교적 평이하다.

⑥ 재생 에너지에 대해 생각하는 일반적인 생각과 상반된 논지를 구성하고 있어서 배경지식에 의해 요약문을 완성할 수는 없다.

3. 선택지 적합성 검토

① 지문의 일부가 아닌 글 전체 내용을 포괄하는 요약문을 잘 구성하고 있다.

② 이유를 나타내는 부사구(Due to), 동격절, 비교급 표현을 담은 주절로 구성된 비교적 난도 있는 요약문을 제시했다.

③ 부사구와 주절에 각각 요약문의 빈칸을 구성하고 있고, 빈칸 (A)는 문단의 앞부분과 연관되었고, 빈칸 (B)는 문단의 뒷부분과 연관된 내용이어서, 두 빈칸 사이에 상호 간섭이 없다.

④ 시간적으로 가까이 있는 것을 선호하고 반면 시간적으로 멀리 있는 생산물은 평가 절하하는 사람들의 경향을 빈칸 (A)에서 설명하는데, 이를 '즉각적인'이라는 뜻의 형용사 immediate로 잘 압축했고, 이어지는 명사 output과의 collocation도 적절하다.

⑤ 화석 연료와 재생 가능 대체 에너지를 비교하는 빈칸 (B)에 대해서는, 화석 연료가 재생 가능 대체 에너지에 비해 에너지 품질과 시간 모두에서 이점을 갖는다는 내용을 한 단어로 표현해야 하는데, '경쟁력이 있는'이라는 뜻의 competitive가 이를 포괄적으로 압축하고 있다.

⑥ 빈칸 (A)에는 5개의 서로 다른 선택지를 제시하고 있는데, available과 immediate가 문맥상 서로 바꿔 쓸 수 있어서 빈칸 (A)에 모두 들어갈 수 있는 말이고, delayed는 본문에 등장한 시간 표현(sooner, temporal)에 빗대어 쓴 표현이고, convenient와 abundant는 지문의 소재인 에너지 생산 및 소비와 연관되도록 선택지를 구성하고 있다.

⑦ 빈칸 (B)는 competitive와 expensive의 두 가지로 구성했는데, 본문에 에너지 생산 및 소비와 관련된 비용이 언급되어 있어서 두 단어 모두 지문 내용과 연관이 있다. 또한 빈칸 (A)를 이미 선택한 이후이므로 정답이 선택지 ① 또는 선택지 ②로 고정되었기에, 빈칸 (B)의 선택지를 두 개 단어로 구성해도 문항 변별에 이상이 없다.

III.
문항 출제 연습

Practice 1

[EBS 2022학년도 수능특강 영어 15강 1번]

다음 글의 내용을 한 문장으로 요약하고자 한다. 빈칸 (A), (B)에 들어갈 말로 가장 적절한 것은?

❶ The impact of climate change on animals and plants interacts with habitat loss and fragmentation. ❷ This is because the main effect of climate change is to shift the area of where any one species can live successfully. ❸ In a warming world, this habitable space moves either polewards across the landscape, to the North or South, or up in elevation, with species living higher up mountains than ever before. ❹ This happens because the area where the mean temperature is 15°C, for example, shifts in these directions under global warming. ❺ Survival then depends on whether a particular species can move, and if so, whether there is a suitable pathway for the movements to happen. ❻ Neither of these things can be assumed, and where habitats become too fragmented, a suitable pathway for organisms to move to other areas becomes less of a realistic possibility.

* fragmentation: 단편화

⬇

When a species' habitable space is shifted under the effect of climate change, survival depends on the _____(A)_____ of the species and the availability of a route to new areas, the latter of which _____(B)_____ where habitats become too fragmented.

	(A)		(B)
①	vitality	⋯⋯	changes
②	mobility	⋯⋯	decreases
③	adaptability	⋯⋯	decreases
④	cooperation	⋯⋯	increases
⑤	reproduction	⋯⋯	increases

출처 *Conservation: a People Centred Approach* / Francis Gilbert et. al / Oxford University Press (2019)

원문

> The impact of climate change on animals and plants interacts with habitat loss and fragmentation. This is because the main effect of climate change is to shift the area of where any one species can live successfully. In a warming world, this habitable space moves either polewards across the landscape, to the North or South, or up in elevation, with species living higher up mountains than ever before. This happens because the area where the mean temperature is 15°C, for example, shifts in these directions under global warming. Survival then depends on whether a particular species can move, and if so, whether there is a suitable pathway for the movements to happen. Neither of these things can be assumed, and where habitats become too fragmented, a suitable pathway for organisms to move to other areas becomes less of a realistic possibility.

1. 지문 적합성 검토 (아래 질문에 답하시오.)

① 글의 요지는 무엇이며, 주제문이 명확하게 제시되어 있는가?

② 지문이 담고 있는 정보는 무엇이며, 정보가 복문의 형태로 요약될 수 있을 만큼 충분한가?

③ 배경지식에 의해 요약문만 읽고도 답을 낼 수 있는가?

④ 주석을 제시하거나 순화시켜야 할 교육과정 밖의 단어는 없는가?

2. 선택지 적합성 검토 (각 선택지의 정답과 오답의 근거를 제시하시오.)

① 요약문이 어법상 올바르고, 글 전체의 내용을 포괄하고 있는가?

② 요약문에 있는 빈칸의 위치가 적절하고, 둘 사이에 간섭이 생기지는 않는가?

③ 선택지로 제시된 단어가 요약문의 앞뒤 단어와 자연스럽게 연결되는가?

Practice ❷

다음 글을 이용하여 요약문에 빈칸 두 개를 두어 요약문을 완성해 보시오.

[EBS 2021학년도 수능특강 영어독해연습 9강 3번, 2021학년도 6월 모의평가 31번]

Research with human runners challenged conventional wisdom and found that the ground-reaction forces (GRFs) at the foot and the shock transmitted up the leg and through the body after impact with the ground varied little as runners moved from extremely compliant to extremely hard running surfaces. As a result, researchers gradually began to believe that runners are subconsciously able to adjust leg stiffness prior to foot strike based on their perceptions of the hardness or stiffness of the surface on which they are running. This view suggests that runners create soft legs that soak up impact forces when they are running on very hard surfaces and stiff legs when they are moving along on yielding terrain. As a result, impact forces passing through the legs are strikingly similar over a wide range of running surface types. Contrary to popular belief, running on concrete is not more damaging to the legs than running on soft sand.

*compliant: 말랑말랑한 **terrain: 지형

장문의 이해

I.
출제 시 고려 사항

1. 유형의 이해

① 한 문단이나 두세 문단으로 구성된 장문을 제시한 뒤, 해당 지문과 관련된 두 개 문항을 출제하는 유형이다.

② 글 전체를 포괄하는 주제 또는 제목을 추론하는 지문의 대의 파악 능력과, 빈칸을 완성하거나 문맥상 낱말의 쓰임을 묻는 지문의 맥락을 파악하는 능력을 측정한다.

③ 최근에는 제목 추론과 문맥상 낱말의 쓰임을 묻는 두 개로 문항 유형으로 고정되는 경향이 있다.

2. 지문 선정 시 고려 사항

① 각각의 문단이 하나의 의미 단위를 구성하고 있으면서, 동시에 지문 전체가 하나의 독립적인 글로 이해될 수 있는 지문을 선정해야 한다.

② 필자가 전달하고자 하는 지문의 핵심 내용이 글 전반에 두루 녹아 있으면서, 지문 전체가 논리 정연하여 밑줄 친 낱말의 문맥상 의미를 맥락에 의해 파악할 수 있는 지문이어야 한다.

③ 영어 시험의 종반부 문항이므로, 지나치게 전문적이거나 학술적인 내용의 지문은 피하는 것이 좋다.

④ 주제문이 명확하게 제시되기보다는 장문 전체를 모두 읽은 다음 글의 대의를 파악할 수 있는 지문을 골라야 한다.

⑦ 전문 용어나 교육과정에서 벗어난 어휘가 지나치게 많아 원문을 수정해야 하거나 어휘 순화로도 해결되지 않는 지문은 지양한다.

3. 선택지 구성 시 고려 사항

① 각각 글의 제목 추론과 어휘 문항의 선택지 구성 원칙에 따른다.

② 제목 문항과 어휘 문항의 해결 과정에서 상호 간에 간섭이 생기지 않도록 선택지를 구성하는 것이 가장 중요하다.

③ 제목 선택지는 장문의 특정 부분에만 국한되지 않고, 글 전체의 대의를 포괄하도록 구성해야 한다.

④ 제목 선택지를 구성할 경우, 글에 언급되기는 했지만 글의 요지와 다른 내용, 지나치게 포괄적인 내용, 글의 한 부분만을 담고 있는 내용을 오답 선택지로 제시할 수 있으며, 비유적인 내용이나 의문문, 명령문, 또는 감탄문 형태로 다양하게 제시할 수 있다.

⑤ 어휘 문항의 선택지는 지문 전체에 걸쳐서 적절한 간격을 두어 구성하되, 문장 내에서의 쓰임이 아닌 전체 맥락에 비추어 쓰임의 적절성을 판단하도록 구성해야 한다.

⑥ 어휘 문항의 선택지는 특정 선택지가 다른 선택지의 적절성 여부 판단에 영향을 주지 않도록 구성하되, 다양한 품사가 포함되도록 해야 한다.

II.
기출 문항 분석

1. 대표 기출 문항 [2019학년도 수능 41~42번]

다음 글을 읽고, 물음에 답하시오.

[1]　Industrial capitalism not only created work, it also created 'leisure' in the modern sense of the term. This might seem surprising, for the early cotton masters wanted to keep their machinery running as long as possible and forced their employees to work very long hours. However, by requiring continuous work during work hours and ruling out non-work activity, employers had (a) separated out leisure from work. Some did this quite explicitly by creating distinct holiday periods, when factories were shut down, because it was better to do this than have work (b) promoted by the casual taking of days off. 'Leisure' as a distinct non-work time, whether in the form of the holiday, weekend, or evening, was a result of the disciplined and bounded work time created by capitalist production. Workers then wanted more leisure and leisure time was enlarged by union campaigns, which first started in the cotton industry, and eventually new laws were passed that (c) limited the hours of work and gave workers holiday entitlements.

[2]   Leisure was also the creation of capitalism in another sense, through the commercialization of leisure. This no longer meant participation in traditional sports and pastimes. Workers began to (d) pay for leisure activities organized by capitalist enterprises. Mass travel to spectator sports, especially football and horse-racing, where people could be charged for entry, was now possible. The importance of this can hardly be exaggerated, for whole new industries were emerging to exploit and (e) develop the leisure market, which was to become a huge source of consumer demand, employment, and profit.

*discipline: 통제하다   ** enterprise: 기업(체)   *** exaggerate: 과장하다

1. 윗글의 제목으로 가장 적절한 것은?

① What It Takes to Satisfy Workers
② Why Workers Have Struggled for More Leisure
③ The Birth and Evolution of Leisure in Capitalism
④ How to Strike a Balance Between Work and Leisure
⑤ The Light and Dark Sides of the Modern Leisure Industry

2. 밑줄 친 (a)~(e) 중에서 문맥상 쓰임이 적절하지 않은 것은?

① (a)   ② (b)   ③ (c)   ④ (d)   ⑤ (e)

출처   *Capitalism: A Very Short Introduction*/ James Fulcher/ Oxford University Press (2015)

원문   Industrial capitalism not only created work, it also created 'leisure' in the modern sense of the term. This might seem surprising, for the early cotton masters wanted to keep their machinery running as long as possible and forced their employees to work very long hours. However, by requiring continuous work during work hours and ruling out non-work activity, employers had separated out leisure from work. Some did this quite explicitly by creating distinct holiday periods, when factories were shut down, because it was better to do this than have work disrupted by the casual taking of days off. 'Leisure' as a distinct non-work time, whether in the form of the holiday, weekend, or evening, was a result of the disciplined and bounded work time created by capitalist production. Workers then wanted more leisure and leisure time was enlarged by union campaigns, which first started in the cotton industry, and eventually new laws were passed that limited the hours of work and gave workers holiday entitlements.

Leisure was also the creation of capitalism in another sense, through the commercialization of leisure. This no longer meant participation in traditional sports and pastimes. Workers began to pay for leisure activities organized by capitalist enterprises. The new railway companies provided cheap excursion tickets and Lancashire cotton workers could go to Blackpool for the day. In 1841 Thomas Cook organized his first tour, an excursion by rail from Leicester to Loughborough for a temperance meeting. Mass travel to spectator sports, especially football and horse-racing, where people could be charged for entry, was now possible. The importance of this can hardly be exaggerated, for whole new industries were emerging to exploit and develop the leisure market, which was to become a huge source of consumer demand, employment, and profit.

2. 지문 적합성 검토

(1) 문단 [1]과 문단 [2]가 하나의 의미 단위를 구성하고 있으면서, 지문 전체가 하나의 흐름을 가진 독립적인 글이다.

　문단 [1] 산업 자본주의가 여가를 만들어 냄

　① 오랜 시간 노동을 강요했던 초기의 목화 농장주

　② 여가를 업무와 분리시킴

　③ 별도의 휴가 기간으로서의 여가

　　→ 자본주의 생산으로 만들어진 통제되고 제한된 근로 시간의 결과

　　→ 더 많은 여가의 탄생 및 법적 보장으로 이어짐.

　문단 [2] 여가의 상업화를 통한 자본주의 창조

　① 기업이 조직한 여가 활동에 대한 돈 지불

　② 관중 스포츠가 가능해짐

　③ 레저 산업의 출현

　[글의 요지] 산업 자본주의에서 고용주들은 생산의 효율성을 위해 일하지 않는 별도의 시간, 즉 여가를 허용하였고, 이것이 확대되었으며, 결국 또 하나의 시장이 탄생했다

(2) 위에 제시된 글의 흐름에서 볼 수 있듯이, 필자가 전달하고자 하는 글의 핵심 내용이 글 전반에 두루 녹아 있으며, 글 전체의 논리가 명확하다.

(3) 주석을 세 개 제공하였지만, 주석 이외에 교육과정을 벗어날만한 어려운 단어가 없고, 문장 구조 또한 평이한 편이다.

3. 선택지 적합성 검토

(1) 제목 문항의 선택지를 다소 포괄적으로 구성하였고, 어휘 문항의 밑줄은 반대로 지문의 세부 맥락을 파악하여 적절성을 판단하도록 구성하였기에, 두 문항 간의 상호 간섭이 생기지 않도록 선택지를 구성하였다.

(2) 제목 문항의 선택지는 지문에 언급된 내용이 한 단어 이상 들어가도록 모두 구성되었고, 특히 정답에 해당하는 ③ 'The Birth and Evolution of Leisure in Capitalism'은 두 문단으로 구성된 지문의 전체 내용을 적절하게 포괄하고 있다.

　① What It Takes to Satisfy Workers → 노동 및 노동자의 생산 및 근로와 관련된 글의 내용과 연결시킨 선택지로, 글의 중심 내용인 자본주의 및 여가의 개념을 담고 있지 못하다. 오답

　② Why Workers Have Struggled for More Leisure → 더 많은 여가의 필요성을 문단 [1]에서 언급하고 있는데, 이에 착안한 선택지로, 노동자의 투쟁과 그 이유는 지문에 전혀 언급된 바가 없다. 오답

③ The Birth and Evolution of Leisure in Capitalism → 문단 [1]은 자본주의에서 여가의 탄생에 관한 내용이고, 문단 [2]는 자본주의에서 여가 시장의 탄생에 관한 내용인데, 이를 Birth and Evolution이라는 말로 잘 담아내고 있다. 정답

④ How to Strike a Balance Between Work and Leisure → 노동과 여가의 개념은 지문 전체에 자주 등장하는 핵심어이므로 이에 착안한 선택지로, 일과 여가의 균형이 글의 중심은 아니다. 오답

⑤ The Light and Dark Sides of the Modern Leisure Industry → 문단 [2]에 여가 산업의 탄생에 대한 언급이 있어서 이에 착안한 선택지인데, 그것의 명암을 밝히는 내용은 전혀 언급되지 않았다. 오답

(3) 어휘 문항의 밑줄 5개가 글 전체에 걸쳐서 적절한 간격을 두고 배치되었으나, 5개 모두 동사에 밑줄이 있는 것은 다소 아쉬운 부분이다.

(4) 어휘 문항의 밑줄의 적절성을 판단할 때, 글 전체의 맥락과 해당 문장의 연결 관계를 함께 고려하도록 밑줄을 설계하고 있는데, 특히 정답인 ⓑ의 경우, 글 전체의 맥락인 '자본주의에서의 여가와 업무의 분리'를 이해한 다음, 해당 문장의 내용(그때그때 휴가를 내는 것과 업무 진척성의 관계)을 파악하여 적절성을 판단하도록 출제하였다.

III.
문항 출제 연습

Practice 1　　　　　　　　　　　　　　[EBS 2020학년도 수능완성 실전편 5회 41~42번]

다음 글을 읽고, 물음에 답하시오.

[1]　It seems that our ancestors who decided to stay in Africa had learned to live in a hot climate and stay reasonably comfortable. But what about the ones who emigrated into regions that were not (a) <u>warm</u> year-round? What about our ancestors who wandered north into Asia, Europe, and the Americas? People began to live in areas that had a distinctly cold season for part of each year. How did they stay warm?

[2]　Part of the answer, of course, is that they developed warm clothing. Animal furs can be very (b) <u>effective</u> at keeping the cold out, as can many other natural fibers and materials. But warm clothing wasn't enough. People had to find (c) <u>locations</u> to live that would not require them to spend too much time or energy trying to stay warm. One of the most popular early homes seems to have been caves—especially those that opened toward the sun. People would have noticed that during hot summer days it was comfortably cool in the cave, and that during cold weather they were much warmer in the cave than they were outside. Part of this was due to the (d) <u>thick</u> walls of the cave, which buffered the thermal effects of changing seasons, like good insulation in the walls of a house. But part of it was also because during the winter the sun was low in the sky and could penetrate deep into the cave—warming everything that it hit—while in the summer the high sun angle meant that the interior of the cave was (e) <u>bright</u> all day.

*buffer: 완충하다　**thermal: 열의

1. 윗글의 제목으로 가장 적절한 것은?

　① Returning to Old Ways of Staying Warm
　② A Variety of Advantages of South-Facing Caves
　③ How Our Ancestors Maintained Thermal Comfort in Cold Seasons
　④ The Mystery of Ancient Caves That Could Rewrite History
　⑤ External Conditions as the Foundation of Building Design

2. 밑줄 친 (a)~(e) 중에서 문맥상 낱말의 쓰임이 적절하지 <u>않은</u> 것은?

　① (a)　　　② (b)　　　③ (c)　　　④ (d)　　　⑤ (e)

출처 *Design With Microclimate: The Secret to Comfortable Outdoor Space* / Robert D. Brown / Island Press (2010)

원문

> It seems that our ancestors who decided to stay in Africa have learned to live in a hot climate and stay reasonably comfortable. But what about the ones who emigrated into regions that were not warm year-round? What about our ancestors who wandered north into Asia, Europe, and the Americas? People began to live in areas that had a distinctly cold season for part of each year. How did they stay warm?
>
> Part of the answer, of course, is that they developed warm clothing. Animal furs can be very effective at keeping the cold out, as can many other natural fibers and materials. But warm clothing wasn't enough. People had to find locations to live that would not require them to spend too much time or energy trying to stay warm. One of the most popular early homes seems to have been caves—especially those that open toward the sun.[1] People would have noticed that during hot summer days it was comfortably cool in the cave, and that during cold weather they were much warmer in the cave than they were outside. Part of this was due to the thick walls of the cave, which buffered the thermal effects of changing seasons, like good insulation in the walls of a house. But part of it was also because during the winter the sun was low in the sky and could penetrate deep into the cave—warming everything that it hit—while in the summer the high sun angle meant that the interior of the cave was shady all day.

1. 지문 적합성 검토 (아래 질문에 답하시오.)

① 각각의 문단이 구성하고 있는 의미 단위는 무엇이며, 지문 전체가 하나의 독립적인 글로 이해될 수 있는가?

② 글 전반에 두루 녹아 있는 필자가 전달하고자 하는 핵심 내용은 무엇인가?

③ 지나치게 전문적이거나 학술적인 내용은 없는가?

④ 주석을 제시하거나 순화시켜야 할 교육과정 밖의 단어는 없는가?

2. 선택지 적합성 검토 (각 선택지의 정답과 오답의 근거를 제시하시오.)

① 두 개의 문항의 해결 과정이 상호 간섭되지 않는가?

② 글의 대의는 무엇이며, 이를 포괄하는 제목을 구성하고 있는가?

③ 제목 문항의 오답지가 지문의 어떤 내용과 연관이 있는가?

④ 어휘 문항의 선택지가 지문 전체에 걸쳐 적절히 배치되었고, 문장 내에서의 쓰임뿐만이 아니라 글의 전체 맥락에 비추어 적절성을 판단하도록 구성되었는가?

⑤ 어휘 문항을 해결할 때, 특정 선택지가 다른 선택지의 적절성 판단에 영향을 주지 않는가?

Unit 23 1지문 3문항

I.
출제 시 고려 사항

1. 유형의 이해

① 네 단락으로 구성된 긴 글을 읽고, 여러 가지 유형의 문제에 답하는 유형이다.

② 첫 단락 다음의 세 단락을 순서대로 배열하는 문제가 항상 출제되고, 나머지 두 문제는 다양하게 출제할 수 있으나, 최근에는 지칭 추론과 내용 (불)일치 문항으로 고정되는 경향이 있다.

③ 학생들이 긴 글을 읽고 이해할 수 있는 능력이 있는지 심도 있게 측정하려는 목적을 가지고 개발된 유형이다.

2. 지문 선정 시 고려 사항

① 글의 초반부터 같은 성별의 등장인물이 2인 이상 번갈아 언급되는 일화나 이야기 형태의 지문을 선정하되, 교훈적이면서도 평이한 내용이어야 한다.

② 기승전결의 구조로 완결된 이야기를 가지고 있어야 하고, 4개의 단락이 하나의 의미 단위를 구성할 수 있어야 한다.

③ 각 단락 안에 2인 이상의 등장인물이 한 두 개의 사건을 놓고 상호작용하는 내용을 담고 있어야 한다.

④ 긴 글을 350단어 내외의 글로 편집하는 것이 허용되기는 하지만, 이야기의 구조를 해칠 정도의 작위적인 편집은 하지 않는다.

⑤ 위의 조건을 만족하는 350단어 내외의 지문을 찾는 것이 용이하지 않아, 수능과 수능 모의평가에서는 보통 원어민이 지문을 직접 창작하는 경우가 많다.

3. 선택지 구성 시 고려 사항

① 각각 글의 순서 추론, 지칭 추론, 내용 (불)일치 문항의 선택지 구성 원칙에 따른다.

② 의미 구분이 명확하도록 네 개의 단락을 구성한 다음, 단락의 순서를 맞출 수 있도록 적절히 배열하는 것이 중요하다.

③ 지칭 추론의 밑줄과 내용 (불)일치의 선택지 사이에 상호 간섭이 생기지 않도록 구성해야 한다. 즉, 지칭 추론의 밑줄이 있는 문장에서는 내용 (불)일치 문장의 선택지를 구성하지 않는다.

④ 지칭 추론의 선택지는 한 단락에서 최소 1개 이상 나올 수 있도록 구성하되, 한 단락에 2개의 선택지를 구성해야 할 경우, 둘 사이의 간격을 충분히 둔다.

⑤ 내용 (불)일치의 선택지 역시 한 단락에서 최소 1개 이상 나올 수 있도록 구성하되, 한 단락에 2개의 선택지를 구성해야 할 경우, 둘 사이의 간격을 충분히 둔다.

II.
기출 문항 분석

1. 대표 기출 문항 [2018학년도 수능 43~45번]

다음 글을 읽고, 물음에 답하시오.

(A)

It was the first day of the new semester. Steve and Dave were excited that they would be back at school again. They rode their bicycles to school together that morning, as they usually did. Dave had math on the first floor, and Steve was on the second with history. On his way to the classroom, Steve's teacher came up to him to ask if (a) he wanted to run for student president. Steve thought for a moment and answered, "Sure, it'll be a great experience."

(B)

Steve won the election. Upon hearing the result, Dave went over to Steve and congratulated (b) him, shaking his hand. Steve could still see the disappointment burning in his eyes. It wasn't until later that evening, on the way home, that Dave said apologetically, "I'm so sorry, Steve! This election hasn't damaged our friendship, has it?" "Of course not, Dave. We're friends as always!" Steve responded with a smile. As Steve arrived home, his dad was proudly waiting for him and said, "Congratulations on the win! How did Dave take it?" Steve replied, "We're fine now, best friends for life!" (c) His dad laughed, "Sounds like you won two battles today!"

(C)

After class, Steve spotted Dave in the hallway and ran to him excitedly, "I've got good news! I'm going for student president and I think mine will be the only nomination." Dave cleared his throat and replied with surprise, "Actually, I've just registered my name, too!" (d) He continued sharply, "Well, best of luck! But don't think you'll win the election, Steve." Dave walked quickly away and from that moment on, there was an uncomfortable air of tension between the two friends. Steve tried to be friendly toward Dave, but he just didn't seem to care.

(D)

When the election day came, Steve found that his bicycle had a flat tire, so he started to run to school. Just as he reached the end of the street, Dave's dad, who was driving Dave to school, pulled over to give him a ride. The dead silence in the car made the drive painful. Noticing the bad atmosphere, Dave's dad said, "You know, only one of you can win. You have known each other since birth. Don't let this election ruin your friendship. Try to be happy for each other!" His words hit Dave hard. Looking at Steve, Dave felt the need to apologize to (e) <u>him</u> later that day.

1. 주어진 글 (A)에 이어질 내용을 순서에 맞게 배열한 것으로 가장 적절한 것은?

① (B) − (D) − (C)   ② (C) − (B) − (D)

③ (C) − (D) − (B)   ④ (D) − (B) − (C)

⑤ (D) − (C) − (B)

2. 밑줄 친 (a)~(e) 중에서 가리키는 대상이 나머지 넷과 다른 것은?

① (a)   ② (b)   ③ (c)   ④ (d)   ⑤ (e)

3. 윗글에 관한 내용으로 적절하지 <u>않은</u> 것은?

① 개학 날 아침에 Steve와 Dave는 함께 등교했다.

② Steve는 학생회장으로 당선되었다.

③ Steve는 Dave에게 선거 출마 사실을 숨겼다.

④ Dave의 아버지는 학교로 뛰어가던 Steve를 차에 태워 주었다.

⑤ Dave의 아버지는 선거로 인해 우정을 잃지 말라고 충고했다.

출처 창작

2. 지문 적합성 검토

① 총 4명의 등장인물을 가진 이야기 형태의 지문으로, 교훈적인 내용의 평이한 수준의 지문이다.

② 문단 (A)의 초반부부터 주인공인 Steve와 Dave가 등장했고, 둘의 학생회장 출마라는 주요 사건과 세부 사건들이 기승전결의 구조를 이루며 흥미롭게 진행되고 있다.

③ 단락 간의 정보량이 비교적 균일하고, 단락 간의 연결 또한 매우 자연스럽도록 창작된 지문이다.

3. 선택지 적합성 검토

① 단락마다 의미 단위를 구성하고 있고, 시간적 순서에 따른 전개 구조를 가지고 있어서 단락의 순서가 하나만 나올 수 있도록 고정하고 있다. 단락의 주요 사건은 아래와 같다.

문단 [A] : Steve가 선생님에게 학생회장 선거에 출마하겠다는 의사를 밝힘.

문단 [C] : Dave도 출마하게 되면서 두 사람 사이에 긴장된 기운이 생김.

문단 [D] : 선거일 등굣길에 Dave 아버지의 차를 함께 타게 된 두 사람에게 Dave 아버지가 해 준 조언을 듣고 Dave가 Steve에게 사과해야겠다고 생각함.

문단 [B] : 선거가 끝나고 Dave가 Steve에게 사과하면서 서로의 우정을 확인함.

② 네 단락 중 가장 긴 단락인 문단 [B]에 두 개의 밑줄을 두어 지칭을 추론하도록 하고 있고, 지칭 대상이 명확한 것만을 골라 선택지로 삼고 있어서 지칭을 추론하는 데 혼란이 전혀 없다.

③ 글의 결말에 해당하는 문단 [D]에 두 개의 선택지를 배치했고, 정답은 문단 [C]의 내용을 통해 도출하도록 했는데, 지칭 추론을 위한 밑줄과 내용 불일치를 위한 선택지 사이에 상호 간섭은 전혀 없다.

[EBS 2020학년도 수능완성 유형편 18강 1~2번]

다음 글을 읽고, 물음에 답하시오.

(A)

One day when Paul was a senior in high school, he was walking home from school and noticed an elderly couple standing at the base of a very tall pine tree. They were looking up and yelling and they were obviously very upset. (a) He thought that maybe their cat had gotten stuck in the tree, and since he had spent many of his best times as a young boy climbing trees, he went to see if he could help.

(B)

Then the boy said, "We better go down now," and, as they climbed down the tree (Paul was very careful to keep himself close and below him), (b) he could see that the boy was never in any real danger. He moved as though he could scramble up and down that tree a million times and never come close to slipping. As Paul walked home, he realized that that was the first time (c) he had crawled out onto the limb of a tree in many, many years. The thought made Paul want to go back and thank that little boy.

(C)

Paul almost started laughing because the boy was not at all scared; in fact he looked as much at ease as a monkey on its home branch. They ended up talking for a while about how great it felt to climb trees, and as they talked, cradled in that pine tree, Paul could feel his whole body relaxing into the tree. (d) He had this wonderful feeling that everything was just right with the world.

(D)

At the top of the tree was a very young boy. He couldn't have been more than three or four years old. He was staying with his grandparents and, when they weren't looking, had climbed up the tree. They had already called the fire department, but Paul felt like he should at least climb up far enough so that if the little boy started to fall he might be able to catch (e) him. When he got within a few feet of the boy, he gave Paul a very huge smile and said "Hi."

1. 주어진 글 (A)에 이어질 내용을 순서에 맞게 배열한 것으로 가장 적절한 것은?

   ① (B) − (D) − (C)   ② (C) − (B) − (D)

   ③ (C) − (D) − (B)   ④ (D) − (B) − (C)

   ⑤ (D) − (C) − (B)

2. 줄 친 (a)~(e) 중에서 가리키는 대상이 나머지 넷과 다른 것은?

   ① (a)   ② (b)   ③ (c)   ④ (d)   ⑤ (e)

3. 윗글에 관한 내용으로 적절하지 <u>않은</u> 것은?

   ① 노부부는 큰 소나무 위를 올려다보면서 소리를 지르고 있었다.

   ② Paul은 어린 소년에게 감사하고 싶은 마음이 들었다.

   ③ Paul은 어린 소년이 두려움에 떨고 있는 것을 보았다.

   ④ 어린 소년은 조부모가 안 보는 틈을 타서 나무에 올라갔다.

   ⑤ Paul은 소년이 있는 곳의 몇 피트 이내로 다가갔다.

출처 *Random Acts of Kindness* / The Editors of Conari Press / Conari Press (2002)

One day when I was a senior in high school, I was walking home from school and noticed an elderly couple standing at the base of a very tall pine tree. They were looking up and yelling and they were obviously very upset. I thought that maybe their cat had gotten stuck in the tree, and since I had spent many of my best times as a young boy climbing trees, I went to see if I could help.

At the top of the tree was a very young girl. She couldn't have been more than three or four years old. Apparently she was staying with her grandparents and, when they weren't looking, had shimmied up the tree. They had already called the fire department, but I felt like I should at least climb up far enough so that if she started to fall I might be able to catch her. When I got within a few feet of the little girl, she gave me this huge smile and said "Hi." I almost started laughing because she was not at all scared; in fact she looked as much at ease as a monkey on its home branch. We ended up talking for a while about how great it felt to climb trees, and as we talked, cradled in that pine tree, I could feel my whole body relaxing into the tree. I had this wonderful feeling that everything was just right with the world.

Then she said, "We better go down now," and, as we climbed down the tree (I was very careful to keep myself close and below her), I could see that she was never in any real danger. She moved as though she could scramble up and down that tree a million times and never come close to slipping. As I walked home, I realized that that was the first time I had crawled out onto the limb of a tree in many, many years. The thought made me want to go back and thank that little girl.

1. 지문 적합성 검토 (아래 질문에 답하시오.)

① 원문을 수정하고도 글의 이야기 전개가 자연스러운가?

② 글의 초반에 등장인물이 몇 명 등장하고, 그들은 누구인가?

③ 각 문단에 어떤 이야기가 제시되었고, 각각 유기적으로 잘 연결되었는가?

④ 주석을 제시하거나 순화시켜야 할 교육과정 밖의 단어는 없는가?

2. **선택지 적합성 검토** (각 선택지의 정답과 오답의 근거를 제시하시오.)

① 단락 간의 전후 관계가 명확한가?

② 지칭 추론 문항과 내용 불일치 문항간의 간섭은 없는가?

③ 지칭 추론과 내용 불일치의 각 선택지가 각 단락마다 최소 1개 이상인가?

ICE

선다형 문항

실전편

중심 내용 파악 / 세부 정보 파악 / 맥락 파악 / 언어 형식 · 어휘 / 간접 쓰기 / 장문의 이해

해설

IV

중심내용 파악

Unit 1 요지 추론

대표 기출 문항

정답 ①

해석 돌이켜보면 양의 수를 세고자 하는 욕구만큼 세속적인 것이 문자 언어처럼 근본적인 진보의 원동력이었다는 것은 놀라운 일로 보일지도 모른다. 그러나 문자 기록에 대한 욕구는 언제나 경제 활동을 수반해 왔는데, 그 이유는 누가 무엇을 소유하고 있는지 명확하게 기억할 수 없는 한 거래는 무의미하기 때문이다. 따라서 초기의 인간의 글쓰기는 내기의 대상, 계산서, 계약서의 모음과 같이 목적을 위해서는 수단을 가리지 않는 것에 의해 지배된다. 우리가 예언자들에 관한 기록을 갖기 훨씬 이전에 우리는 이익에 대한 기록을 가졌다. 사실, 많은 문명이 우리가 흔히 문화의 역사와 연관 짓는 그런 종류의 위대한 문학 작품을 기록하고 그것을 뒤에 남기는 단계에 결코 이르지 못했다. 이런 고대 사회에서 살아남은 것은 대부분 영수증 더미이다. 만약 그런 기록을 만들어내는 상업적 기업이 없다면 우리는 그런 기록이 생겨난 문화에 대해 아주 훨씬 더 적게 알 것이다.

Practice 1

정답 ②

해석 사회 과학자와 비전문가 모두 전반적인 태도의 설명 능력과 예측 타당성에 대해 지속적인 신뢰를 가지고 있다. 예를 들어, 환경친화적인 태도가 재활용 노력에 참여하는 데 도움이 되거나, 직업 만족도가 업무 생산성에 영향을 미치거나, 친사회적인 태도가 헌혈에 대한 의지를 결정하거나, 또는 인종적 편견이 고용 결정에 있어서 편견의 원인이라고 주장하는 것이 직관적으로 설득력이 있어 보인다. 그러나 그것이 합리적인 것처럼 보이지만, 실증적인 연구는 특정한 행동의 수행이 전반적인 태도로부터 예측될 수 있다는 생각에 대한 증거를 거의 제시하지 못했다. 태도와 행동 간의 관계 연구에 대한 초창기의 고찰에서, Ajzen과 Fishbein은 고찰한 102개의 연구 중 54개가 특정 행동을 예측하기 위한 시도로 전반적인 태도를 평가했다는 것을 알아냈다. 이 연구 중에서 25개는 유의미하지 않은 결과를 얻었고 나머지는 .40을 초과하는 상관관계를 보인 것이 드물었다. 더 최근의 메타 분석은 전반적인 태도와 특정 행동 사이의 유사하게 낮은 상관관계를 밝혔다.

권장 답안

1. 지문 적합성 검토 (아래 질문에 답하시오.)

① 반복되는 어구를 통해 확인할 수 있는 화제/중심 소재는 무엇인가?

> predictive[predict], global attitudes, specific behaviors[actions], attitude-behavior relation, (low) correlations 등의 어구가 반복적으로 제시되는 것으로 보아, 화제/중심 소재는 '전반적인 태도와 특정 행동 간의 상관관계'이다.

② 화제[중심 소재]에 대한 필자의 견해는 무엇이며, 어디에 제시되어 있는가?

> '어떤 사람의 전반적인 태도를 안다고 해서 그 사람의 특정 행동을 예측할 수 없다.'는 것이 중심 소재에 대한 필자의 견해이며, ❸ ~, empirical research has provided very little support for the idea that performance of specific behaviors can be predicted from global attitudes와 ❻ A more recent meta-analysis revealed similarly low correlations between global attitudes and specific behaviors.에 반복되어 제시되고 있다.

③ 필자가 말하고자 하는 핵심 내용을 담고 있는 위 문단은 자체로 완결되고 자족적인가?

> **[화제 도입] ❶+❷**: 사회 과학자와 비전문가 모두 전반적인 태도의 설명 능력과 예측 타당성에 대해 지속적인 신뢰를 가지고 있다는 내용과 함께, 그 예가 제시됨.
> **[주제 제시] ❸**: 실증적인 연구는 특정한 행동의 수행이 전반적인 태도로부터 예측될 수 있다는 생각에 대한 증거를 거의 제시하지 못했음.
> **[연구 결과를 통한 부연] ❹~❺**: 태도와 행동 간의 관계 연구에서, 전반적인 태도를 평가하여 특정 행동을 예측하려고 했지만 유의미한 결과를 얻지 못했음.
> **[결론 제시] ❻**: 전반적인 태도와 특정 행동 사이에는 상관관계가 낮음.
> ※ **결론**: 전반적인 태도를 통해 구체적인 행동을 예측할 수 있다는 통념 제시 후에, 실증적인 연구에서 그런 생각에 대한 증거를 거의 제시하지 못했다는 주제가 제시됨. 글의 중반 이후부터 실제 연구 결과를 제시하고 마지막 문장에서 전반적인 태도와 특정 행동 사이의 낮은

상관관계를 밝혀내는 결론을 제시함으로써, 완결성과 자족성을 갖추고 있는 지문이다.

④ 교육과정 밖의 단어는 어떤 것이 있으며, 주석으로 제시해야 할 단어는 무엇이 있는가?

abiding, conducive, empirical 등이 교육과정 밖의 어휘로, abiding은 lasting으로 어휘를 순화하여 출제하였다. conducive와 empirical 두 단어는 주석으로 제시되었다.

2. 선택지 적합성 검토 (본문에 제시된 어휘/어구에 밑줄을 긋고 정답과 오답의 근거를 제시하시오.)

① 직업 만족도와 생산성 사이에는 높은 상관관계가 있다.

❷에서 job satisfaction과 work productivity를 가져와, 글의 주제가 제시되기 전의 통념을 가지고 만든 선택지로, ❶에 대한 예시를 제시하는 문장의 어구를 가지고 선택지를 만들면 글의 전체 내용을 포괄하지 못한다. 오답

② 전반적인 태도로부터 특정 행동을 예측하기는 어렵다.

global attitudes, specific behaviors[actions], predictive[predict] 등 글의 핵심 어구가 모두 선택지에 제시되어 있으며, ❸의 empirical research has provided very little support for the idea that performance of specific behaviors can be predicted from global attitudes와 ❻의 low correlations between global attitudes and specific behaviors에 반복적으로 제시된 주제를 정확하게 반영하고 있다. 정답

③ 행동 결과에 대한 해석 시 최초 수행 의도가 중요하다.

behaviors[actions], results를 결합하여 만든 선택지로, 행동 결과에 대한 해석 시 최초 수행 의도는 본문에서 전혀 언급되지 않았다. 오답

④ 공존하는 사회에서 가장 필요한 가치는 다양성의 인정이다.

Social scientists, prosocial attitudes 등에서 '사회'라는 어구를 가져와, '공존', '가치', '다양성의 인정' 등 본문 어디에서도 찾을 수 없는 어구와 결합시킨, 본문의 내용과 전혀 관계 없는 선택지이다. 오답

⑤ 태도와 행동 사이의 일관성은 환경에 의해 방해받을 수 있다.

> attitude, behaviors[actions]의 핵심 어구와 ❷의 예시 proenvironmental attitudes에서 '환경'이라는 어구를 가져와 만든 선택지로, 태도를 통한 행동의 예측 가능성을 태도와 행동 사이의 일관성으로 유사하게 변형시켰지만, 그런 일관성이 환경에 의해 방해를 받는지의 여부는 본문에서 확인할 수 없다. 오답

Practice ❷

해석 고고학은 과거를 만들어 내는 방식이다. 이 말은 고고학적 기법에 관해 상세히 이야기하는 그 많은 고고학자와 교과서에 의해 인정받는 것처럼 보일 것인데, 이는 기술로 간주되는 고고학이다. 과거는 유물을 남겼고, 그것들은 땅속에서 부식한다. 고고학자는 자신의 관심에 따라 유형 유물들로 중요한 것을 만들어 내기 위해 그것들을 연구한다. 그러므로 발굴이라는 것은 발명 겸 발견, 즉 고고학자들이 과거의 유물을 의미 있는 형태로 정교하게 만드는 조각이다. 따라서 고고학의 '기록'은 전혀 기록이 아니고, 주어지지 않고 만들어진 '자료'이다. '과거'는 사라져서 없어졌고, '더더구나', 사물의 다의성과 의미를 통해 구성되는 사회의 성격으로 인해, 어쨌든 명확한 실체인 '현재'로 결코 존재한 적이 없었다. 고고학자는 원자재, 즉 과거의 유물을 가지고 있고 그것을 중요한 것, 즉 자료, 보고서, 도면 세트, 박물관 전시품, (역사적) 기록 보관물, 텔레비전 프로그램, 학문적 논쟁의 증거, 그리고 어쩌면 '과거의 지식'이라고 칭해지는 것으로 바꾼다. 이것이 (과거를) 만들어 내는 방식이다.

권장 답안
① 유물의 고증에는 그 사회의 과학 발달 수준이 반영된다.
② 발굴한 유물의 철저한 고증은 고고학 연구의 출발점이다.
③ 고고학은 유물 연구를 통해 유의미한 과거를 만들어 낸다.
④ 고고학은 인간의 과거 모습을 드러내어 인간 본성을 밝힌다.
⑤ 고고학자는 유물을 연구할 때 자기 관점에 매몰되면 안 된다.
정답 ③

Unit 2 주제 추론

대표 기출 문항

정답 ⑤

해석 인간은 유능한 도덕적 행위자로서 세상에 들어오지 않는다. 또한 모든 이가 그 상태로 세상을 떠나지도 않는다. 하지만 (태어나서 죽는) 그 사이의 어딘가에서, 대부분의 사람들은 그들에게 도덕적 행위자 공동체의 구성원 자격을 주는 얼마간의 예의를 습득한다. 유전자, 발달, 그리고 학습은 모두 예의 바른 인간이 되는 과정에 기여한다. 하지만 천성과 양육 사이의 상호 작용은 매우 복잡하며, 발달 생물학자들은 그저 그것이 얼마나 복잡한지를 간신히 이해하기 시작하고 있을 뿐이다. 세포, 유기체, 사회 집단, 그리고 문화에 의해 제공되는 맥락이 없으면, DNA는 비활성이다. 사람들은 도덕적이도록 '유전적으로 프로그램이 짜여 있다'고 말하는 누구든 유전자가 작동하는 방식에 대한 지나치게 단순화된 견해를 가지고 있다. 유전자와 환경은 아이들의 도덕적 발달 과정, 또는 다른 어떤 발달 과정이, 천성 '대' 양육이라는 견지에서 논의될 수 있다고 생각하는 것을 무의미하게 만드는 방식으로 상호 작용한다. 발달 생물학자들은 이제 그것이 진정 둘 다, 즉 양육을 '통한' 천성이라는 것을 안다. 인간 종의 도덕적 진화와 발달에 대한 완전한 과학적 설명은 까마득히 멀다.

Practice 1

정답 ①

해석 경쟁이 벌어지는 경기장은 본래 힘들고 예측 불가능하며 통제할 수 없다. 최선의 노력에도 불구하고, 운동선수들은 결코 경기에서 일어날지도 모르는 모든 만일의 사태에 대비하거나 그들의 경기력에 영향을 미칠 수 있는 모든 것을 통제할 수는 없다. 루틴(규칙적으로 하는 운동의 통상적인 순서와 방법)은 경기력을 준비하는 체계와 경기의 불확실성에 적응할 수 있는 유연성을 제공한다. 루틴은 어길 수 없는 것이 아니라 오히려 운동선수들이 따를 수 있는 지침을 제공하기 때문에, 독특하거나 예상치 못한 경기 상황의 요구에 맞도록 쉽게 변경될 수도 있다. 날씨, 예상치 못한 상대, 늦은 도착, 불충분한 준비 운동 공간, 고장이 나거나 분실된 장비와 같은 경기 환경에서의 예상치 못한 변화는 경기 전에 선수들에게 불안감을 주는 해로운 영향을 미칠 수 있다. 운동선수들은 이러한 사건에 적절하게 대응할 수 없거나, (예를 들어 열의나 자신감을 잃거나, 정신이 산만해지거나, 아니면 불안을 경험하는 것처럼) 정신적으로 불안정해지기 때문에, 흔히 기대 이하 의 경기를 한다. 잘 짜여 있지만 유연한 루틴을 가진 선수들은 이러한 어려운 문제에 더 잘 긍정적으로 대응하고, 평정을 유지하며, 높은 수준의 경기력을 유지할 수 있을 것이다.

1. 지문 적합성 검토 (아래 질문에 답하시오.)

① 반복되는 어구를 통해 확인할 수 있는 화제/중심 소재는 무엇인가?

> competitive, unpredictable, uncontrollable, athletes, competition, performance, routines, flexibility(flexible), unexpected 등의 어구가 반복적으로 제시되는 것으로 보아, 화제/중심 소재는 '불확실한 경기에서의 유연한 루틴'이다.

② 화제[중심 소재]에 대한 필자의 견해는 무엇이며, 어디에 제시되어 있는가?

> '경쟁이 벌어지는 경기장은 어떤 일이 벌어질지 모르는 불확실한 상태이기 때문에, 선수들이 경기력 유지를 위해 유연한 루틴을 가지고 있어야 한다'는 것이 필자의 견해이며, ❸ Routines offer a structure within which to prepare for performance and the flexibility to adjust to the uncertain nature of competition.과 ❼ Athletes with well-organized yet flexible routines will be better able to respond positively to these challenges, keep calm, and maintain a high level of performance.에 반복적으로 제시되고 있다.

③ 필자가 말하고자 하는 핵심 내용을 담고 있는 위 문단은 자체로 완결되고 자족적인가?

> [화제 도입] ❶+❷: 경쟁이 벌어지는 경기장은 예측 불가능하여 운동선수들의 경기력에 영향을 미치는 모든 것을 통제할 수 없는 상황임.
>
> [주제 제시] ❸+❹: 루틴(routine)은 불확실성에 적응할 수 있는 유연성을 제공하고 경기 상황에 따라 쉽게 변경될 수 있음.
>
> [연 설명 및 주제 반복] ❺~❼: 예상치 못한 상황이 선수들에게 불안감을 주고 해로운 영향을 미칠 수 있는데, 잘 짜여 있지만 유연한 루틴을 가진 선수들은 그런 문제에 잘 대응하여 높은 수준의 경기력을 유지할 수 있음.
>
> ※ 결론: '경기는 불확실성이 생길 수밖에 없다'라는 화제 도입 후, 루틴을 통해 그런 불확실성에 적응할 수 있는 유연성을 가질 수 있다는 주제를 제시하고, 글의 중반부터 주제를 뒷받침하는 부연 설명을 제시하는 구조로, 완결성과 자족성을 갖추고 있는 지문이다.

④ 교육과정 밖의 단어는 어떤 것이 있으며, 주석으로 제시해야 할 단어는 무엇이 있는가?

> eventuality, inviolate 등이 교육과정 밖의 어휘로, 둘 다 주석으로 제시되었다.

2. 선택지 적합성 검토 (본문에 제시된 어휘/어구에 밑줄을 긋고 정답과 오답의 근거를 제시하시오.)

① the necessity of <u>flexible routines</u> for <u>athletes</u>

> ❼에 나온 핵심 어구 flexible routines를 사용하여 선수들이 경기에서 예상치 못한 상황에 더 잘 대응하여 높은 수준의 경기력을 유지할 수 있다는 글의 핵심 내용을 necessity로 포괄하여 만든 정답 선택지이다. 정답

② the role of training in <u>preparing for</u> a <u>competition</u>

> competition이라는 핵심 소재와 prepare for라는 동사구를 이용하여 만든 선택지로, training이 그런 과정에서 어떤 역할을 하는지에 대한 언급은 본문에 제시되지 않았다. 오답

③ the difficulty of developing effective sport <u>routines</u>

> 핵심 소재 routines가 있지만, 효과적인 스포츠 루틴이 경기력 유지에 좋다는 주제와는 상관없는 내용을 제시하고 있다. 다시 말해, 스포츠 루틴 개발의 어려움이라는 내용은 글에 전혀 언급되지 않았다. 오답

④ the reasons <u>athletes</u> should have high <u>expectations</u>

> ❻에 한번 언급된 expectations는 예상치 못한 사건에 선수가 기대 이하의 경기를 한다는 내용인데, 그것을 선수가 high expectations를 가져야 한다는 내용으로 왜곡하여 표현한 선택지이다. 오답

⑤ the effects of sports participation on social <u>adjustment</u>

> ❸에 나온 the flexibility to adjust to the uncertain nature of competition에서 adjust의 명사형인 adjustment를 이용하여, 스포츠 참여와 사회적 적응이라는, 글의 핵심에서 완전히 벗어난 선택지이다. 오답

Practice ❷

해석 대중음악은 청년 문화와 갖은 저항의 관점에서 많이 회자된다. 이것은 타당하기도 하지만 오해의 소지도 있다. 모든 하위문화가 청년에 관한 것은 아니다. 그리고 '청년' 그 자체는 엄청난 다양성을 포함하고 있는 개념이다. 그것은 마케팅 담당자와 사회학자에게 매력이 있지만, 다양한 연령과 문화적 행위

를 여전히 감추고 있는 명칭이다. 그래서 아일랜드 민속 음악이나 인도 영화음악 또는 레게의 소비자는 자신들의 정체성이 강화되고 있다고 느낄 수도 있고, 자신들이 지배적인 문화 형태에 반하여 그 정체성을 확고히 하고 있다고 느낄 수도 있지만, 그들이 반드시 젊지는 않으며 그들은 타블로이드 신문에 나오는, 일종의 요란스러운 공개 전시로 저항하고 있지 않다. Brackett은 청년 문화를 통해서만 음악을 해석하는 것의 위험성과 '청년의 반항에 대한 순진하면서도, 낭만적으로 묘사된 찬양'에 관해 이야기한다. 인구 통계상의 현실은 청년 관객이 나이가 들긴 했지만, 어떤 형태의 듣기 편한 음악 때문에 자신이 젊은 시절에 들었던 대중음악을 그냥 버리지는 않았다는 것을 나타낸다. 록 음악은 여전히 이제 중년이 된 세대의 정체성의 일부이다. 갖은 저항과 반(反)문화와 관련하여 그들이 어디에 자리 잡고 있는지는 적절히 탐구되지 않았다.

권장 답안

① repeated themes and key concepts in popular music

② emerging perspectives on contemporary youth culture

③ function of popular music to encompass all generations

④ powerful influence of rebellious youth on forming popular music

⑤ misunderstanding of popular music as youth culture and resistance

정답 ⑤

대표 기출 문항

정답 ②

해석 비토착종에 의한 자연 군집 침입은 현재 가장 중요한 세계적 규모의 환경 문제 중 하나로 평가된다. 생물 다양성 상실은 생태계 기능에 대한 영향에 대한 염려를 불러일으켰고 그에 따라 둘 사이의 관계 이해는 지난 20년 동안의 생태계 연구에서 주요 초점이 되어왔다. Elton에 의한 '생물 다양성–침입성' 가설은 높은 다양성이 군집의 경쟁력 있는 환경을 증가시켜 그 군집에 침투하는 것을 더 어렵게 만든다고 제안한다. 수많은 생물 다양성 실험이 Elton의 시대 이후로 수행되어 왔고, 흔히 관찰되는 다양성과 침입성 사이의 부정적 관계를 설명하기 위해 여러 방법이 제안되어 왔다. 빈 생태적 지위의 가능성은 감소하지만 침입 성공을 방지하는 경쟁자들의 가망성은 증가하는 것 이외에도, 다양한 군집은 자원을 더 완전하게 사용하여 침입자가 확고히 자리 잡는 능력을 제한하는 것으로 여겨진다. 나아가, 더 다양한 군집은 종이 빈약한 군집보다 더 광범위한 생태적 지위를 사용하기 때문에 더 안정적인 것으로 여겨진다.

Practice 1

정답 ⑤

해석 소셜 미디어, 그리고 소통과 정보 플랫폼을 통해 전 세계의 사람들을 연결하는 가능성은 관용을 위한 도구로 보일지도 모르는데, 왜냐하면 기술이 사람들이 그들 자신의 세상 밖의 세상을 보고 참여할 수 있게 해 주기 때문이다. 우리는 흔히 십 대를 특히 이 새로운 세계주의의 큰 수혜자라고 여긴다. 하지만 우리가 십 대들이 소셜 미디어를 어떻게 쓰는지 살펴보면, 인터넷이 어떤 실제적인 방식으로든 일반적인 방식으로든 불평등을 없애지 않는다는 것이 명확해진다. 그 양식은 너무나 익숙하다. 즉, 편견, 인종 차별주의, 그리고 불관용이 만연한다. 오프라인 세계에 존재하는 사회적 분열의 다수가 온라인에서 되풀이되고, 일부 경우에는 확대되어 왔다. 그러한 기존의 분열은 십 대들이 소셜 미디어와 자신들이 접하는 정보를 경험하는 방식의 형성에 매우 큰 영향을 미친다. 이것은 기술이 사람들이 새로운 방식으로 연결되는 것을 실제로 가능하게 하지만, 또한 기존의 관계를 강화하기 때문이다. 기술은 정보에 새로운 유형의 접근을 실제로 가능하게 하지만, 그런 접근에 대한 사람들의 경험은 아무리 잘해도 공평하지 않다.

권장 답안

1. 지문 적합성 검토 (아래 질문에 답하시오.)

　① 반복되는 어구를 통해 확인할 수 있는 화제/중심 소재는 무엇인가?

social media, connect[connection], technology, teens, social[old] divisions 등의 어구가 반복적으로 제시되는 것으로 보아, 화제/중심 소재는 '소셜 미디어와 사회적 분열'이다.

② 화제[중심 소재]에 대한 필자의 견해는 무엇이며, 어디에 제시되어 있는가?

'소셜 미디어가 더 넓은 연결 가능성을 열어 주는 것처럼 보이지만, 실제 십 대들의 소셜 미디어 사용을 보면 오히려 기존의 사회적 분열이 되풀이되거나 확대되고 있다'는 것이 필자의 견해이며, 이는 글의 중·후반부, 즉 ❺ Many of the social divisions that exist in the offline world have been replicated, and in some cases amplified, online.과 ❼ ~ technology does allow people to connect in new ways, it also reinforces existing connections에 반복되어 제시되고 있다.

③ 필자가 말하고자 하는 핵심 내용을 담고 있는 위 문단은 자체로 완결되고 자족적인가?

[화제 도입] ❶+❷: 소셜 미디어, 소통과 정보 플랫폼을 통해 전 세계 사람들을 연결하는 세계주의의 큰 수혜자는 흔히 십 대임.
[반전] ❸+❹: 십 대의 소셜 미디어 사용을 보면 인터넷이 불평등을 없애지는 않는다는 것이 명확해짐. [However를 통해 앞의 내용에 대한 반전을 제시함.]
[주제 제시] ❺: 오프라인 세계에 존재하는 사회적 분열의 다수가 온라인에서 되풀이되고 확대되어 왔음.
[부연 설명] ❻+❼+❽: 기술은 사람들을 새로운 방식으로 연결하지만 오프라인 세계의 기존 분열을 강화하고, 기술에 접근하는 사람들의 경험 역시 공평하지 않음.
※ 결론: '소셜 미디어'라는 화제 도입 후 However를 통해 반전을 제시하고, 중반부에서 주제를 제시한 후 그 이후의 문장들이 모두 주제를 뒷받침하는 구조로, 하나의 문단으로 완결성을 갖추고 있는 지문이다.

④ 교육과정 밖의 단어는 어떤 것이 있으며, 주석으로 제시해야 할 단어는 무엇이 있는가?

cosmopolitanism, replicate 등이 교육과정 밖의 어휘로, cosmopolitanism은 주석으로 제시하였다. replicate는 정답의 직접적인 단서를 줄 수 있는 어휘여서 주석으로 제시하지 않았는데, 어휘 순화를 통해 더 쉬운 어휘로 대체할 수 있다.

2. 선택지 적합성 검토 (본문에 제시된 어휘/어구에 밑줄을 긋고 정답과 오답의 근거를 제시하시오.)

① The Pros and Cons of <u>Social</u> Networking for <u>Teens</u>

> 핵심어구인 social media를 Social Networking으로 바꾸어 '십 대를 위한 소셜 네트워킹의 장단점'이라는 내용으로 구성한 선택지로, 장점과 단점이 모두 기술되어 있지만 오프라인의 단점이 온라인에 반복·확장되어 나타난다는 글의 핵심을 담지 못하고 있다. <small>**오답**</small>

② Can <u>Online</u> Degrees Reduce <u>Global</u> <u>Inequalities</u> in Education?

> 지문에 언급된 어휘가 지문의 내용과 관련이 없는 어휘와 결합하여(Online Degrees, Global Inequalities, Education), 글의 핵심에서 완전히 벗어나 있는 선택지이다. <small>**오답**</small>

③ <u>Social Media</u> and <u>Teen</u> Depression: The Two Go Hand in Hand

> 글의 핵심 어구인 Social Media, Teen이 제시된 선택지로, 부정적인 표현이지만 지문에 언급되지 않은 Depression이라는 감정 상태를 끌어들여 글의 핵심 내용을 담지 못하고 있다. <small>**오답**</small>

④ Are Your <u>Teen's</u> <u>Communication</u> Problems Due to <u>Social Media</u> Use?

> 글의 핵심 어구인 Teen, Social Media를 활용했지만, Teen's Communication Problems 는 지문에 언급되지 않은 내용이라 Due to에 의한 인과 관계를 판단할 수 없는 선택지이다. <small>**오답**</small>

⑤ <u>Offline</u> <u>Social Divisions</u> Mirrored in and Magnified on <u>Teens' Social Media</u>

> 글의 핵심 어구인 Social Divisions, Teens, Social Media가 모두 포함되어 있으면서, 주제 문 ❺의 replicated와 amplified를 Mirrored와 Magnified로 바꿔 표현한 정답 선택지이다. <small>**정답**</small>

Practice ❷

<small>**해석**</small> 비록 본질적으로 기계인 카메라에 의해 만들어지기는 했지만 초기의 사진들은 선원근법에 따라 세 상을 표현했기 때문에 소묘와 회화를 닮았다. 암상자는 서양 회화 기준에 따라 형태를 압축하고 색조에 따른 질량감을 강조함으로써 저절로 어떤 장면에 수정을 가했기 때문에 예술가들 사이에서 인기가 있었

다. 카메라는 새로운 보는 방식을 촉발시키기 위한 혁명적인 장치로 고안된 것이 아니라 구도, 각도와 시점, 빛의 특성, 소재의 선택과 같은 공식과 절차를 고려한 미리 정해진 모습을 만들어 내도록 진화했다. 표현되고 있는 바로 '그것'은 변형되지 않은 그대로였다. 이것은 이미지를 분명히 나타냄에 있어 카메라의 중요성을 감소시키지 않는다. 대부분의 발명품이 그런 것처럼 예상치 못한 뜻하지 않은 결과가 의도치 않은 변화를 만들어 낸다. 이미지를 만드는 사람들이 더 정교해짐에 따라 그들은 어떤 이미지를 만들기 위해 일상적으로 특정 카메라와 렌즈를 사용했고, 아는 것이 많은 관람자들은 흔히 카메라나 렌즈와 그 결과로 나온 사진 사이의 연관성을 추적해 낼 수 있다.

권장 답안

① Keeping Memories Alive Through Photographs
② How to Turn Your Memories into an Artful Photo Display
③ Photography Evolution: From Capturing to Shaping an Image
④ The Camera: A Breakthrough Invention That Changed the World
⑤ Photographs and Drawings: Different Ways of Conveying Reality

정답 ③

Unit 4 도표 자료 내용 일치/불일치

대표 기출 문항

정답 ③

해석 위 표는 1979~1980학년도와 2016~2017학년도의 두 학년도에 미국의 대학과 종합대학에 등록한 상위 10개 출신국과 유학생의 수를 보여준다. 2016~2017학년도의 유학생 총수는 1979~1980학년도 유학생 총수보다 3배 넘게 많았다. 이란, 타이완, 나이지리아는 1979~1980학년도 유학생의 상위 3개 출신국이었는데, 그 중 타이완만이 2016~2017학년도 상위 10개 출신국 목록에 포함되었다. 인도 출신 학생 수는 1979-1980학년도보다 2016~2017학년도에 20배 넘게 많았으며, 인도는 2016~2017학년도에 중국보다 순위가 더 높았다. 대한민국은 1979~1980학년도에는 상위 10개 출신국에 포함되지 않았는데, 2016-2017학년도에는 순위가 3위였다. 일본 출신 학생의 수는 1979~1980학년도보다 2016~2017학년도에 더 많았으나, 일본은 1979~1980학년도보다 2016~2017학년도에 순위가 더 낮았다.

Practice 1

정답 ⑤

해석 위의 도표는 2020년 영혼의 단짝의 존재를 믿느냐는 질문에 대해 미국 성인이 어떻게 응답했느냐를 연령대별로 보여 준다. 모든 연령대에서, 설문 조사에 응한 사람들 중 절반이 넘는 사람들이 영혼의 단짝의 존재를 믿는다고 응답했는데, 45~54세 연령대가 그렇다는 대답의 비율이 가장 높았고 18~24세 연령대가 (그렇다는 대답의 비율이) 가장 낮았다. 영혼의 단짝의 존재를 불신하는 것에 관한 한, 25~34세 연령대에 있는 사람의 비율은 35~44세 연령대에 있는 사람의 비율과 똑같았다. 영혼의 단짝의 존재를 믿지 않는다고 진술한 응답자의 비율은 18~24세 연령대에서 가장 높았고 55세 이상의 연령대에서 가장 낮았다. 영혼의 단짝의 존재에 대한 믿음에 모르겠다고 말한 사람의 비율은 55세 이상의 연령대를 제외한 모든 연령대에서 20퍼센트 미만이었다. 영혼의 단짝의 존재에 대해 믿는다고 말한 응답자와 믿지 않는다고 말한 응답자 사이의 퍼센트포인트 차이는 35~44세 연령대에서 가장 적었다.

권장 답안

1. 지문 적합성 검토 (아래 질문에 답하시오.)

① 도표 자료의 중심 소재는 무엇이며, 어떤 내용이 제시되는가?

도표의 제목 How U.S. Adults from Different Age groups Responded When Asked If They Believed in Soulmates in 2020와 표의 내용을 통해, '영혼의 단짝의 존재를 믿느냐는 질문에 대한 미국 성인의 연령대별 응답'을 제시하고 있다는 것을 알 수 있음.

② 원문에서 수정되거나 삭제된 부분이 있는가? 혹은 추가된 부분이 있는가?

[원문]	[수정]
U.S. adults	삭제하고 5개의 연령 집단 수치만 제시

③ 도표에 제시된 어떤 부분을 비교하여 글을 구성할 수 있는가?

영혼의 단짝의 존재를 믿느냐는 질문에 대한 미국 성인들의 대답을 연령대와 Yes, I do / No, I don't / Don't know의 3가지 응답의 비율을 비교하여 글을 구성할 수 있다.

2. 선택지 적합성 검토 (도표에 쓰이는 중요 표현에 밑줄을 긋고, 각 선택지의 정답과 오답의 근거를 제시하시오.)

① In all of the age groups, more than half the people surveyed responded that they believed in soulmates, with the 45-54 age group having the highest percentage of yes answers and the 18-24 age group having the lowest.

모든 연령대에서 영혼의 단짝의 존재를 믿는다는 응답이 54~63%이고, 18~24세 연령대에서 최저치인 54%, 45~54세 연령대에서 최고치인 63%를 보임. [내용 일치]

② When it came to disbelieving in soulmates, the percentage of people in the 25-34 age group was the same as that of people in the 35-44 age group.

25~34세 연령대와 35~44세 연령대가 영혼의 단짝의 존재를 믿지 않는다고 대답한 비율은 모두 25%임. [내용 일치] **오답**

③ The <u>percentage</u> of respondents who stated they didn't believe in the existence of soulmates was <u>the highest</u> in the 18-24 age group and <u>the lowest</u> in the 55 and up age group.

18~24세 연령대의 31%가 영혼의 단짝의 존재를 믿지 않는다고 말했고, 55세 이상의 연령대의 22%가 똑같이 말했다. [내용 일치] **오답**

④ The <u>percentage</u> of people who said that they didn't know if they believed in the existence of soulmates was <u>below</u> 20% in all age groups <u>except</u> the 55 and up age group.

영혼의 단짝의 존재를 믿는가에 대한 질문에 모르겠다고 말한 사람의 비율은 55세 이상의 연령대에서 23%였고, 나머지 연령대에서는 15~19%였음. [내용 일치] **오답**

⑤ The <u>percentage point gap</u> between the respondents who said they believed in and didn't believe in the existence of soulmates was <u>the smallest</u> in the 35-44 age group.

영혼의 단짝의 존재에 대한 믿음과 불신 응답자 사이의 퍼센트포인트 차이는 35~44세 연령대 (31퍼센트포인트)가 아니라, 18~24세 연령대(23퍼센트포인트)에서 가장 적었음.

[내용 불일치] **정답**

Practice 2

해석 위 세 개의 파이 도표는 2017년에 실시된 한 조사에 대한 미국 성인들의 응답 비율을 보여준다. 조사는 사람들이 서로 다른 세 장소, 즉 공원, 해변, 그리고 주택가에서 드론을 날리는 것이 허용되어야 하는지 물었다. 응답자의 44퍼센트가 사람들이 공원에서 드론을 날리는 것이 허용되어야 한다고 말한 반면에, 25퍼센트는 그렇게 하는 것이 허용되지 않아야 한다고 말했다. 사람들이 해변에서 드론을 날리는 것이 허용되어야 하는지를 질문 받았을 때, 응답자의 35퍼센트가 그것이 허용되어야 한다고 말했고, 32퍼센트는 허용되지 않아야 한다고 말했다. 절반이 넘는 응답자는 사람들이 주택가에서 드론을 날리는 것이 허용되지 않아야 한다고 말했다. 10퍼센트가 채 되지 않는 응답자들이 사람들이 주택가에서 드론을 날리는 것이 허용되어야 한다고 말했다. 세 장소 각각에 대해 '상황에 따라 다르다'를 선택한 응답자의 비율은 30퍼센트가 넘는다.

권장 답안

① While 44% of the respondents said people should be allowed to fly drones in public parks, 25% said people should not be allowed to do so. [내용 일치]

② When asked if people should be allowed to fly drones on beaches, 35% of the respondents said it should be allowed and 32% said it should not. [내용 일치]

③ More than half of the respondents said people should not be allowed to fly drones near people's homes. [내용 일치]

④ Less than 10% of the respondents said people should be allowed to fly drones near people's homes. [내용 불일치]

⑤ For each of the three locations, the proportion of the respondents who chose "It depends" is above 30%. [내용 일치]

정답 ④

대표 기출 문항

정답 ②

해석 영화 제작자이자 작가가 된 스키 애호가 Warren Miller는 1924년 California 주 Hollywood에서 태어나 어렸을 때 스키와 서핑을 취미로 배웠다. 1946년 해군을 제대한 이후 그는 카메라를 한 대 사서 Sun Valley 스키 리조트 주차장에서 이동식 주택에 살면서 자신들의 스키 기술을 향상하기 위한 노력으로 친구인 Ward Baker와 자기 자신의 모습을 촬영하기 시작했다. 처음에 Miller는 친구들에게 녹화한 것을 보여 주며 이야기해 주곤 했다. 친구들이 무리가 되었고, 무리가 대중이 되었다. 오래지 않아, Miller는 (녹화한 것을) 이어 붙여서 장편 영화를 만들었고 한 해에 130개 도시를 돌아다니곤 했다. 그의 매우 생산적인 이력과 관련하여 (말하자면) Miller는 '이야기하고 그것을 뒷받침할 영화를 갖고' 싶었던 것이다. 그것은 Miller에게 '좋아서 하는 일'이었고, 눈에서의 첫 경험이 변화를 불러온 것이었다. "그것은 완전한 자유이면서 전혀 통제가 불가능한 것이었다." 그 이후 몇 년 동안 Miller는, 몇 가지만 예로 들자면, CINE Golden Eagles Award에서 10번, IFPA(산업 영화 제작자 연합) Award에서 8번, International Documentary Achievement Award에서 인정받게 되었다.

Practice 1

정답 ④

해석 보주 광장(Place des Vosges)은 유럽의 주거 지역의 광장의 원형이라고 여겨진다. 성벽과 바스티유 감옥 근처 부지에서 그것은 몇 단계의 개발과 쇠퇴를 거쳐 공장이 될 계획이었다. 그러나 왕은 그곳에 광장을 지어야 한다고 결정했는데, 처음에는 광장의 세 면이 그 공장 앞에 지어졌고, 공장 폐쇄 후에 네 번째 면 또한 그 부지에 지어졌다. 그것은 1612년에 완공되어 Place Royale이라고 명명되었다. 중세 도시의 특징이었던 번화하고 붐비는 거리로 집을 향하게 하기보다는, 이것은 교통을 배제하고 막아 담으로 둘러싸인 고급 주거 환경을 조성하는 공간이었다. 구성의 통일성을 강조하기 위해, 광장을 둘러싸고 있는 38채의 집은 전면을 획일화하라는 명령을 받았는데, 그것은 연속적인 지상 회랑(回廊) 위에 있는 이층집들을 덮은 비탈진 슬레이트 마감 개별 지붕에 일렬로 늘어선 지붕창이었다. 후에 새로운 통로가 광장에 추가되었지만, 북쪽과 남쪽의 두 개의 아치형 입구가 그 공간으로 가는 통로를 제공했다.

권장 답안

1. 지문 적합성 검토 (아래 질문에 답하시오.)

① 반복되는 어구를 통해 확인할 수 있는 화제/중심 소재는 무엇인가?

> Place des Vosges, (residential) squares, built, completed, space, residential environment, houses, entrance 등의 어구가 제시된 것으로 보아, 화제/중심 소재는 'Place des Vosges(보주 광장)의 건설과 구성'임.

② 글의 완결성을 위해 지문에 수정된 부분이 있는가? 있다면, 어디를, 어떻게, 왜 수정하였는가?

> 원문에서 수정된 부분은 없으며, 긴 한 문단의 중간 부분까지를 그대로 가져와 지문으로 활용하였다.

③ 소재에 관한 정보를 제공하는 위 문단은 자체로 완결되고 자족적인가?

> **[화제 도입] ❶**: 유럽의 주거 지역의 광장의 원형이라고 여겨지는 보주 광장(Place des Vosges)을 소개함.
> **[부연 설명] ❷~❹**: 보주 광장은 몇 단계를 거쳐 공장이 될 계획이었지만, 왕의 명령으로 광장으로 변모하여, 1612년 Place Royale로 명명됨.
> **[부연 설명] ❺~❼**: 교통을 배제하고 담으로 둘러싸인 고급 주거 환경을 조성하는 공간이었으며, 구성의 통일성을 갖추었고, 두 개의 아치형 입구가 통로를 제공하였음.
> ※ **결론**: 유럽의 주거 지역 광장의 원형이라고 여겨지는 보주 광장(Place des Vosges)이 건설되기까지의 과정과 그것의 특색 있는 구성에 대한 내용으로 기술된, 완결성 있는 지문이다.

④ 교육과정 밖의 단어는 어떤 것이 있으며, 주석으로 제시해야 할 단어는 무엇이 있는가?

> prototype, facade, dormer window 등이 교육과정 밖의 어휘로, 세 단어 모두 주석으로 제시되었다.

2. 선택지 적합성 검토 (각 선택지의 정답과 오답의 근거를 제시하시오.)

① 성벽 근처에 위치하고 있었다.

> ❷ On a site near the city walls and the Bastille, it had gone through several phases of development and decline, ~ .을 바탕으로 만든 선택지로, 밑줄 친 부분을 그대로 해석하여 제시했다. [내용 일치] **오답**

② 광장의 세 면이 공장 앞에 먼저 지어졌다.

> ❸ However, the king decided that a square should be built there; <u>first the three sides of the square were built in front of the factory</u> and, ~ .를 바탕으로 만들어진 선택지로, 밑줄 친 부분을 그대로 해석하여 제시했다. [내용 일치] 오답

③ 1612년에 완공되어 Place Royale이라고 명명되었다.

> ❹ <u>It was completed in 1612 and was named Place Royale.</u>을 바탕으로 만들어진 선택 지로, 밑줄 친 부분을 그대로 해석하여 제시했다. [내용 일치] 오답

④ 교통이 편리한 개방적인 주거 환경을 갖추었다.

> ❺~ , this was a space that <u>excluded and discouraged traffic</u>, creating <u>an enclosed and exclusive residential environment</u>.를 바탕으로 만들어진 선택지로, excluded and <u>discouraged traffic</u>을 '교통이 편리한'으로, <u>an enclosed and exclusive residential environment</u>를 '개방적인 주거 환경'으로 바꾸어 지문과 선택지 사이의 일치 여부를 물었다. [내용 불일치] 정답

⑤ 북쪽과 남쪽에 아치형 입구가 있었다.

> ❼ <u>Two arched entrances from the north and the south</u> provided access to the space, although a new access was added to the square later.를 바탕으로 만들어진 선택지로, 밑줄 친 부분을 그대로 해석하여 제시했다. [내용 일치] 오답

Practice ❷

해석 갈색 나무 뱀은 돌출된 눈이 있는 큰 머리를 가지고 있다. 머리는 좁은 목과는 완전히 다르다. 그것의 몸은 일반적으로 연한 갈색 바탕에 일련의 더 짙은 색깔의 반점이나 줄무늬를 가지고 있다. 알에서 나올 때 그 뱀은 약 38센티미터이고 보통 1~2 미터의 길이에 이른다. 이 뱀은 Guam에 있는 대부분의 토종 새를 멸종시킨 것으로 악명이 높다. 제2차 세계 대전 직후에 갈색 나무 뱀은 남태평양에 있는 그것의 원래 분포 구역으로부터 Guam으로 우연히 들어오게 되었는데, 아마도 배나 비행기에 원치 않는 승객으로 실려서 들어왔을 것이다. Guam에 있는 어떤 다른 동물도 그것을 사냥하거나 잡아먹지 않으며 그래서 그것의 먹이 사슬 최상위에 있는데, 그로 인해 그 뱀은 수가 엄청나게 증가하게 되었다.

[권장 답안]

① 큰 머리와 돌출된 눈을 가지고 있다. [내용 일치]

② 일반적으로 몸 바탕색은 연한 갈색이다. [내용 일치]

③ 알에서 나올 때 약 38센티미터이다. [내용 일치]

④ 제2차 세계 대전 이전에 Guam으로 우연히 유입되었다. [내용 불일치]

⑤ Guam에서 먹이 사슬의 최상위에 있다. [내용 일치]

[정답] ④

대표 기출 문항

정답 ⑤

해석 Smoke Free Heroes 3 대 3 농구 토너먼트

Smoke Free Heroes 3 대 3 농구 대회에 참가하여 폐암으로 고통 받는 환자를 도와주십시오.

경기 계획

• 날짜 및 시간: 7월 9일 금요일(오후 5시~오후 9시)과 7월 10일 토요일(오전 10시~오후 4시)

• 참가비: 팀당 100달러

• 팀당 선수는 최소 세 명, 최대 다섯 명입니다.

• 경기는 21점까지 합니다. 두 팀이 모두 (경기 시작) 15분 후에 21점을 올리지 못한다면, 점수가 더 많은 팀이 승리합니다.

• 15분 후 동점일 경우, 그다음 득점을 하는 팀이 승리합니다.

등록 정보

• 각 팀은 Silver Center Building에 위치한 우리 사무실로 등록 양식을 제출해야 합니다.

• 마감일: 7월 7일 수요일

• 토너먼트 대진표와 시간은 7월 8일 목요일에 우리의 웹 사이트에 공개될 것입니다.

모든 참가자는 무료 토너먼트 티셔츠를 받을 것입니다. 농구 대회에서 얻은 수익금은 폐암 환자와 폐암 연구를 돕는 데 쓰일 것입니다.

토너먼트에 관한 문의를 위해서는, 210-547-9048이나 우리의 웹 사이트를 통해 Jonathan Lee에게 연락하십시오.

Practice 1

정답 ④

해석 Newton 고등학교 댄스팀 오디션

공식 허가를 받으세요

온라인으로 등록하고 참가 전 신체검사를 받으세요. 자세한 정보는 체육과 사무실에서 얻을 수 있습니다.

오디션에 지원하세요

댄스팀 신청서를 작성하세요. 그것(댄스팀 신청서)은 체육과 사무실에서 받을 수 있습니다.

예선 시간

7월 10일, 수요일, 오후 6시 30분~오후 9시

7월 11일, 목요일, 오후 6시 30분~오후 9시

7월 12일, 금요일, 오후 6시 30분~오후 9시

중앙 체육관

최종 오디션

7월 15일, 월요일, 오후 5시~오후 8시

중앙 체육관

유의 사항

• 참가자는 운동복 바지, 티셔츠, 그리고 댄스 운동화나 테니스화를 착용해야 합니다.

• 참가비는 20달러입니다. 오디션 전에 미리 내셔야 합니다.

더 많은 정보를 원하시면, 저희 웹사이트 www.nhsauditions.com을 방문하세요.

권장 답안

1. 지문 적합성 검토 (아래 질문에 답하시오.)

① 안내문에서 다루는 중심 소재는 무엇인가?

> 제목과 첫 문장에 반복적으로 제시된 Newton High School Dance Team Auditions를 보
> 아, 중심 소재는 'Newton 고등학교 댄스팀 오디션'임.

② 글의 완결성을 위해 어떻게 원문이 재구성되었는가? 그리고 어떤 내용이 새로 추가되었는가?

* 실제 학교명 Mt. View High School을 Newton High School로 수정함.

[원문]	[수정]
Mt. View High School **Dance Team** **AUDITIONS**	❶ Newton High School Dance Team Auditions

* Get Cleared를 명확한 의미의 Get Official Permission으로 수정하고, get a sports physical 역시 분명한 표현의 get a pre-participation physical examination으로 수정함.

[원문]	[수정]
Get Cleared Register online and get a sports physical. Info available in the Athletics Office.	Get Official Permission ❷ Register online and get a pre-participation physical examination. ❸ Specific information is available in the athletics office.

* the Parent/Student Info Meeting 항목을 Apply to Audition으로 대체하여 세부 사항을 새로 작성함.

[원문]	[수정]
Attend the Parent/Student Info Meeting Wed 5/11 - 5:30 - 7:00 p.m. Media Center / Library	Apply to Audition ❹ Fill out a dance team application. ❺ You can get it in the athletics office.

* Tryout Learning Sessions를 Tryout Sessions로 수정하고, 날짜를 수정함.

[원문]	[수정]
Tryout Learning Sessions Wed 5/11 - 6:30-9:00 p.m. Thu 5/12 - 6:30-9:00 p.m. Fri 5/13 - 6:30-9:00 p.m. Main Gym	Tryout Sessions ❻ Wednesday, July 10, 6:30 p.m.−9:00 p.m. ❼ Thursday, July 11, 6:30 p.m.−9:00 p.m. ❽ Friday, July 12, 6:30 p.m.−9:00 p.m. ❾ Main Gym

* Final Audition 항목은 날짜만 바꾸고 그대로 사용함.

[원문]	[수정]
Final Audition Mon 5/16 - 5:00-8:00 p.m. Main Gym	Final Audition ❿ Monday, July 15, 5:00 p.m.−8:00 p.m. ⓫ Main Gym

* 오디션의 세부정보가 부족하기 때문에, Note 항목을 만들어 복장, 참가비 내용을 새로 작성함.

[원문]	[수정]
	Note • ⑫ Participants should wear sweat pants, a T-shirt and dance sneakers or tennis shoes. • ⑬ The entry fee is $20. ⑭ You must pay in advance before the auditions.

* 웹 사이트 주소를 바꿔 제시함.

[원문]	[수정]
Get More Info at Our Website www.gothunderdance.com|	⑮ For more information, visit our website at www.nhsauditions.com.

③ 교육과정 밖의 단어는 어떤 것이 있으며, 주석으로 제시해야 할 단어는 무엇이 있는가?

> tryout을 제외하고 모두 교육과정 안에 포함된 단어로 구성되어 있다. tryout은 주석으로 제시되었다.

2. 선택지 적합성 검토 (각 선택지의 정답과 오답의 근거를 제시하시오.)

① 온라인으로 등록한 후 참가 전 신체검사를 받아야 한다.

> ❷ Register online and get a pre-participation physical examination.을 바탕으로 만든 선택지로, 밑줄 친 부분을 그대로 해석하여 제시했다. [내용 일치] 오답

② 신청서는 체육과 사무실에서 받을 수 있다.

> ❺ You can get it in the athletics office.를 바탕으로 만든 선택지로, it은 앞 문장의 a dance team application을 가리키므로, 밑줄 친 부분을 그대로 해석하여 제시했다. [내용 일치]
>
> 오답

③ 최종 오디션은 3시간 동안 진행된다.

> Final Audition ❿ Monday, July 15, 5:00 p.m.–8:00 p.m.을 바탕으로 만든 선택지로, 밑줄 친 부분을 그대로 해석하여 제시했다. [내용 일치] 오답

④ 참가자는 자유 복장을 할 수 있다.

⑫ Participants should wear sweat pants, a T-shirt and dance sneakers or tennis shoes.를 바탕으로 만든 선택지로, 밑줄 친 부분을 틀린 내용으로 제시했다.

[내용 불일치] **정답**

⑤ 참가비는 오디션 전에 미리 내야 한다.

⑭ You must pay in advance before the auditions.를 바탕으로 만든 선택지로, 밑줄 친 부분을 그대로 해석하여 제시했다. [내용 일치] **오답**

Practice ②

해석 무선 충전 패드

- 사용 안내 -

무선 스마트폰 충전:

1. 충전 패드를 전원에 연결하세요.
2. 화면을 위로 향하게 해서 스마트폰을 충전 패드위에 놓으세요.
3. 스마트폰을 충전 패드 중앙에 놓으세요(그렇지 않으면 충전되지 않습니다).

충전 상태 LED:

• 파란색 빛: 스마트폰이 충전되는 중입니다. 문제가 있으면 파란색 빛이 깜박일 것입니다.
• 흰색 빛: 스마트폰이 완전히 충전되었습니다.

주의사항:

• 충전 중에는 스마트폰과 충전 패드 사이에 어떤 것도 놓지 마세요.
• 충전 패드는 방수가 되지 않습니다. 물에 젖지 않게 하세요.

권장 답안
① 스마트폰의 화면을 아래로 향하게 두어야 한다. [내용 불일치]
② 스마트폰을 충전 패드 중앙에 놓지 않아도 된다. [내용 불일치]
③ LED 빛이 흰색이면 스마트폰이 완전히 충전되지 않은 것이다. [내용 불일치]
④ 스마트폰과 충전 패드 사이에 어떤 것도 놓지 않아야 한다. [내용 일치]
⑤ 충전 패드는 방수가 된다. [내용 불일치]

정답 ④

맥락 파악
1

Unit 7 글의 목적 추론

대표 기출 문항

정답 ①

해석 후원자 여러분께

즐거운 크리스마스가 되길 바랍니다. 여러분 중 일부는 이미 알고 있듯이, 우리는 교내 음식 모으기 운동을 시작하고 있습니다. 다음이 참가 방법입니다. 기부할 음식물을 우리 부스로 가져오면 됩니다. 우리 기부 부스는 교내 도서관 로비에 있습니다. 12월 4일부터 23일까지 정규 도서관 운영 시간에 그곳에 음식물을 갖다 놓기만 하면 됩니다. 기부되는 음식은 통조림 고기와 통조림 과일 같은 상하지 않는 음식이어야 합니다. 잼이나 땅콩버터 같은 포장 제품도 좋습니다. 우리는 그 음식을 크리스마스이브에 우리의 이웃들에게 나눠줄 겁니다. 여러분의 도움을 정말 고맙게 생각합니다.

많은 축복이 있기를,
Campus Food Bank의 Joanna 올림

Practice ❶

정답 ④

해석 Simpson 씨께,

귀하가 1월 4일 저희 저녁 행사에서 제공했던 출장연회 서비스와 관련하여 편지를 드립니다. 귀하는 저희 손님 중 20명이 넘는 분들이 귀하가 제공한 음식이 직접적인 원인이 되어 식중독에 걸렸다는 것을

277

알고 계십니다. 게다가, 귀하의 직원들은 전문적이지 못했고 분명히 이런 종류의 일에 대해 제대로 훈련을 받지 못했더군요. 웨이터들은 무례했고 어수선했던 한편 주방 직원들은 외모가 지저분했고 위생 및 대중 출장연회에 관한 정부 규정에 명시된 적절한 의복 을 착용하지 않았습니다. 설상가상으로, 귀하는 합의된 금액을 엄청 나게 넘어서는 청구서를 제시하였고 저에게 즉시 지불하라고 했습니다. 이런 상황에서 저의 거절은 상당히 합리적이었다고 생각합니다. 위의 모든 것을 고려한 뒤에, 저는 저희 변호사들과 이야기를 나누었고 이 문제를 해결하기 위해 필요한 법적 조치를 취하기로 했습니다. 때가 되면 그들에게 연락을 받게 될 것입니다.

Mark Haley 드림

권장 답안

1. 지문 적합성 검토

① 글을 통해 알 수 있는 수신자와 발신자의 관계는 무엇인가?

> ❶을 통해 발신자(필자)는 수신자가 1월 4일 저희 저녁 행사에서 제공했던 출장 연회 서비스를 사용한 사람임을 알 수 있다.

② 필자가 글을 쓰게 된 상황에 대한 설명은 어디에 제시되어 있으며, 무엇인가?

> ❷를 통해 필자의 손님이 수신자가 제공한 음식 때문에 식중독에 걸렸다는 점을 상기시키고 ❸ ~❹를 통해 서비스의 질도 적절치 않았음을 명시하고 있다. 또한 ⑤를 통해 수신자가 필자에게 대금을 지불할 것을 요청했음을 알 수 있다.

③ 필자가 글을 쓴 목적이 드러나는 문장은 어디이며, 무슨 내용인가?

> ❻을 통해 필자는 수신자의 지불 요청을 이미 거절했음을 알 수 있으며 ❼과 ❽을 통해 법적 조치를 취할 것을 알리고 있음을 알 수 있다.

④ 교육과정 밖의 단어는 어떤 것이 있으며, 각주로 제시해야 할 단어는 무엇이 있는가? 글이 지나치게 길어서 줄여야 한다면 어느 문장이 불필요하여 줄일만 한가?

> • 교육과정 밖의 단어는 문장 ❹의 hygiene(위생), catering(출장연회) 문장 ❼의 attorney(변호사)이다. hygiene과 catering은 글의 목적을 이해하는 데 어려움을 주지 않으며, attorney는 같은 문장의 legal action을 통해 유추할 수 있으므로 각주 처리하지 않아도 될 것으로 판단된다.
> • 글이 지나치게 길어서 편집이 필요할 경우 ❻은 줄여도 될 것으로 판단된다.

2. 선택지 적합성 검토 (본문과 연관된 어휘/어구에 밑줄을 그으세요.)

① 제공한 서비스에 대한 <u>대금 지불</u>을 재촉하려고

> ❺ To make matters worse, you presented a bill which was way over the agreed price and told me to pay immediately. ❻ In these circumstances, I think my refusal was quite reasonable.의 a bill which was way over the agreed price and told me to pay immediately와 my refusal을 사용하여 만든 선택지이다. 수신자와 발신자의 관계가 뒤집혀 있으며, 지불 거부가 글을 쓴 주안점이 아니므로, 오답의 근거가 명확하다. 오답

② <u>직원 대상 서비스</u> 교육 실시에 대해 안내하려고

> ❸ Furthermore, your staff were unprofessional and clearly had not been properly trained for this type of work.의 trained for this type of work.를 활용하여 만든 선택지이다. 직원 대상의 글이 아니며, 안내가 글을 쓴 주안점이 아니므로, 오답의 근거가 명확하다. 오답

③ <u>식중독 사고</u> 예방 수칙을 지킬 것을 당부하려고

> ❷ You are aware that over twenty of our guests suffered food poisoning, caused directly by the food you provided.를 활용하여 만든 선택지이다. 식중독이 이미 발생했고, 글에서 이 점을 상기시킨다는 점에서 오답의 근거가 명확하다. 오답

④ <u>불만족한 서비스</u>에 대한 <u>법적 조치</u> 의사를 <u>밝히려고</u>

> ❼ Having taken all of the above into consideration, I have spoken with our attorneys and have decided to take the necessary legal action to solve this matter.를 활용하여 만든 선택지이다. Having taken all of the above into consideration을 통해 앞서 언급한 불만족한 서비스를 지칭하고, have decided to take the necessary legal action to solve this matter를 통해 법적 조치를 하겠다는 의사를 밝히고 있으므로 글의 목적으로 적절하다. 정답

⑤ 음식 제공 서비스 예약을 취소한 것에 대해 사과하려고

❶ I am writing with regards to the catering services you offered on January 4 for our dinner event.를 활용하여 만든 선택지이다. 음식 제공 서비스의 예약을 취소하지 않았으며, 사과가 글을 쓴 주안점이 아니므로, 오답의 근거가 명확하다. 오답

Practice ❷

해석 Rachel 씨께

귀하는 동창회 사무실로부터 이미 1차로 이메일을 받았을지도 모르겠습니다. 앞으로 몇 개월 동안, 귀하는 저희가 졸업생 자료를 확인하고 가능한 한 최신 정보에 근거한 졸업생 명부를 발행하는 데 귀하께 도움을 요청하는 이메일과 전화를 받게 될 것입니다. 저희는 귀하가 귀하의 정보를 그저 아무에게나 제공하기를 원하지 않을지도 모른다는 것을 이해하지만, 저희는 귀하의 정보가 어떠한 제삼자와도 공유 되지 않을 것임을 약속할 수 있습니다. 이번 프로젝트는 대학이 졸업 생 자료를 갱신할 수 있게 하고 귀하가 모교와 계속 연결되도록 보장 해 주기 때문에 중요합니다. 게다가, 최신의 졸업생 정보는 국가적 평가에서 대학 순위를 결정하는 데 중요할 것이며, 그것이 저희가 가능한 한 빨리 귀하의 확인을 필요로 하는 이유입니다. 이번 대규모의 프로젝트에 대한 귀하의 도움에 감사드립니다!

Tyler Goldsmith 드림

권장 답안
① 모교에 발전 기금 기부를 요청하려고
② 개인 정보 유출 사고로 인한 피해 사례를 확인하려고
③ 개인 정보 보호를 위한 방안 마련의 중요성을 설명하려고
④ 동창회 기금 마련에 도움을 준 졸업생에게 감사를 표하려고
⑤ 졸업생 명부 발행을 위한 개인 정보 확인에 협조를 구하려고

정답 ⑤

Unit 8 심경 추론

대표 기출 문항

정답 ②

해석 또다시 나는 피아노 경연대회에서 내 친구에게 졌다. Linda가 우승했다는 것을 알게 되었을 때, 나는 매우 괴롭고 우울했다. 내 몸은 불쾌감으로 떨리고 있었다. 내 심장은 빠르게 뛰었고, 내 얼굴은 불그스레해졌다. 나는 마음을 가라앉히기 위해 콘서트홀에서 뛰쳐나와야 했다. 홀로 계단에 앉아, 나는 선생님께서 하신 말씀을 떠올렸다. "인생은 이기는 것과 관련이 있는데, 반드시 다른 사람들과 싸워서 이기는 것이 아니라 자기 자신이 되는 것에서 이기는 것과 관련이 있단다. 그리고 이기는 방법은 자신이 누군가를 알아내고 자신의 최선을 다하는 거란다." 선생님 말씀은 절대적으로 옳았다. 나는 내 친구를 적대할 이유가 없었다. 대신, 나는 나 자신과 나 자신의 발전에 중점을 두어야 한다. 나는 천천히 숨을 내쉬었다. 내 손은 이제 떨리지 않았다. 마침내 내 마음이 편해졌다.

Practice 1

정답 ①

해석 우는 것 같은 소리가 들려서 나는 걸음을 멈추고 귀를 기울였다. 다시 소리가 들렸는데, 울음소리가 아니라 고양이의 야옹 소리였다. 야옹야옹하고 약하게 우는 소리를 따라가 보니 집 앞 나무 밑에 얼룩무늬 털을 가진 새끼 고양이 한 마리가 웅크리고 있었다. 그것은 크리스마스 트리 아래에서 선물을 찾은 것 같았다. 활짝 웃으며, 나는 무릎을 꿇어앉아서 그것의 작은 머리를 부드럽게 쓰다듬었지만, 새끼 고양이의 눈은 딱지가 앉아 감겨 있었고 떠지지 않았다. 나는 배낭을 뒤져 냅킨을 찾아 물병의 물로 축이고 조심스럽게 딱지를 닦아냈다. 얼마 지나지 않아 그것이 눈을 떴고, 나는 새끼 고양이의 눈이 녹갈색 의 눈, 즉 우리 엄마 눈과 똑같은 녹색, 청색, 갈색이 섞인 눈이어서 미소를 지었다. 나는 그것을 집어 올려 아기처럼 받쳐 들면서, "어떻게 여기에 오게 되었니?"라고 물었다. 나는 몇 달 동안 고양이를 원했었다. 내 소원 중 하나가 마침내 실현되는 것이 가능했단 말인가? 나 는 환하게 미소 지었다.

권장 답안

1. 지문 적합성 검토

　① 등장인물이 처한 상황이 글의 앞부분에 어떻게 제시되어 있는가?

> 길을 가다가 어떤 소리가 들려서 멈추었는데 고양이의 울음 소리였다는 설명이 제시된다. ❶ I heard what sounded like crying, so I stopped and listened. ❷ There it was again

– not a cry, a cat's meow.

② 등장인물이 느끼는 심경이 글의 앞부분에 무엇을 통해 표현되었는가? 신체의 움직임이나 감정에 대한 묘사를 다룬 부분은 무엇인가?

'I'는 환하게 웃으며 고양이를 쓰다듬는다(❺ Beaming, I kneeled down and gently stroked its little head.) 따라서 'I'가 기분이 좋은 상태라는 것이 묘사되어 있다.

③-1 등장인물의 심경이 중간에 변화하는가? 심경이 변화하는 계기는 어떻게 묘사되어 있는가?

해당없음

③-2 등장인물의 심경이 변화하지 않는가? 등장인물의 상황이 글의 중반부에 구체적으로 어떻게 묘사되어 있는가?

'I'는 고양이의 눈에 붙은 딱지를 닦아 내고 새끼 고양이의 눈 색이 엄마와 똑같은 색이라는 것을 알아차린다.(❻, ❼) 그러므로 'I'의 좋은 기분은 계속 유지되고 있다. → 심경 변화보다는 단일 심경을 묻는 문항에 적절하다.

④ 등장인물이 느끼는 심경이 글의 뒷부분에 무엇을 통해 표현되었는가? 신체의 움직임이나 감정에 대한 묘사를 다룬 부분은 무엇인가?

'I'는 미소를 짓고(❼ I smiled), 자신의 소원이 실현되고 있다고 느끼며(⓫ Was it possible that one of my wishes was finally coming true?) 다시 환하게 미소 짓는다(⓬ I smiled inside and out.) 그러므로, 'I'의 심경은 기쁘고 행복할 것이다.

2. 선택지 적합성 검토

① joyful and happy

글의 앞부분에서 'I'가 환하게 미소 지었다는 진술이 제시되고(❺ Beaming, I kneeled down and gently stroked its little head), 글의 뒷부분에서도 'I'가 미소 지었다는 진술이 두 번 제시되므로(❼ I smiled because the kitten's eyes were hazel /⓬ I smiled inside and out.), 'I'의 심경을 나타내는 선택지로 적절하다. **정답**

② proud and confident

> ❹ It was like finding a present under the Christmas tree.를 활용하여 구성한 선택지로, 'I'가 자랑스러워할 만한 사건이 제시되지 않으므로, 'I'의 심경을 적절하게 반영하지 못한다. 오답

③ calm and indifferent

> ❻ I dug through my backpack, found a napkin, dampened it with water from my water bottle, and carefully wiped away the crust.를 활용하여 구성한 선택지로, 'I'가 조심스러운 태도를 취하긴 했지만 '무관심한' 심경이 나타나지 않으므로, 'I'의 심경을 적절하게 반영하지 못한다. 오답

④ sympathetic and sorry

> ❺ Beaming, I kneeled down and gently stroked its little head, but the kitten's eyes were crusted shut and wouldn't open.과 ❾I asked as I picked it up and cradled it like a baby.를 활용하여 구성한 선택지로, 'I'가 고양이를 가엾게 여기는 표현이 제시되지 않았으므로, 'I'의 심경을 적절하게 반영하지 못한다. 오답

⑤ confused and ashamed

> ❽ "How did you get here?"와 ⓫ Was it possible that one of my wishes was finally coming true?를 활용하여 구성한 선택지인데, 'I'가 부끄러움을 느낄 만한 상황이 제시되지 않으므로, 'I'의 심경을 적절하게 반영하지 못한다. 오답

Practice ❷

해석 어느 금요일 밤, 나는 중고품 할인점으로 걸어 들어갔는데, 그곳은 항상 나를 끌어당겼던 그런 종류의 장소였다. 화려한 빨간색 모자가 즉시 내 눈에 들어왔다. 하지만… 나는 그것이 필요하지 않았다. 나 는 그것을 쓰고 갈 곳이 없었다. 그것을 살 만한 합당한 이유가 없었다. 그것은 불필요한 지출이 될 것이었다. 확실히 그 8달러는 더 잘 쓰일 수 있을 것이었다. 분명히 나는 돌아서서 이 중고품 할인점에서 걸어 나가 그 모자를 머릿속에서 지워 버려야 한다고 생각했다. 다른 한편으로 나는 마음이 가벼워지고 있었다. 말하자면 작은 방 안에서 수년 동안 고립된 채로 간신히 살아남은 내 안의 어린 소녀 가 나에게

그것을 사 달라고 애원하고 있었다. 정신을 차려 보니 나는 금전 등록기 앞에 서서 지갑 안을 뒤지고 있었다. 어느새 그 밝은 빨간색 모자는 내 머리 위에 놓여 있었다. 내가 아는 한, 나는 거리의 그 누구도 놀라게 하지 않았다. 하늘은 무너지지 않았다. 유일한 진짜 결과는 내가 진정한 기쁨의 순간을 어느 정도 경험했다는 것이다.

권장 답안

① upset → grateful

② hesitant → happy

③ satisfied → confused

④ excited → disappointed

⑤ embarrassed → regretful

정답 ②

Unit 9 분위기 추론

대표 기출 문항

정답 ②

해석 응급 센터에서의 첫날 내가 막 커피를 마시려 하는데 첫 번째 전화가 왔다. 나는 재빨리 '9-1-1' 전화를 집어 들었다. 내 목소리는 떨리고 있었고 내 심장은 매우 빠르게 고동치고 있었다. "제 남편이 숨을 쉬지 않아요!"라고 한 여자가 큰소리로 외쳤다. 나는 그녀에게 심폐소생술을 시작하라고 지시했다. 나는 가능한 한 침착해지려 애쓰고 있었지만 떨고 있었다. 상황은 절대적으로 위급했다. 그녀가 심폐소생술을 실시하는 동안 나는 즉시 가까운 병원에 알렸다. 긴장된 순간이 지난 후 그녀가 다시 전화로 돌아와서 "구급차는 어디 있나요?"라고 외쳤다. 나는 "구급차는 가능한 한 빠르게 그곳으로 가고 있습니다."라고 대답했다.

Practice 1

정답 ③

해석 내가 셀 수 있는 것보다 더 많은 별들이 있었고, 나는 하늘을 바라보고 몹시 차고 청정한 공기를 폐로 호흡하는 것이 좋았다. 더할 나위 없는 좋은 방식으로 여기 이 광대한 곳에서 나는 자신이 별것 아닌 존재라고 느꼈다. 나는 Alaska가 나를 안아서 보호하고 있는 것처럼 느꼈고, 움직이고 숨을 쉴 많은 공간이 있음을 느꼈다. 나는 이런 온전한 느낌에 매혹되어 부두 끝에 있는 벤치에 혼자 앉아 하늘의 움직임을 지켜봤다. 도시의 빛 공해 없이 Alaska가 누리는 어둠의 깊이가 믿기지가 않았다. 몇 시간 동안 나는 다른 사람의 구속 없이 정적을 느꼈다. 나는 살면서 전에 그런 감정을 경험해 본 적이 없었고, 아마도 그 이후로는 그것을 경험할 용기가 없었던 것 같다. 비록 그 시점에 Alaska에 있은 지 여섯 시간 정도밖에 되지 않았지만, 나는 나의 힘과 희망이 되돌아오는 것 같이 느꼈다. 나는 더 이상 완전히 망연자실한 게 아니었다. 나는 확실히 두렵지 않았다. 한 순간에, 힘들이지 않고도, 명료함이라는 은총이 도착했다.

권장 답안

1. 지문 적합성 검토

① 등장인물이 처한 상황의 배경은 글의 앞부분에 어떻게 제시되어 있는가?

> 'I'가 차고 청정한 공기를 호흡하는 곳에서 별을 보며 광활한 장소에 있다는 것이 ❶과 ❷에서 제시된다. (❶ There were more stars than I could count, and I loved looking

at the sky and breathing the frigid snowy air into my lungs. ❷ In the best possible way, I felt insignificant here in this wilderness.)

② 등장인물이 겪는 사건은 어떻게 발전하는가?

'I'는 아늑함을 느끼고, 매혹을 느끼며 벤치에 앉아 있으며 어둠 속에서 다른 사람의 구속 없이 정적을 느끼고 있다고 언급된다. (❸~❻)

③ 등장인물이 겪는 사건에 전환이 일어나는가? 등장인물(들)이 있는 공간의 전반적인 분위기는 어떻게 묘사되는가?

'I'는 여섯 시간 동안 Alaska에 있었지만 어둠이 두렵지 않고 힘과 희망이 돌아옴과 명료함의 은총을 느꼈다는 언급이 제시된다.(❽ ~ I felt like my strength and my hope were returning. ⓫ In a moment's time, without trying, the grace of clarity had arrived.)

④ 교육과정 밖의 단어는 어떤 것이 있으며, 각주로 제시해야 할 단어는 무엇이 있는가?

frigid, tether, numb은 교육과정 외의 단어이며 문맥상 유추하기 어려우므로 각주로 제시해야 할 것이다. dock도 교육과정 외의 단어이지만 문맥상 'I'가 앉는 장소라는 것을 유추할 수 있으므로 각주로 제시하지 않는다.

2. 선택지 적합성 검토

① tense and urgent

❷ In the best possible way, I felt insignificant here in this wilderness.를 활용하여 만든 선택지이다. 비록 혼자 어둠 속에 있지만 'I'는 반복하여 두렵거나 추위를 느끼지 않고 오히려 매혹과 힘과 희망을 느꼈다는 진술이 있으므로 글의 분위기와 무관하다. 오답

② noisy and festive

❺ I could not believe the depth of darkness Alaska enjoyed without the light pollution of a city.를 활용하여 만든 선택지이다. 해당 문장에서도 without이 있으므로 글의 분위기와 무관함을 알 수 있다. 오답

③ calm and peaceful

❻ For hours, I felt stillness without the tether of another human being. ❽ Although I'd been in Alaska only about six hours at that point, I felt like my strength and my hope were returning.을 통해 'I'가 조용한 곳에서 자신을 관조하고 있다는 것을 알 수 있으며 ⓫ In a moment's time, without trying, the grace of clarity had arrived.를 통해 'I'가 있는 곳이 평화로운 곳임을 알 수 있다. 그러므로 글의 분위기를 잘 나타내고 있는 선택지이다. 정답

④ scary and mysterious

❼ I hadn't experienced that feeling before in my life, and perhaps I haven't had the courage to experience it since.를 활용하여 만든 선택지이다. 반복하여 '보호받고 있다'(문장 ❸), '무서움을 느끼지 않는다'(문장 ❿)가 제시되고 있으므로, 글의 분위기를 적절히 나타내지 못한다. 오답

⑤ boring and monotonous

❺ I could not believe the depth of darkness Alaska enjoyed without the light pollution of a city. ❻ For hours, I felt stillness without the tether of another human being.을 활용하여 만든 선택지이다. 비록 급격한 사건 전개는 없지만, 'I'는 해당 공간에서 평화와 힘과 희망을 경험하고 있으므로, 글의 분위기를 적절히 나타내지 못한다. 오답

Practice ❷

해석 크게 몇 마디 소리를 지른 후에 Ebony는 두 손으로 다이빙 자세를 취하더니 머리가 먼저 들어가도록 파도 속으로 뛰어들었다. Ebony의 친구인 Abigail과 Jennifer는 Ebony의 행동이 용감한 행동이라고 생각하면서 그녀가 수영하는 모습을 경탄하면서 지켜보았다. Ebony는 그다음 몇 분을 물속에 있었고, 그 후 그녀의 머리가 다시 수면으로 올라오자 그들은 모두 웃으며 파도 속에서 놀기 시작했다. 그들의 즐거운 웃음소리가 해변으로 퍼져 나갔고, 그곳에서 나머지 사람들은 그 소녀들이 재미있게 놀고 있는 것을 알아차렸다. 일부 (물) 바깥에 있는 사람들은 소녀들의 젊음과 활력에 대해 부러워했다. 소녀들은 15분을 더 수영하고 나서야 물에서 나오기로 결정했다.

① sad and gloomy

② calm and peaceful

③ cheerful and lively

④ urgent and frightening

⑤ boring and monotonous

Unit 10 필자의 주장 추론

대표 기출 문항

정답 ①

해석 과학 발전에 영감을 받은 아이디어와 같은 새로운 아이디어는 건전한 공개 토론 과정의 일부로 우리의 대중문화에서 자주 방송되고 비판되는데, 과학자들은 때로 자신들이 받는 비판을 받는 것이 마땅하다. 그러나 널리 퍼진 과학자의 이미지를 개선한다면 과학의 대중화는 크게 증진될 것이다. 그 문제의 일부는 아마도 소설, 희곡, 그리고 영화 대본을 쓸 가능성이 높은 사람 대다수가 과학이 아니라 인문학 분야에서 교육받았다는 것일 수도 있다. 더욱이 작가로 전업한 몇 안 되는 과학자가 자신들이 받은 과학 교육을 과학과 과학자의 이미지를 더욱 해치는 스릴러물의 원자료로 사용해 왔다. 우리는 긍정적인 관점에서 과학자를 보여주는 더 많은 영화 대본과 소설이 필요하다. 우리의 현대 세계에서 텔레비전과 영화는 특히 영향력 있는 매체여서, 더 많은 과학자 영웅들을 주인공으로 도입한다면 과학을 더 매력 있게 하는 데 도움이 될 것이다.

Practice 1

정답 ②

해석 어떤 사람들은 대담한 모험가의 사고방식을 가지고 대학을 졸업한다. 현실 생활이 자리 잡기 전에 이때가 바로 재미를 위한 시절이다. 결혼과 현실적인 직업은 35세 때 어느 날 우편으로 그냥 배달될 것이다. 그사이에 그들은 (여러) 경험들을 하게 될 것이다. 이들은 23세의 나이에 Mongolia에 가서 영어를 가르치거나 Colorado에서 급류 타기 여행을 이끄는 사람들이다. 이런 대담한 행동에는 진정한 이점이 있다. 대학 졸업 후 여러분의 첫 직장은 어차피 아마 엉망진창일 것이니, 임팩트 투자자인 Blair Miller가 조언하듯이, 이 시기를 여러분의 모험의 지평을 넓히는 데 이용하는 편이 좋을 것이다. 만약 여러분이 완전히 정신 나간 짓을 한다면, 여러분이 일정량의 광기를 감당할 수 있다는 것을 그 후로 영원히 알게 될 것이고, 향후 수십 년의 모든 세월 동안 삶에 대한 여러분의 접근은 더 용감해질 것이다.

권장 답안

1. 지문 적합성 검토

  ① 반복되는 어구를 통해 확인할 수 있는 화제/중심 소재는 무엇인가?

daring adventurers / experiences / go teach English in Mongolia or lead white-water rafting trips in Colorado / your horizon of risk로 보아, 인생의 대담한 도전에 관한 글이다.

② 화제/중심 소재와 연관된 필자의 주장은 무엇이며, 어디에 제시되어 있는가?

인생의 대담한 도전에 대한 필자의 주장은 '이러한 도전에 진정한 이점이 있다'는 것이며, 이러한 도전을 활용해야 한다는 것이다. 문장 ❻에 'This daring course has real advantages.' 과 문장 ❼에 'you might as well use this period to widen your horizon of risk'로 제시되어 있다.

③ 필자가 말하고자 하는 핵심 내용을 담고 있는 위 문단은 자체로 완결되고 자족적인가?

[소재 제시] ❶: 모험가의 사고방식으로 대학을 졸업하는 사람들이 있음.

[발전] ❷~❹: 대학 졸업 후의 이 시기가 모험의 적기임.

[사례 제시] ❺: Mongolia에 가서 영어를 가르치거나 Colorado에서 급류 타기 여행

[주장] ❻~❼: 이러한 대담한 모험에는 이점이 있으며, 이 시기를 모험의 지평을 넓히는 데 사용할 것

[부연] ❽: 자신을 잘 알게 되어서 더 용감한 접근이 가능해짐

* 대학을 졸업하는 사람들이 직면하는 인생의 모험이라는 소재를 제시한 다음, 모험의 적기로 이 시기를 삼으라는 주장을 발전시켜 제시하고, 이것의 장점과 추가적인 이점을 서술하여 완결된 문단을 이루고 있다.

④ 교육과정 밖의 단어는 어떤 것이 있으며, 각주로 제시해야 할 단어는 무엇이 있는가? / 필자의 주장을 명확하게 제시하는 데 걸림돌이 되어서 삭제할 만한 부분이 있는가?

교육과정 밖의 단어는 없지만, "Furthermore, you will build what the clinical psychologist MegJay calls "identity capital." At every job interview and dinner party for the next three decades, somebody will want to ask you what it was like teaching English in Mongolia, and that will distinguish you from everybody else."는 필자의 주장을 명확하게 제시하는 데 걸림돌이 되는 장황한 진술이어서 삭제하는 것이 바람직하다.

2. 선택지 적합성 검토 (본문에 제시된 어휘/어구에 밑줄을 그으세요.)

① 결혼과 취업에 대한 마음의 준비를 일찌감치 해야 한다.

> ❷ This is the time for fun before real life settles in. / ❸ Marriage and a real job will just arrive in the mail one day when they are thirty-five.를 활용하여 작성한 선택지로, 결혼과 취업에 대해 미리 마음의 준비를 하기보다는 용감한 도전을 해보라는 글의 주장과 반대되는 선택지이다. 오답

② 대학 졸업 후 젊은 시절에 대담한 경험을 해 보아야 한다.

> ❻ This daring course has real advantages. ❼ you might as well use this period to widen your horizon of risk를 활용하여 만든 선택지로, 대학 졸업 후, 젊은 시절에 대담한 경험을 하면 이점이 있으며, 향후 더욱 대담한 노력도 가능해진다는 내용의 글이므로, 글의 주장에 부합한다. 정답

③ 좋은 직장을 얻기 위해 학창 시절에 꾸준히 노력해야 한다.

> ❼ Your first job out of college is probably going to be a mess anyway를 활용하여 작성한 선택지로, 첫 직장은 그리 좋지 않을 수 있다는 내용이 언급되어 있으므로, 글의 내용과 무관하다. 오답

④ 직장 생활을 가능한 한 빨리 시작하여 경력을 쌓아야 한다.

> ❸ Marriage and a real job will just arrive in the mail one day when they are thirty-five. / ❼ Your first job out of college is probably going to be a mess anyway를 활용하여 작성한 선택지로, 직장 생활의 시작 시기에 관한 언급은 없으므로, 글의 내용과 무관하다. 오답

⑤ 적성에 맞는 직장을 찾기 위해 경험자의 조언을 구해야 한다.

> ❼ as the impact investor Blair Miller advises를 활용하여 만든 선택지로, Blair Miller의 조언은 적성에 맞는 직장을 찾기 위한 내용이 아니다. 오답

Practice ❷

해석 나는 부모들이 '바비 인형'이나 '트랜스포머'나 '스파이더맨' 등의 놀이를 하고 싶지 않아서 죄책감을 느낀다고 말하는 것을 자주 듣는다. 그럴 필요 없다! 우리는 자신의 아이가 하고 싶은 게임은 무엇이 든 할 필요가 있다고 생각하지만, 아이들도 어른의 활동에 참여하는 것을 좋아한다. 수백 번을 해보았기 때문에 우리에게는 평범해 보이는 것이 우리 아이들에게는 여전히 새롭고 흥미진진하다. 그러니 아 이들과 함께 휴식을 취하고 놀 수 있기 전에 여러분이 모든 일상적인 집안일과 용무를 처리해야 한다고 생각하기보다는, 여러분이 해야 할 그러한 일에 여러분의 아이들을 참여시키는 시간을 가져라. 자신의 일에 아이 중 한 명을 참여시키는 것이 여러분을 약간 지체하게 할 것 이라는 것은 불가피하다. 하지만 여러분은 세 가지 중요한 책무를 동 시에 처리하고 있는 것이기 때문에 추가 시간을 쓸 가치가 있다는 것 을 알게 될 것이다. 즉, 여러분은 (자신의) 일을 완수하고 있고, 자녀에게 자립으로 이어지는 소중한 삶의 기술을 가르치고 있으며, 자녀와 함께 '특별한 시간'을 보내고 있는 것이다.

권장 답안
① 자녀가 좋아하는 일이 무엇인지 파악하라.
② 자녀에게 역할극을 통해 삶의 기술을 가르치라.
③ 자녀가 약속된 시간 안에 일을 끝내는지 점검하라.
④ 일상적으로 해야 하는 집안일에 자녀를 참여시키라.
⑤ 일상적인 일을 멈추고 자녀와 특별한 시간을 보내라.
정답 ④

맥락 파악 2

Unit 11 빈칸 추론⑴

대표 기출 문항

정답 ③

해석 인류 문화의 고고학 기록을 살펴볼 때, 우리는 그것이 엄청나게 불완전하다는 것을 고려해야 한다. 인류 문화의 많은 측면은 고고학자들이 낮은 고고학적 가시성이라고 말하는 것을 지니고 있는데, 이것은 그것들이 고고학적으로 식별하기 어렵다는 것을 의미한다. 고고학자들은 문화의 유형적인 (혹은 물질적인) 측면, 즉 도구, 음식, 구조물처럼 다루고 사진을 찍을 수 있는 것들에 초점을 맞추는 경향이 있다. 문화의 무형적 측면을 재구성하는 것은 더 어려워서, 우리는 유형적인 것에서 더 많은 추론을 끌어내야 한다. 예를 들어, 고고학자들이 석기와 음식 유물로부터 기술과 식습관을 식별하고 그것에 관한 추론을 도출하기는 비교적 쉽다. 같은 종류의 물질적인 유물을 사용하여 사회 체계와 사람들이 무엇을 생각하고 있었는지에 관한 추론을 도출하는 것은 더 어렵다. 고고학자들은 그렇게 하지만, 쓸모없는 것으로 인식되는 물리적 유물로 부터 신념 체계에 관한 해석에 도달하는 것과 관련된 더 많은 추론이 어쩔 수 없이 있어야 한다.

① 구식인
② 사실에 기반을 둔
③ 불완전한
④ 체계적인
⑤ 상세한

Practice ①

정답 ⑤

해석 우리는 왜 느긋해지는 것이 그렇게 어렵다고 생각하는가? 우리는 부분적으로 시간이 '생산적으로' 그리고 '효율적으로' 사용되어야 한다고 믿도록 우리를 장려하는 근로 윤리의 상속자일지도 모른다. 우리는 일들을 마치고, 그것들에 체크 표시를 하여 목록에서 빼야 한다고 느낀다. 그러나 우리 중 많은 이들이 두려움에 쫓기고 있는 것일 수도 있을 것이다. 우리는 더 긴, 더 공허한 시간을 갖는 것이 너무 두려워 그것을 기분 전환 거리로 채운다. 우리는 바쁜 상태로 있으려고 노력한다. 우리는 얼마나 자주 텔레비전을 켜거나, 잡지를 집 들거나, 혹은 전화를 걸지 않고서, 그 대신 생각에 잠겨 30분 동안 조용히 소파에 앉아 있는가? 몇 분 내에 우리는 채널을 이리저리 돌리고 여러 가지 일을 동시에 하는 자신을 발견하게 된다. 우리는 정확히 무엇을 두려워하는가? 어느 정도 우리는 지루함을 두려워한다. 더 깊이 있게 설명하자면 행동이 일시적으로 중단되는 시간이 길어지면 우리의 삶이 우리가 원하는 만큼 의미 있고 만족스럽지 않다는 것을 깨닫는 시간이 우리에게 주어질 것이 두렵다는 것이다. 사색을 위한 시간은 두려움의 대상, 즉 악마가 되어 버렸다.

권장 답안

1. 지문 적합성 검토 및 빈칸으로 제시할 어구 탐색

① 반복되는 어구를 통해 확인할 수 있는 중심 소재는 무엇인가?

> '느긋해지는 것'(❶ slow down), '더 길고 공허한 시간을 갖는 것'(❺ having longer, emptier hours), '일시적으로 행동이 중단되는 시간이 길어지는 것'(⑪ an extended pause)임을 알 수 있다.

② 중심 소재와 연관된 요지는 무엇이며, 어디에 제시되어 있는가?

> 글의 요지는 우리가 강박적으로 빈 시간을 가지지 않으려 하는 것은 결국 사색과 이에 따른 깨달음이 두려워서라는 것이다. 이것은 ❹ But it could be that many of us are driven by fear.에서 제시한 다음 ⑪ A deeper explanation is that we are afraid that an extended pause would give us the time to realize that our lives are not as meaningful and fulfilled as we would like them to be.에서 언급하고 마지막 문장인 ⑫ The time for contemplation has become an object of fear, a demon.에서 한 문장으로 정리하고 있다.

③ 요지를 전개하는 문단의 전개 방식은 자체로 완결성 있고 자족적인가?

> 문장 ❶, ❷, ❸에서 핵심 소재로 빈 시간을 가지지 않으려는 우리의 강박증이 제시되고 문장
> ❹에서 그것은 두려움 때문이라는 요지문이 제시되며 문장 ❺~❽에서 우리가 두려움에 쫓기
> 고 있는 상황이 자세히 묘사된 다음 ❾~⓬에서 요지문을 논리적으로 풀어, 결국 우리의 두려
> 움의 원인은 우리의 삶의 공허함을 깨닫는 것, 즉 사색을 통한 깨달음을 우리가 두려워하기 때
> 문이라고 진술하고 있으므로 '핵심 소재 → 요지 → 전개 → 결론(요지 발전)'의 구조를 갖춘 완
> 결성 있는 문단이다.

④ 빈칸으로 제시할 문장은 어디가 가장 적절하며, 빈칸으로 제시할 어구로 가장 적절한 것은 무엇인
가?

> 요지문인 ❹와 이를 자세히 설명하고 있는 문장 ⓫과 이를 부연 설명하는 문장 ⓬에서 빈칸
> 을 제시하는 것이 적절한데, ❹의 fear는 글에서 반복적으로 등장하고 있으므로, 빈칸으로 제
> 시하기 적절하지 않고, ⓫은 한 두 단어의 어구로 제시할 수 있는 어구가 없다. 문장 ⓬에의
> contemplation은 다른 문장에서 제시되지 않았으며, ⓫의 내용을 요약하고 있으므로 빈칸으
> 로 제시하기에 적절하다.

⑤ 교육과정 밖의 단어는 어떤 것이 있으며, 각주로 제시해야 할 단어는 무엇이 있는가?

> ethic, tick off, multitask, demon은 교육과정 밖의 단어이지만 일상생활에서 자주 사용되
> 는 단어로, 난도가 높지 않아서 독자가 그 의미를 알 수 있어 각주로 제시하지 않는다.

2. 선택지 적합성 검토

① transition

> ❽ Within minutes we find ourselves channel-surfing and multitasking.을 활용하
> 여 만든 선택지로, '전환'의 시간을 가지는 것이 글의 주안점이 아니므로, 오답의 근거가 명확
> 하다. 오답

② evaluation

> ❷ We may, in part, be the inheritors of a work ethic which encourages us to
> believe that time must be used 'productively' and 'efficiently.'와 ⓫ A deeper
> explanation is that we are afraid that an extended pause would give us the time

to realize that our lives are not as meaningful and fulfilled as we would like them to be.를 활용하여 만든 선택지이다. 그러나 자신을 '평가'하는 것이 아니라 자신의 삶의 공허함에 대해 '성찰'하는 것이 문장 ❸부터 제시된 우리의 '두려움'과 연결되므로, 오답의 근거가 명확하다. 오답

③ interaction

❼ How often do we sit quietly on the sofa for half an hour without switching on the television, picking up a magazine or making a phone call, and instead just thinking?과 ❿ On some level we fear boredom.을 활용하여 만든 선택지이다. 우리가 '고립'을 두려워하는 것이 아니라 자신을 성찰할 시간을 두려워한다는 언급이 ⓫에 제시되어 있으므로, 오답의 근거가 명확하다. 오답

④ intervention

❺ We are so afraid of having longer, emptier hours that we fill them with distractions. ❻ We strive to stay occupied.를 활용하여 만든 선택지이다. 다른 사람의 '개입'은 언급되지 않았으므로, 오답의 근거가 명확하다. 오답

⑤ contemplation

❹ But it could be that many of us are driven by fear.에서 우리의 강박적인 행동은 결국 두려움에서 비롯된 것이라는 요지가 제시되고 ⓫ A deeper explanation is that we are afraid that an extended pause would give us the time to realize that our lives are not as meaningful and fulfilled as we would like them to be.에서 구체적으로 우리가 두려워하는 것이 무엇인지 제시되므로 결국 문장 ⓬에서 우리가 두려워하는 것은 '사색'의 시간일 것이다. 그러므로 빈칸에 들어갈 말로 가장 적절하다. 정답

Practice ❷

해석 디지털 정보는 지식의 불확실성 증가에 한몫을 한다. 첫째로, 인터넷을 통해 지금 접근할 수 있는 정보의 무한함은 하나의 주제에 대해 숙달하려는 어떤 시도도 위축시킨다. 즉, 어느 분야에서든 알 수 있는 모든 것을 알기란 한마디로 더 이상 가능하지 않다. 그 대응은 더욱더 좁은, 혹은 더 소수만 아는 학문

분야나 관심사에 초점을 맞추거나, 할 수 있는 것이란 그 분야를 맛보는 것뿐임을 인정하는 것 이다. 둘째로, 지식의 수준이 의심을 받는데, 그 이유는 이용할 수 있는 것의 질을 알 수 없는 경우가 흔하기 때문이다. 인쇄된 책에는 출판사, 저자의 소속 등 질을 나타내는 표시가 대개 분명하게 드러나 있다. 그러나 인터넷상의 정보의 질은 항상 그렇게 명백하지는 않고, 때로는 의도적으로 숨겨지고, 때로는 단순화되어 있지만 품위가 없다. 심지어 백과사전에 담긴 정보도 보장되지 않는다. Wikipedia는 자신을 '누구나 편집할 수 있는 무료 백과사전'이라고 홍보한다. 대개 정확한 자료가 부정확한 자료를 이길 것이라는 이론에도 불구하고, 그래도 역시 지식은 항상 상대적이라는 경고가 있다.

권장 답안

첫 번째 문장인 Digital information plays a part in the increasing uncertainty of knowledge.에서 'uncertainty'를 빈칸으로 제시한다.

① depth

② spread

③ monopoly

④ uncertainty

⑤ commercialization

정답 ④

대표 기출 문항

정답 ②

해석 교육 기술의 성공적인 통합은 그 기술이 사용자에 의해 학습이나 교육, 또는 수행의 눈에 띄지 않는 촉진자로 여겨지는 것으로 나타난다. 사용되고 있는 기술에서 기술이 이바지하는 교육적 목적으로 초점이 옮겨갈 때, 그 기술은 편안하고 신뢰할 수 있는 요소가 되고 있으며, 성공적으로 통합되고 있다고 여겨질 수 있다. (볼펜들 중) 어떤 것들은 돌리는 방법을 사용하고, 또 어떤 것들은 위에 달린 누름단추를 사용하며, 그 리고 다른 변형된 방법들도 있을 정도로 그 구조가 다양하지만, 볼펜 사용법에 대해 재고하는 사람들은 거의 없다. 개인용 컴퓨터는 아주 많은 사용자들에게 (볼펜과) 비슷한 수준의 친숙함에 도달했지만, 분명 모두에게 그렇지는 않다. 새롭고 떠오르는 기술은 흔히 사용자들에게 매력과 좌절감을 동시에 경험하게 한다. 학습, 교육 또는 수행을 촉진하는 데 있어서 <u>사용자의 초점이 기술의 사용이 아니라 기술 그 자체에 맞춰져 있는</u> 한, 적어도 그 사용자에게는 그 기술이 성공적으로 통합되었다는 결론을 내려서는 안 된다.

Practice 1

정답 ②

해석 어떤 사람의 충성이 표현될 수 있는 한 가지 방법은 <u>자신을 충성의 대상과 동일시하려는</u> 성향을 통해서이다. 그런 충성스러운 사람은 자신이 충성하는 대상을 어느 정도는 자신인 것처럼 취급하고, 만약 그것에 해당하는 어떤 것들이 자신에게도 해당하면 느끼게 될 것처럼 느끼고 행동하게 될 것처럼 행동한다. 만약 여러분이 가장 좋아하는 스포츠팀에 대한 충성이 그런 식으로 표현되면, 그러면 여러분은 여러분의 팀이 잘하고 있을 때 여러분 자신이 성공한 사람처럼 느낄 수도 있고, 여러분의 팀이 잘하지 못할 때 실패한 사람처럼 느낄 수도 있다. 여러분은 여러분의 팀이 좋은 일을 할 때, 즉 힘든 경기에서 승리하거나 자선을 위해 돈을 모을 때 자부심을 느낄 수도 있고, 여러분의 팀이 나쁜 일을 할 때, 즉 경기를 지루하게 진행하거나 선수들을 혹사할 때 수치심을 느낄 수도 있다. 그러한 반응들은 여러분의 충성 대상의 이익을 증진하거나, 그 옹호자의 역할을 하거나, 혹은 적절한 의식에 관여함으로써 그것에 경의를 표하고자 하는 모든 성향을 넘어서 나타난다.

권장 답안

1. 지문 적합성 검토 및 빈칸으로 제시할 어구 탐색

① 반복되는 어구를 통해 확인할 수 있는 중심 소재는 무엇인가?

'충성이 표현되는 방식'(❶ One way in which someone's loyalty might be expressed), '충성하는 대상을 자신인 것처럼 느끼기'(❷ feeling as she would feel and acting as she would act)를 통해 충성의 표현 방식에 관한 글임을 알 수 있다.

②중심 소재와 연관된 요지는 무엇이며, 어디에 제시되어 있는가?

글의 요지는 어떤 사람의 충성이 표현될 수 있는 한 가지 방법은 자신을 충성의 대상과 동일시하려는 성향을 통해서라는 것이다. 이것은 ❶ One way in which someone's loyalty might be expressed is through a tendency to identify herself with the object of her loyalty. ❷ Such a loyal person to some extent treats the thing to which she is loyal as though it was her, feeling as she would feel and acting as she would act if certain things that are true of it were true of her.에서 언급하고 ❸, ❹에서 스포츠팀에 적용하여 구체적으로 설명하고 있다

③ 요지를 전개하는 문단의 전개 방식은 자체로 완결성 있고 자족적인가?

문장 ❶, ❷에서 글의 요지가 제시되고, 문장 ❸과 ❹에서 이를 스포츠팀에 적용하여, 스포츠팀의 수행과 성패에 따라 자신도 동일한 감정을 느낀다는 내용으로 뒷받침하고 문장 ❺에서 그러한 성향이 단지 이익의 증진이나 옹호자의 역할, 의식에의 관여를 넘어선 차원에서 나타난다고 진술하여 화제를 발전시키고 있으므로, '요지 → 전개 → 요지 발전'의 구조를 가지고 있는 완결성 있는 문단이다.

④ 빈칸으로 제시할 문장은 어디가 가장 적절하며, 빈칸으로 제시할 어구로 가장 적절한 것은 무엇인가?

요지문인 ❶, ❷와 이를 적용한 ❸, ❹에서 빈칸을 제시하는 것이 적절한데, 문장 ❷의 'feeling as she would feel and acting as she would act if certain things that are true of it were true of her.'는 너무 길어서 빈칸으로 제시하기 어렵고, 문장 ❸과 ❹ 역시 지나치게 구체적인 사례여서 요지문의 일면만이 드러나 빈칸으로 제시할 수 없다. 따라서 요지문의 핵심 어구인 'a tendency to identify herself with the object of her loyalty'에서 일반적인 의미의 명사구인 a tendency를 제외한 나머지 준동사구를 빈칸으로 제시하는 것이 적절하다.

⑤ 교육과정 밖의 단어는 어떤 것이 있으며, 각주로 제시해야 할 단어는 무엇이 있는가?

> insipid와 venerate 가운데 insipid는 boring으로 순화하여 제시하였고, 다른 단어로 바꾸었을 때 의미를 보전하기 어려운 venerate는 각주로 제시하였다.

2. 선택지 적합성 검토 (본문에 제시된 어휘/어구에 밑줄을 그으세요.)

① to display loyalty and help someone else out

> ❺ Such reactions exist beyond any tendencies to want to advance the interests of the object of your loyalty, to serve as its advocate, or to venerate it through involvement in appropriate rituals.을 활용하여 구성한 선택지이다. 충성심의 '표출'은 글의 주안점이 아니며 '타인에 대한 도움'은 언급되지 않았으므로, 오답의 근거가 분명하다. 오답

② to identify herself with the object of her loyalty

> ❷ Such a loyal person to some extent treats the thing to which she is loyal as though it was her, feeling as she would feel and acting as she would act if certain things that are true of it were true of her.에서 그 근거가 제시되고 ❸, ❹에서 스포츠팀에 대한 충성이 사례로 제시되고 있으므로 빈칸에 들어갈 말로 가장 적절하다. 정답

③ to build loyalty by making her feel very special

> ❹ You may feel pride when your team does something good—when it wins a tough game or raises money for charity—and you may feel shame when your team does something bad – when it gives a boring performance or mistreats its players.를 활용하여 만든 선택지이다. 충성을 '형성하는' 과정이 글의 주안점이 아니며 팬은 스스로 '특별하다'고 느끼지 않고 오히려 팀과 동일감을 느끼므로, 빈칸에 들어갈 말이 될 수 없다. 오답

④ to hold certain beliefs independent of the evidence

> ❸ If your loyalty to your favorite sporting team is expressed in such a way, then you may feel like a success yourself when your team is doing well, and like a failure when your team is doing badly.를 활용하여 만든 선택지이다. 증거와는 무관하게 팀에 대한 충성심을 가질 수는 있지만, '증거'와 믿음이 상충되는 점에 대한 언급이 없으며, '믿음'이 글의 주안점이 아니므로, 빈칸에 들어갈 말이 될 수 없다. 오답

⑤ to block negative effects and issues related to loyalty

❹ You may feel pride when your team does something good — when it wins a tough game or raises money for charity — and you may feel shame when your team does something bad — when it gives a boring performance or mistreats its players.를 활용하여 만든 선택지이다. 부정적인 상황이 팀에 닥치면 자신도 부정적인 감정을 경험한다는 내용이 언급되어 있으므로 글의 내용과 상충된다. 그러므로 빈칸에 들어갈 말이 될 수 없다. 오답

Practice ❷

해석 도망치는 것은 훌륭한 기술로 완벽해져서, 먹이가 되는 종에 신화적인 수준의 속도, 지구력, 그리고 민첩성을 불어넣어 주었다. 영양, 가젤, 얼룩말과 같은 평원 동물들 또한 자기 공격자들의 능력을 자신의 것과 비교하는 법을 배웠다. 사자, 표범, 치타가 짧은 급가속만 가능하다는 것을 알고 있으므로, 발굽이 있는 이 서식자들(영양, 가젤, 얼룩말과 같은 평원 동물들)은 포식자와의 간격과 한발 앞선 출발이 있기만 하면, 고양잇과 동물을 보았을 때 좀처럼 공포에 질리지 않는다. 중요한 것은 포식자가 '도루'하여 치명적 전력 질주를 할 만큼 충분히 가까워지지 않도록 주시하는 것이다. 하지만 사냥개나 늑대에 맞서, 먹잇감 동물들은 자신의 지구력에만 의존할 수 없다는 것을 안다. 갯과의 동물들은 고양잇과 동물만큼 빠르지는 않지만, 약하거나 늙거나 병든 먹잇감을 기진맥진하게 할 만큼 충분히 오랫동안 달릴 수 있다.

권장 답안
두 번째 문장의 Plains animals, such as antelopes, gazelles, and zebras, have also learned to measure their attackers' talents against their own.에서 'measure their attackers' talents against their own'을 빈칸으로 제시한다.

① run zigzag rather than in a straight line
② blend into their surroundings for protection
③ measure their attackers' talents against their own
④ startle their attackers by making an unexpected move
⑤ distract their predators and buy themselves some time
정답 ③

대표 기출 문항

정답 ⑤

해석 언어적인 메시지와 비언어적인 메시지 사이에 차이가 있을 때, 판단을 형성하는 데 있어서 후자가 보통 더 큰 비중을 차지한다. 예를 들어, 어떤 친구가 저녁 식사 계획에 대해 말로는 "좋은데."라고 하지만 목소리에 열의가 거의 없고 활기 없는 얼굴 표정으로 응답할 수 있다. 말로 답을 한 것에도 불구하고 표정상의 열정의 부족은 그 계획을 그다지 긍정적으로 간주하지 않고 있음을 암시한다. 그러한 경우에, 긍정적인 말의 목적은 의견의 불일치를 피하고 친구를 지지하기 위한 것일 수 있지만, 긍정적인 표정의 부족은 자신도 모르게 그 계획에 대한 보다 솔직하고 부정적인 반응을 흘린다. 물론 활기 없는 표정을 보인 것은 또한 전략적이고 의도적일 수도 있다. 즉, 그 비언어적 메시지는 고의적이지만, 상대방에게 자신의 솔직한 반응을 간접적으로 알리려고 계획된 것이다. 그렇다면 그 비언어적인 메시지를 해석하고 계획에 약간의 조정을 하는 것은 상대방의 책임이다.

Practice 1

정답 ①

해석 Robert Zajonc는 웃는 것은 얼굴 근육이 공기로 냉각된 피가 뇌로 흘러가는 것을 증가시킨다고 주장하는데, 이것은 뇌의 온도를 낮춤으로써 기분 좋은 상태를 만들어 내는 과정이다. 반대로, 얼굴을 찌푸리는 것은 혈액의 흐름을 감소시켜, 온도를 높임으로써 불쾌한 상태를 만들어 낸다. (이를) 증명해 보이기 위해, Zajonc와 그의 동료들은 참가자들에게 어떤 모음들을 각각 20회 씩 반복하도록 요청하는 연구를 수행했는데, 여기에는 'ah, e, u' 음과 독일어 모음 'ü'가 포함되었다. 그러는 동안에 이마의 온도 변화가 측정되었고 참가자들은 그들이 어떻게 느꼈는지를 보고했다. 결과는 'ah'와 'e'(사람들로 하여금 웃는 것을 흉내 내도록 하는 음)는 이마 온도를 낮추고 기분을 좋게 한 반면에, 'u'와 'ü'(우리들로 하여금 얼굴을 찌푸리는 것을 흉내 내도록 하는 음)는 온도를 높였고 기분을 우울하게 했다. 간단히 말해서, 사람들은 기분이 어떤지 추론할 필요가 없다. 더 정확히 말하면, 얼굴 표정이 감정적 경험을 가져오는 생리적인 변화를 일으킨다.

권장 답안

1. 지문 적합성 검토 (아래 질문에 답하시오.)

① 지문이 하나의 문단으로 완결성을 갖추고 있는가?

For example로 시작하는 원문에서는 For example을 삭제하였으나, 웃는 얼굴은 기분을 좋게 해 주고 찌푸리는 얼굴은 기분을 우울하게 해 준다는 Robert Zajonc의 주장과 실험 결과를 제시하면서 얼굴 표정이 감정의 변화를 가져오는 생리적 변화를 일으킨다는 일관된 주제에 관해 진술하고 있으므로 문단이 완결성을 갖춘 적절한 지문이다. 지문의 ❺ _____ **(B)** _____, people need not infer how they feel. ❻ Rather, facial expressions give rise to physiological changes that produce an emotional experience.의 마지막 두 문장은 원문에서 In short, people need not infer how they feel; rather, facial expressions give rise to physiological changes that produce an emotional experience.의 형태로 세미콜론으로 연결된 부분을 두 문장으로 분리하여 마지막 문장에 연결사가 오는 단점을 피했다.

② 연결어가 들어갈 빈칸의 위치가 어느 한 곳에 치우쳐 있지 않고, 글의 앞부분과 뒷부분에 균형 있게 배치되어 있는가?

첫 번째 빈칸은 글의 두 번째 문장에 위치해 있고, 두 번째 빈칸은 끝에서 두 번째 문장에 위치해 빈칸의 위치가 매우 균형 있게 잘 배치된 지문이다.

③ 정답 선택지 (A), (B)에 각각 들어갈 연결어가 서로 의미가 다른 것끼리 적절히 제시되어 있는가?

빈칸 (A)의 Conversely와 빈칸 (B)의 In short는 의미가 전혀 다르므로 각각 (A)와 (B)의 연결사 빈칸 추론을 묻기에 적절한 지문이다.

④ 정답 선택지의 연결어를 각 빈칸에 넣었을 때 글의 흐름이 자연스러운가?

빈칸 (A)의 앞에 있는 문장과 빈칸 (A)가 있는 문장은 서로 반대되는 사례이므로 빈칸 (A)에 Conversely가 들어가야 글의 흐름이 자연스럽다. 빈칸 (B) 다음에 이어지는 내용은 글 전체의 내용에 대해 결론을 내리는 내용이므로 빈칸 (B)에는 In short가 들어가야 적절하다.

⑤ 주석을 제시하거나 순화시켜야 할 교육과정 밖의 단어는 없는가?

❺ As it turned out, *ah* and *e* (sounds that cause people to imitate smiling) lowered forehead temperature and lifted mood, whereas *u* and *ü* (sounds that cause us to imitate frowning) increased temperature and <u>darkened</u> mood.에서 밑줄 친 darkened는 원문의 dampened를 순화하였고, ❻ Rather, facial expressions <u>give</u>

rise to physiological changes that produce an emotional experience.에서 밑줄 친 give rise to는 원문의 evoke를 순화하여, physiological 하나만 주석을 제공하여 주석의 수를 최소화하였으며, 함께 붙어 있는 evoke와 physiological 두 단어를 모두 주석을 주어야 하는 상황을 피했다.

2. 선택지 적합성 검토 (아래 질문에 답하시오.)

① 선택지 (A) 항목과 (B) 항목 각각에 동일한 연결어 두 쌍과 독립된 연결어 한 개가 균형 있게 배치되어 있는가?

Conversely, In short, However, Similarly, Furthermore, Instead로 선택지가 구성되었고, 모든 선택지가 각각 독립된 의미를 지니고 있다. 빈칸 (A)의 선택지로는 Conversely와 Furthermore가 한 쌍을 이루고 있고, 빈칸 (B)의 선택지로는 In short와 However가 한 쌍을 이루고 있다. 빈칸 (A)에서 독립적으로 쓰인 선택지는 Similarly이고, 빈칸 (B)에서 독립적으로 쓰인 선택지는 Instead로 모든 선택지가 균형 있게 잘 배치되었다.

② (A) 항목의 독립된 연결어가 (B) 항목에서도 독립된 연결어와 짝지어져 있지는 않은가?

빈칸 (A)에서 독립적으로 쓰인 선택지 Similarly는 빈칸 (B)에서 한 쌍을 이룬 선택지 However와 연결되었고, 빈칸 (B)에서 독립적으로 쓰인 선택지 Instead는 빈칸 (A)에서 한 쌍을 이룬 선택지 Furthermore와 연결되어, 독립된 선택지와 쌍을 이룬 선택지가 바르게 짝지어졌다.

③ 선택지 (A)에 Conversely 외에 다른 선택지는 올 수 없는가?

❶ Robert Zajonc argues that smiling causes facial muscles to increase the flow of air-cooled blood to the brain, a process that produces a pleasant state by lowering brain temperature.의 내용은 미소를 지으면(smiling) 일어나는 상황에 대한 설명이고, ❷ _____(A)_____, frowning decreases blood flow, producing an unpleasant state by raising temperature.의 내용은 그와 반대되는 얼굴을 찌푸릴(frowning) 때 일어나는 상황에 대한 설명이므로, 이 둘을 이어주는 연결어로는 Conversely(반대로)가 적절하다. Similarly(이와 유사하게)나 Furthermore(더욱이)가 오면 문맥이 매우 어색하게 되므로 이 두 선택지는 올 수 없다.

④ 선택지 (B)에 In short 외에 다른 선택지는 올 수 없는가?

> 글의 맨 마지막에 이어지는 '❺ ＿＿＿＿(B)＿＿＿＿, people need not infer how they feel(간단히 말해서, 사람들은 기분이 어떤지 추론할 필요가 없다).'와 '❻ Rather, facial expressions give rise to physiological changes that produce an emotional experience(더 정확히 말하면, 얼굴 표정이 감정적 경험을 가져오는 생리적 변화를 일으킨다).'의 두 문장은 앞에서 기술한 내용을 한마디로 요약하여 설명하고 있으므로, In short가 와야 가장 적절하다. 앞에 나온 내용을 요약하는 부분을 However나 Instead로 연결하면 문맥이 매우 어색하게 되므로 이 두 선택지는 올 수 없다.

Practice ❷

[해석] 미학은 사물이 우리의 감각에 영향을 줄 때, 특히 즐거운 방식으로 영향을 줄 때, 그 사물에 대한 우리의 감상과 관련된 철학의 분야이다. 따라서 그것[미학]은 흔히 미술에 주로 초점을 맞추는데, 그 미술 작품들은 전통적으로 우리의 감각을 즐겁게 하기 위해 만들어진다. 그러나 우리의 미적 감상의 많은 부분은 예술에 국한되지 않고 세계 전체를 향한다. 우리는 예술뿐만 아니라 넓은 지평선, 불타오르는 일몰과 우뚝 솟은 산과 같은 자연도 감상한다. 게다가 우리의 감상은 오염되지 않은 그대로의 자연을 넘어서 더 일상적인 우리의 주변, 즉 비 오는 날 저녁 인근 공원의 호젓함, 분주한 아침 시장의 혼란함, 도로에서 보는 광경에까지 미친다. 그러므로 환경 미학의 필요성이 있게 되는데, 그러한 경우에 우리의 미적 감상은 우리 주변, 즉 우리 환경을 포함하기 때문이다.

[권장 답안]

	(A)		(B)
①	Likewise	……	Thus
②	For instance	……	In addition
③	However	……	Thus
④	Likewise	……	In addition
⑤	However	……	On the contrary

[정답] ③

Unit 14 함축 의미 추론

대표 기출 문항

정답 ①

해석 다음에 무슨 일이 일어날지 예상함으로써, 여러분은 그것들이 일어나는 동안에 상황 파악을 할 필요가 없도록 하기 위해 가장 가능성이 높은 몇 가지 시나리오에 대비한다. 그러므로 음식점 종업원이 여러분에게 메뉴를 제공하는 것은 놀랄 일이 아니다. 그녀가 여러분에게 투명한 액체가 담긴 유리잔을 가져다줄 때, 여러분은 그것이 물인지 묻지 않아도 된다. 식사를 한 후에, 여러분은 왜 더 이상 배가 고프지 않은지 알아낼 필요가 없다. 이 모든 것들은 예상되며 따라서 해결해야 할 문제가 아니다. 더욱이, 여러분이 상호작용하는 모든 친숙한 물건들에 대한 모든 사용 가능 방법들에 대해 끊임없이 고려하는 것이 얼마나 힘들 것인지 상상해 보라. "저 못을 박기 위해서 나의 망치나 나의 전화기 중 어떤 것을 사용해야 할까?" 매일을 살아가는 데 있어서, 기능적 고정성은 저주가 아니라 안도이다. 그렇기 때문에 여러분은 여러분의 모든 선택권과 가능성을 고려하려는 시도조차 해서는 안 된다. 그럴 수도 없다. 여러분이 그렇게 하려고 한다면, 여러분은 결코 그 어떤 일도 끝낼 수 없을 것이다. 그러니 상자를 두드리지 말라. 역설적으로, 비록 그것이 여러분의 사고를 제한하지만, 그것은 또한 여러분을 똑똑하게 만들어 준다. 그것은 여러분이 현실보다 한발 앞서도록 도와준다.

Practice 1

정답 ②

해석 인간 두뇌의 한 가지 특징은 '유도', 즉 긍정적인 어떤 것이 그와 대조적인 부정적인 이미지를 우리의 마음속에 만들어 내는 방식이라고 알려져 있다. 이것은 우리의 시각 체계에서 가장 분명하다. 우리가 어떤 색깔, 예를 들면 빨간색이나 검은색을 볼 때, 그것은 우리 주변에 있는 정반대 색에 대한 우리의 인식을 강화하는 경향이 있는데, 이 경우에는 녹색이나 흰색이다. 빨간색인 대상을 볼 때 우리는 흔히 녹색 후광이 그것의 주변에 형성되고 있는 것을 볼 수 있다. 일반적으로 마음은 대조되는 것들에 의해 작동한다. 우리는 어떤 것에 대한 개념을 그것의 정반대인 것을 의식하게 됨으로써 형성할 수 있다. 두뇌는 지속적으로 이런 대조되는 것들을 떠올리고 있다. 이것이 의미하는 것은 우리가 어떤 것을 보거나 상상할 때마다 우리의 마음은 정반대인 것을 보거나 상상하지 않을 수 없다는 것이다. 우리의 문화가 특정한 생각을 하거나 특정한 욕망을 품지 못하게 금지한다면 그 금기는 즉각적으로 우리에게 금지된 바로 그것을 마음속에 떠올리게 한다. 모든 금지는 그에 상응하는 허용을 촉발한다. 우리는 마음속에서 대조적인 것들 사이의 이런 동요를 제어하지 못한다. 이것은 우리에게 영향을 주어 우리가 가지지 않은 바로 그것에 관하여 생각하고, 그다음에 그것을 갈망하게 한다.

1. 지문 적합성 검토 (아래 질문에 답하시오.)

① 원문의 수정된 부분이 없는가? 수정된 부분이 있다면 그 수정이 적절한가?

> 원문의 첫 번째 두 문장 Such a syndrome can be explained by three qualities of the human brain.과 The first is known as *induction*, how something positive generates a contrasting negative image in our mind.를 하나로 합쳐서 지문의 첫 문장을 새롭게 구성했다. 두 문장을 하나로 연결하였으나 글 전체의 도입문으로서 큰 무리가 없도록 적절히 수정되었다.

② 지문의 원문이 하나의 문단으로 구성되어 있는가? 두 개 이상의 문단을 하나로 합쳤다면 글의 흐름에 지장이 없는가?

> 원문에서는 두 개의 문단으로 제시된 것을 지문에서는 하나의 문단으로 합쳤으나, 첫 문단의 끝 문장인 ❼ The brain is continually dredging up these contrasts.에 이어 두 번째 문단의 첫 문장이 ❽ What this means로 시작해 앞부분의 내용을 설명하는 내용이어서 문단의 통일성이 깨지지 않고 자연스럽게 연결되고 있다.

③ 밑줄로 제시된 어구나 문장에 주석을 제시해야 할 만큼 지나치게 어려운 단어는 없는가?

> 밑줄 친 부분에 나온 단어 중 spark와 corresponding이 가장 어려운 단어이지만, 고등학생 수준이면 알아야 할 단어이므로 밑줄로 제시하기에 큰 무리가 없다.

④ 밑줄 친 부분 바로 앞의 내용이나 바로 뒤의 내용만으로 정답 추론이 가능하지는 않은가?

> 바로 앞 문장인 ❾에 나온 If we are forbidden과 정답 선택지에 포함된 If anything is banned가 의미상 직결되기는 하지만, 그 추론이 맞는 것인지 글 전체의 흐름을 통해 확인해야 한다.

⑤ 주석을 제시하거나 순화시켜야 할 교육과정 밖의 단어는 없는가?

> halo(후광), dredge up(~을 떠올리다), vacillation(동요, 흔들림)의 세 어휘를 주석으로 제시한 것 말고는 특별히 더 의미를 순화하거나 주석을 제시할 만큼 어려운 단어가 없다.

2. 선택지 적합성 검토 (각 선택지의 정답과 오답의 근거를 제시하시오.)

① To improve your life, you must learn to say no politely.

> ❿의 밑줄 친 문장에 나온 yes와 no에서 no를 선택지 단어로 구성해 매력도를 높이긴 했으나 글의 핵심 내용과는 매우 거리가 멀다. **오답**

② If anything is banned, we become anxious and eager for it.

> 선택지 ②는 '모든 금지는 그에 상응하는 허용을 촉발한다(Every no sparks a corresponding yes).'라는 내용과 ❶~❾ 사이에 이어지는 모든 내용을 간결하게 잘 표현하고 있다. 글 전체의 내용과 특히 바로 앞에 나온 '❽ What this means is that whenever we see or imagine something, our minds cannot help but see or imagine the opposite(이것이 의미하는 것은 우리가 어떤 것을 보거나 상상할 때마다 우리의 마음은 정반대인 것을 보거나 상상하지 않을 수 없다는 것이다).'과 '❾ If we are forbidden by our culture to think a particular thought or entertain a particular desire, that taboo instantly brings to mind the very thing we are forbidden(우리의 문화가 특정한 생각을 하거나 특정한 욕망을 품지 못하게 금지한다면 그 금기는 즉각적으로 우리에게 금지된 바로 그것을 마음속에 떠올리게 한다).'의 내용을 정확하게 파악하면 정답 추론에 큰 문제가 없다. 그리고 '❿ This predisposes us to think about and then desire exactly what we do not have(이것은 우리에게 영향을 주어 우리가 가지지 않은 바로 그것에 관하여 생각하고, 그다음에 그것을 갈망하게 한다).'에 나온 desire exactly what we do not have도 선택지의 anxious and eager for it에 정확히 상응한다. **정답**

③ We are often attracted to people with opposite personalities.

> 글의 내용이 사람의 성향과 관련이 있어 ❸, ❻, ❽에서 연이어 나오는 단어 opposite을 personalities와 연결해 선택지를 구성하긴 했지만, 글의 중심 내용과는 아무 관련이 없다. **오답**

④ Most of us obey the law because we fear social punishment.

> ❾에 나온 are forbidden이라는 표현이 법을 연상시키므로 law라는 단어와 punishment라는 단어를 넣어 선택지를 구성하긴 했지만, 글의 핵심에서 완전히 벗어난 내용이다. **오답**

⑤ Reason-giving is effective to turn disagreement to agreement.

> ❶의 something positive와 a contrasting negative image의 내용 그리고 ❻의 by becoming aware of its opposite의 내용이 연상되도록 disagreement와 agreement를 넣어 선택지를 구성했으나, 글의 의도와는 거리가 먼 내용이다. 오답

Practice ❷

해석 많은 사람들에게 'Cajun'과 'Creole'이라는 말은 검보, 팥과 쌀, 가재, 그리고 '검게 그을린, Cajun 스타일'이 된 거의 모든 것을 상상하게 만든다. 이러한 요리 전통은 독특하고 즐길 만하지만, Louisiana 주의 Cajun과 Creole 공동체에 의한 다른 많은 독특한 문화적 기여를 무색하게 만들었으며, 그것을 만든 사회적, 역사적 상황과 관계없이 고찰되는 경우가 자주 있다. 'Cajun'과 'Creole'이 메뉴와 음식 라벨 위의 형용사로 전락할 때 그 형용사들이 처음 묘사했던 사람들이 더 이상 안 보이게 되기 쉬워진다. 시인 Sheryl St. Germain이 'Cajun'에서 쓰듯이, 그녀는 문화를 상품화하는 소매상들에 의해 '그 단어가 도둑맞아' 그것의 내용과 역사가 비어 없어지고 진짜 말 그대로 소비의 대상으로 전락했다고 우려한다.

권장 답안

① The Cajun community members have been exploited.

② The linguistic origin of the word has remained misunderstood.

③ The cultural and historical identity of the word has been destroyed.

④ The historical documents on the origin of the word have disappeared.

⑤ The Cajun culture has been isolated from the mainstream American culture.

정답 ③

언어 형식·어휘

Unit 15 어법

대표 기출 문항

정답 ⑤

해석 인간 피험자에 관한 과학 실험을 다루는 규정은 엄격하다. 피험자는 충분한 설명에 입각한 서면으로 된 동의를 해야 하고, 실험자는 자신들의 계획된 실험을 제출해 감독 기관에 의한 철저한 정밀 조사를 받아야 한다. 자신을 실험하는 과학자들은, 법률적으로는 아니지만, 직무상으로는 다른 사람들을 실험하는 것과 관련된 규제를 피할 수 있다. 그들은 또한 관련된 윤리적인 문제도 대부분 피할 수 있는데, 실험을 고안한 과학자보다 그것의 잠재적인 위험을 더 잘 알고 있는 사람은 아마 없을 것이기 때문이다. 그럼에도 불구하고, 자신을 실험하는 것은 여전히 매우 문제가 된다. 한 가지 명백한 문제점은 (실험에) 수반되는 위험인데, 위험이 존재한다는 것을 안다고 해서 위험을 줄이기 위해 어떤 일을 하게 되는 것은 결코 아니다. 이보다 덜 명백한 문제점은 실험이 초래할 수 있는 제한된 범위의 데이터이다. 인체의 해부학적 구조와 생리적 현상은 성별, 나이, 생활 방식, 그리고 기타 요인에 따라 사소하지만, 의미 있는 방식으로 각기 다르다. 따라서, 단 한 명의 피험자로부터 얻어진 실험 결과는 가치가 제한적이며, 그 피험자의 반응이 집단으로서의 인간 반응을 대표하는 것인지 아니면 이례적인 것인지 알 방법이 없다.

Practice 1

정답 ②

해석 박테리아는 풍부할 뿐만 아니라 많은 다른 종류에 속하기도 한다. 박테리아종은 특히, 알려지지 않은 종을 우리가 고려한다면 다양성에서 다른 어느 생물학적 생명체보다 수가 더 많다. 존재하는 모든 박테리아종에서 우리가 그 특성을 밝혀낸 것은 겨우 1퍼센트에 불과한 것으로 추정된다. 분명히, 눈에 보이지 않는 유기체는 우리가 주변에서 보는 생명체보다 관심을 덜 받으며, 그 미생물을 보거나 배양할 수 없다면 연구하기가 어렵다. 대부분의 박테리아는 우리가 실험실에서 제공할 수 있는 환경에서는 증식할 수 없다. 그럼에도 불구하고 그것들의 DNA를 분리할 수 있기 때문에 우리는 '알려지지 않은 종'이 얼마나 많이 존재하는지 여전히 추정할 수 있다. DNA가 (진핵생물에서 추출한 DNA가 아니라) 그 기원이 박테리아인지의 여부, 그리고 그렇다고 하면 그것이 이미 배양돼서 기술된 종이나 종의 집단에 속하는지의 여부를 결정하는 것이 가능하다. 그와 같은 탐구적 DNA 연구로부터 우리는 바다, 토양, 또는 퇴적물에 사는 모든 박테리아종의 99퍼센트가 전혀 배양된 적이 없다는 것을 알고 있다.

권장 답안

1. 지문 적합성 검토 (아래 질문에 답하시오.)

① 5개의 어법 항목을 구성할 수 있도록 지문이 6개 이상의 문장으로 구성되어 있는가?

　지문이 ❶~❼까지 총 7개의 문장으로 구성되어 5개의 어법 항목을 구성하기에 적절하다.

② 선택지가 포함된 문장에 글의 의미를 파악하기 어려울 정도의 고난도 단어는 없는가?

　어려운 단어는 주석으로 제시가 되어 어법 항목이 제시된 모든 문장이 글의 의미를 파악하기에 큰 어려움이 없다. 문장 ❻에 나온 eukaryotes(진핵생물)는 주석이 제공되었고, 설령 이 단어의 뜻을 모른다 하더라도 문장의 어법 적절성 여부를 판단하는 데는 전혀 지장이 없다. 그리고 ❼의 sediment(퇴적물)도 주석이 제공되어 문장의 뜻을 이해하는 데 어려움이 없다.

③ 글이 하나의 문단으로 완결성을 갖추고 있는가?

　원문 자체가 하나의 문단으로 깔끔하게 구성되어 있어 원문에 수정을 가하거나 문단을 통합하는 일 없이 원문의 내용을 그대로 사용한 완결성을 갖춘 지문이다.

④ 어법 항목으로 제시된 어휘가 너무 어려워 주석을 제공해야 하는 것은 없는가?

　밑줄 친 부분의 어휘는 모두 고등학교 수준이면 누구나 알 수 있는 평범한 어휘로 구성되어 있다. 선택지로 사용된 ① invisible, ② where, ③ their, ④ to determine, ⑤ have는 모두 고교 3학년이면 기본적으로 그 의미를 알아야 할 어휘이다.

⑤ 주석을 제시하거나 순화시켜야 할 교육과정 밖의 단어는 없는가?

교육과정 밖의 단어인 eukaryote(진핵생물)와 sediment(퇴적물)는 주석을 제공했으며, 그 밖의 단어는 내용 이해에 어려움이 없어 추가 주석이나 단어의 순화를 요하지 않는다.

2. 선택지 적합성 검토 (각 선택지의 정답과 오답의 근거를 제시하시오.)

① invisible

형용사의 쓰임을 아는지 묻고자 하는 선택지이다. organisms ① <u>invisible</u> to the eye에서 invisible 뒤에 수식어구인 to the eye가 이어지므로 invisible to the eye가 organisms 뒤에서 organisms를 수식하고 있음을 알아야 한다. 그리고 organisms that are invisible to the eye의 구조에서 that are가 생략된 것까지 추론할 수 있어야 한다. **오답**

② where

관계부사와 관계대명사의 쓰임을 구분하는 능력을 측정하는 선택지이다. 관계부사는 완결된 절을 이끌고, 관계대명사가 이끄는 절에는 명사가 하나 비어 있어야 한다는 것을 알아야 한다. conditions ② <u>where</u> we can provide in a laboratory의 구조에서 conditions가 선행사이고 관계절이 뒤에서 수식하는 구조이다. 관계절 내에 동사 provide의 목적어가 없으므로 관계부사 where가 아니라 관계대명사 that이나 which가 와야 한다는 것을 알아야 한다. 즉 [conditions + we can provide them(= conditions) in a laboratory]의 상황에서 대명사 them을 대신할 수 있는 목적격 관계대명사가 필요한 위치임을 알아야 한다. **정답**

③ their

복수형 대명사 their의 쓰임이 적절한지 판단할 수 있어야 한다. their가 지칭하는 대상이 복수 명사인지를 찾을 수 있어야 한다. 문맥상 their가 지칭할 수 있는 것은 bacteria밖에 없다. 그렇다면 bacteria를 their로 받아야 할지 its로 받아야 할지 판단해야 한다. bacteria는 bacterium의 복수형이라는 것을 모르더라도, 문장 ❶의 Bacteria are 그리고 특히 their가 지칭하는 대상이 포함된 문장 ❹의 Most bacteria are 등을 통해 bacteria가 복수의 의미로 쓰이고 있다는 것을 알 수 있어야 한다. **오답**

④ to determine

형식상의 주어와 내용상의 주어로 연결되는 to부정사구의 쓰임을 아는지 묻는 선택지이다. It is possible ④ to determine ~의 구조에 대한 기본적인 어법 지식을 갖추고 있으면 오답 선택지임을 금방 알 수 있다. 오답

⑤ have

we know that 99% of all bacterial species living in the oceans, in soils, or in sediments ⑤ have never been cultured는 that절의 주어인 99% of all bacterial species living in the oceans, in soils, or in sediments 중 어느 부분에 의해 동사의 수가 결정되는지를 알고 있는지 묻고자 하는 선택지이다. 〈most/half/분수/%+of〉는 그 뒤에 단수가 오면 단수형 동사가 오고 복수가 오면 복수형 동사가 온다는 것을 알아야 한다. 그리고 species는 단수형과 복수형이 형태가 같은데, 지문에서는 all과 연결되었으므로 복수로 쓰였다는 것을 알아야 한다. 오답

Practice ❷

해석 만약 우울한 기분을 느끼는 데 집중하여 혼자 시간을 많이 보내면서 활동을 훨씬 덜 하게 되었다면, 주의력을 사로잡고 집중력과 노력을 적당한 수준으로 요구하는 활동에 대해 생각해 보라. 예를 들어, 아마 운전은 최적의 것이 아닐 터인데, 왜냐하면 그것은 대부분의 사람들에게는 매우 무의식적인 행위의 연속이므로 아주 적은 양의 주의력만을 흡수하기 때문이다. 힘든 유산소 운동 같은 것은 훨씬 더 효과적일지도 모르는데, 그것(힘든 유산소 운동 같은 것)이 더 많은 주의력을 사로잡기 때문이다. 하지만 여러분은 수학 시험공부를 하는 것 같은 굉장히 복잡하고 힘든 과업은 선택하지 말아야 할 것인 데, 왜냐하면 그런 과업을 하는 데 여러분이 겪는 모든 어려움이 부정적이며 자기 비판적인 사고를 강화할 수 있을 것이기 때문이다. 여러분의 기분이 우울할 때 정신적으로 힘든 과업은 감당 못 할 일이 될 수 있으며, 그때 여러분은 과업의 실패에 대해 계속 떠올리기 시작할 것이다. (예를 들어, "이런 간단한 수학에도 집중을 못하니 우울감이 나를 망가뜨리겠구나.") 그래서 적당한 몰입이 필요한 활동이 아마도 어떤 생각을 계속 떠올리는 것에서 주의를 돌리는 최고의 방법이다. 여러분이 어떤 생각을 계속해서 떠올리는 기간을 줄이거나 없애는 데 가장 효과적인 긍정적 활동을 찾는 데 시간을 어느 정도 쓰라.

(1)

	(A)		(B)		(C)
①	that	……	doing	……	Take
②	that	……	doing	……	Taking
③	that	……	done	……	Take
④	whom	……	doing	……	Taking
⑤	whom	……	done	……	Taking

정답 ①

(2) 각자 만든 정답 선택지를 확인해 보세요.

Unit 16 어휘

대표 기출 문항

정답 ③

해석 덩어리로 나누는 것은 음악의 인식에서 필수적인 것이다. 만일 우리가 그것을 한 음 한 음 우리의 뇌에서 부호화해야 한다면 우리는 가장 간단한 동요보다 더 복잡한 것은 어느 것이든 이해하는 데 악전고투하게 될 것이다. 물론, 대부분의 기량이 뛰어난 음악가들은 한 음도 틀리지 않고 수천 개의 음을 포함하는 작품을 완전히 기억으로 연주할 수 있다. 그렇지만 겉보기에는 굉장한 것 같은 이러한 기억의 성취는 보통 말하는 그런 개별적인 음을 기억하는 것이 아니라 음악적인 '과정'을 기억함으로써 일어날 것 같지 않게 되는(→ 가능해지는) 것이다. 만일 피아니스트에게 모차르트 소나타를 41번 마디로부터 시작해 달라고 요청하면, 그녀는 아마도 그 음악을 처음부터 머릿속으로 재생해서 그 마디까지 와야 할 것이다. 그 악보는 그저 그녀의 머릿속에 펼쳐져 있어서 어떤 임의의 지점부터 읽힐 수 있는 것이 아니다. 그것은 흡사 여러분이 운전해서 직장에 가는 방법을 설명하는 것과 같다. 여러분은 추상적인 목록으로 길의 이름을 열거하는 것이 아니고 마음속에서 그것을 되짚어감으로써 여러분의 경로를 구성해야 한다. 음악가들이 리허설 중에 실수한다면, 그들은 다시 시작하기 전에 한 악구의 시작으로 (되)돌아간다('2절부터 다시 합시다').

Practice 1

정답 ⑤

해석 '복원 이론'에 따르면, 수면은 뇌를 포함한 신체가 스스로 휴식을 취하고 회복할 수 있게 한다. 다양한 종류의 증거가 이 이론을 뒷받침한다. 마라톤을 뛰는 것과 같은 격렬한 신체 활동을 한 후에, 사람들은 보통 평소보다 더 오래 잔다. 주로 깊은 수면 중에 분비되는 성장 호르몬은 손상된 조직의 회복을 용이하게 한다. 수면은 뇌가 에너지 저장소를 보충할 수 있게 하고 면역 체계도 강화하는 것으로 보인다. 더 최근에, 연구자들은 관리인이 쓰레기를 치우는 것과 꼭 마찬가지로 수면이 신경 활동의 대사 부산물을 뇌가 제거하는 데 도움을 줄 수도 있다는 것을 입증했다. 신경 활동은 쌓이면 독성이 있을 수 있는 부산물을 만들어 낸다. 이 부산물은 뇌세포들 사이에 있는 액체로 채워진 작은 공간인 간질 공간에서 제거된다. 수면 중에, 60% 증가되는 이 공간은 사람이 깨어 있는 동안 축적된 쓰레기의 효율적 제거를 방해한다(→ 가능하게 한다).

1. 지문 적합성 검토 (아래 질문에 답하시오.)

① 선택지를 구성하기에 충분한 길이의 문장이 최소한 6개 이상 있는가?

　지문이 ❶~❽까지 총 8개의 적절한 수의 문장으로 구성되어 있다.

② 지문이 한 가지 주제를 통일성 있게 다루며 완결성이 있는가?

　원문이 단일 문단으로 구성되어 수면의 복원력에 관한 주제가 일관성 있게 기술되고 있다. 첫 문장인 '❶ According to the *restorative theory*, sleep allows the body, including the brain, to rest and repair itself('복원 이론'에 따르면, 수면은 뇌를 포함한 신체가 스스로 휴식을 취하고 회복할 수 있게 한다).'가 글의 주제문이다. 그런 다음 이 이론을 뒷받침하는 다양한 증거와 과학적 설명이 이어지는 ❷~❹ 문장이 이어지며, 최근 자료를 제시하는 '❺ More recently, researchers have demonstrated that sleep may help the brain clear out metabolic by-products of neural activity, just as a janitor takes out the trash(더 최근에, 연구자들은 관리인이 쓰레기를 치우는 것과 꼭 마찬가지로 수면이 신경 활동의 대사 부산물을 뇌가 제거하는 데 도움을 줄 수도 있다는 것을 입증했다).'와 그 결과에 대한 부수적 설명인 ❻~❽의 내용이 하나의 주제에 대해 일관성 있게 기술되는 완결성 있는 지문이다.

③ 주석으로 제공된 단어가 특정 선택지의 적절성 판단에 영향을 주지는 않는가?

　주석으로 제공된 replenish와 interstitial space의 의미를 아는 것만으로는 ① support에서 ⑤ disturbs에 이르는 5개의 낱말이 문맥상 적절한지 아닌지를 판단하는 것은 불가능하다.

④ 어려운 단어가 지나치게 많아 선택지 구성이 어렵지는 않은가?

　replenish와 interstitial space는 주석으로 제시되었고 ❽의 debris가 어렵기는 하나 문맥을 통해 그 의미를 충분히 추론할 수 있으므로, 정답을 찾는 데 큰 문제가 없다.

⑤ 주석을 제시하거나 순화시켜야 할 교육과정 밖의 단어는 없는가?

　교육과정의 범위를 벗어난 단어인 replenish(보충하다)와 interstitial space(간질 공간(세포 사이의 체액을 이루는 공간))는 주석을 제공하였고, 문맥을 통해 그 의미를 추론하기에 문제가 없는 debris(쓰레기)는 교육과정 밖의 어휘이지만 순화하거나 주석을 제공하지 않았다.

2. 선택지 적합성 검토 (각 선택지의 정답과 오답의 근거를 제시하시오.)

① support

> ❷ Various kinds of evidence ① support this theory에서 this theory는 ❶에서 언급된 sleep allows the body, including the brain, to rest and repair itself 즉, restorative theory를 가리키며 콜론 다음의 문장이 After people engage in vigorous physical activity, such as running a marathon, they generally sleep longer than usual.이므로 support는 문맥상 적절하다. 오답

② facilitates

> ❸ Growth hormone, released primarily during deep sleep, ② facilitates the repair of damaged tissue.는 앞선 문장에 연결되어 수면의 긍정적인 내용이 이어져야 하므로 facilitates는 문맥상 적절하다. 오답

③ strengthens

> ❹ Sleep apparently enables the brain to replenish energy stores and also ③ strengthens the immune system.에서도 수면의 긍정적인 면이 언급되어야 하므로 strengthens는 문맥상 적절하다. 오답

④ toxic

> ❺ More recently, researchers have demonstrated that sleep may help the brain clear out metabolic by-products of neural activity, just as a janitor takes out the trash.에서 the brain이 metabolic by-products를 clear out하는 데 도움을 줄 수도 있다고 했고, 이 by-products를 trash에 비유하고 있으므로, ❻ Neural activity creates by-products that can be ④ toxic if they build up.에서 toxic은 문맥상 적절하다. 오답

⑤ disturbs

> ❼에서 These by-products are removed in the interstitial space라고 언급되었으므로 이 공간(this space)이 커지면 쓰레기(debris = toxic by-products)를 효율적으로 제거하는 데 도움이 될 것이다. 따라서 disturbs를 permits와 같이 쓰레기 제거에 도움이 된다는 의미를 지닌 낱말로 바꿔야 한다. 정답

Practice ②

식욕 충동을 초월하여 보다 복잡한 요구를 충족시킬 수 있는 진보한 두뇌의 발달은 상당한 진화상의 압박에 의해 유발되었다. 내적 충동의 요구를 충족시키기 위한 현저한 자극의 억제되지 않은 추구는 위험으로 가득 찬 세상에서 적응적이지 않다. 또한, 상황에 따라 만족감을 <u>미루는</u> 능력은 사회 집단의 발달에 필수적이다. 예를 들어, 사회적 계급에서 가장 하위의 동물들은 그 사회 집단의 더 우세한 구성원들이 충분히 만족할 때까지 먹는 것을 기다려야 한다. 그러한 진보된 행동들을 가능하게 하려고, 보상 체계에 의해 유도되는 내적 충동과 좁은 외적 초점을 <u>조절하는</u> 특별한 회로가 진화했다. 주요 구성 요소가 전두엽 피질에 위치하는 이러한 회로는 상황적 고려 사항, 학습된 규칙, 그리고 미래에 대한 전망과 일치하는 방식으로 보상의 추구를 촉진한다. 기능적 뇌 영상법을 이용한 임상 연구를 통해 기본값의 뇌 기능을 구동하는 일반 회로와 <u>더 높은</u> 수준의 복잡성과 적응성을 지원하는 회로가 모두 밝혀졌다.

권장 답안 (1)

	(A)		(B)		(C)
①	share	⋯⋯	activate	⋯⋯	higher
②	postpone	⋯⋯	modulate	⋯⋯	higher
③	share	⋯⋯	modulate	⋯⋯	lower
④	postpone	⋯⋯	modulate	⋯⋯	lower
⑤	postpone	⋯⋯	activate	⋯⋯	lower

정답 ②

(2) 자신이 만든 정답 선택지를 확인해 보세요.

Unit 17 지칭추론

대표 기출 문항

정답 ⑤

해석 역대 가장 성공적인 연재만화의 하나인 'Dilbert'의 창작자 Scott Adams는 두 통의 개인적인 편지가 극적으로 자신의 인생을 바꾸었다고 말한다. 어느 날 밤, 그는 만화 제작에 대한 PBS-TV의 프로그램을 시청하던 중, 그 쇼의 사회자인 Jack Cassady에게 편지를 써서 만화가가 되는 데 대해 그의 조언을 구하기로 했다. 그가 매우 놀랍게도, 그는 손으로 쓴 편지의 형태로 몇 주 안에 Cassady로부터 답장을 받았다. 편지에서 Cassady는 Adams에게 초기에 거절을 당하더라도 낙심하지 말라고 조언했다. Adams는 격려를 받아 몇 편의 만화를 제출했지만, 그는 금방 거절당했다. Cassady의 조언을 따르지 않고, 그는 낙심했으며, 자신의 자료들을 치우고, 만화 제작을 직업으로 삼는 것을 잊기로 했다. 약 15개월 후, 그는 Cassady로부터 또 한 통의 편지를 받고는 놀랐는데, 특히나 그가 첫 번째 조언에 대해 그에게 감사를 표하지도 않았기 때문이었다. 그는 Cassady의 격려에 따라 다시 행동하였고, 이번에는 그것을 계속하였으며 명백히 크게 성공하였다.

Practice 1

정답 ④

해석 Aeneas와 그의 부하들은 Sicily로 돌아왔고, 그들의 선박 중 네 척이 불에 타 파괴되었다. 그들이 마침내 이탈리아의 Cumae에 도착하자마자, Aeneas는 아폴로의 신전에 가서 안내를 부탁했다. 아폴로는 Aeneas에게 그가 지하 세계에 들어가서 아버지를 찾아 그의 충고를 구해야 한다고 말했다. 이 임무를 하는 도중에, Aeneas는 많은 위험을 견뎌냈다. 그는 드디어 아케론 강을 건너 하데스에 도달할 수 있었다. 그곳에서부터 Aeneas는 지하 세계를 통과하여 축복받은 영혼들의 집인 낙원으로 여행했으며, 그곳에서 그는 자기 아버지의 영혼과 재회했다. 그 영혼은 Aeneas에게 로마의 역사를 말했다. 그는 Aeneas가 벌이게 될 전쟁과 그의 운명에 대해 말해주었는데, 이것이 로마가 세계를 지배하게 할 것이었다. 그 이야기가 끝났을 때, 그는 산 자의 세계(현실 세계)로 돌아왔다.

권장 답안

1. 지문 적합성 검토 (아래 질문에 답하시오.)

　① 다섯 개의 선택지에 밑줄을 그을 수 있도록 지문이 최소 여섯 개 이상의 문장으로 구성되어 있는가?

❶에서 ❾까지 총 9개의 문장으로 구성되어 다섯 개의 선택지를 구성하기에 문장의 수가 충분하므로 적절한 지문이다.

② 글의 초반부터 등장인물이 둘 이상 언급되어 있는가?

❶에서는 Aeneas가 그리고 ❷에서는 Apollo가 언급되어 이후에 이어지는 글에서 지칭 대상이 이 둘 중 누구를 가리키는지 판단해야 하므로 적절한 지문이다.

③ 원문이 하나의 단일 문단이거나 단일 문단으로 구성하기가 비교적 쉬운가?

원문이 총 두 개의 문단, 즉 ❶~❸까지의 문단과 ❹~❾까지의 문단으로 구성되어 있으나, 원문의 큰 수정 없이 이 두 문단을 하나로 합쳐도 글의 흐름에 지장이 없으므로 적절한 지문이다.

④ 지나치게 어려운 단어가 많아 글의 내용을 파악하기에 어려움은 없는가?

학술적인 내용이 아닌 이야기체의 서술문으로 원문 자체가 어렵지 않은 지문이다.

⑤ 주석을 제시하거나 순화시켜야 할 교육과정 밖의 단어는 없는가?

특별히 주석을 주거나 순화해야 할 단어가 없는 쉽게 읽히는 글이다.

2. 선택지 적합성 검토 (각 선택지의 정답과 오답의 근거를 제시하시오.)

Apollo told Aeneas that ① he had to enter the underworld, find his father, and ask his advice.

❶에서 Aeneas가 언급되고 ❷에서 Apollo가 언급되어 두 명의 등장인물이 나온 다음에 ❸ Apollo told Aeneas that ① he had to의 내용이 이어지므로 선택지 ①은 적절하다. ① he = Aeneas 오답

② He was eventually able to cross the Acheron River and reach Hades.

❸ Apollo told Aeneas that ① he had to enter the underworld, find his father, and ask his advice.에서 Apollo, Aeneas, 그리고 his father가 언급된 후에 ② He was eventually able의 내용이 이어지므로 ②는 선택지로 적절하다. ② He = Aeneas 오답

320

From there, Aeneas traveled through the underworld to the Elysian Fields, home of the blessed souls, where ③ <u>he</u> was reunited with his father's spirit.

> 선택지 ②와 마찬가지로 앞에서 세 명의 등장인물이 나온 후에 ③ <u>he</u> was reunited with his father's spirit이 이어지므로 ②에서 지칭 대상을 잘못 추론하면 ③에서 혼란을 겪을 수 있다. 그러므로 ③은 선택지로 적절하다. ③ he = Aeneas **오답**

④ <u>He</u> told of the wars Aeneas would fight and of his destiny, which would lead to Rome ruling the world.

> ❻에서 his father's spirit이 언급되고 ❼에서 Aeneas가 언급된 다음에 ❽에서 ④ <u>He</u> told of the wars의 내용이 이어지므로 ④는 선택지로 적절하다. ④ He = his father's spirit **정답**

When the story was finished, ⑤ <u>he</u> returned to the world of the living.

> ❼과 ❽에서 The spirit과 Aeneas가 언급된 다음에 ⑤ <u>he</u> returned to the world of the living이 이어지므로 he는 선택지로 적절하다. ⑤ he = Aeneas **오답**

Practice ❷

해석 유명한 고전학자인 Richard Porson이 한번은 Oxford를 다니는 젊은 학생과 여행을 하고 있었다. 함께 있던 여자들에게 인상을 심어 주기 위한 시도로, 그 젊은이는 자신이 말하기로는 Sophocles로부터 따왔다는 그리스 인용구를 흘리듯 말했다. 교수는 젊은이의 허세에 속아 넘어가지 않고, 자신의 코트의 접힌 부분에서 Sophocles 포켓판을 꺼내어 그에게 문제의 해당 구절을 찾아볼 것을 요구했다. 그 학생은 기가 죽지 않은 채 자신이 실수를 했으며 그 인용구는 사실 Euripides로부터 따온 것이라고 말했다. Porson은 즉각 자신의 호주머니에서 Euripides 책을 꺼냈고 아까와 똑같은 요구를 하였는데, 이에 젊은 여자들은 매우 즐거워했다. 체면을 세우기 위한 마지막 시도로 그 젊은이는 그 구절은 당연히 Aeschylus로부터 따온 것이라고 말했다. 그러나 Porson의 주머니에서 변함없이 Aeschylus 책이 나오는 것을 보자마자, 결국 그 젊은이는 패배를 인정했다. "마부님!" 그는 소리쳤다. "내려 주세요! 여기 자신의 주머니에 Bodleian 도서관을 통째로 넣고 다니는 사람이 있어요."

밑줄 친 부분이 가리키는 대상이 나머지 넷과 <u>다른</u> 것은?

Richard Porson, a famous classical scholar, was once traveling with a young Oxford student. In an attempt to impress the ladies present, the young man let slip a Greek quotation which ① <u>he</u> said was from Sophocles. The professor was not taken in by the young man's bluff and, pulling a pocket edition of Sophocles from the folds of his coat, challenged ② <u>him</u> to find the passage in question. Not discouraged, the student said that ③ <u>he</u> had made a mistake and that the quotation was in fact from Euripides. To the great amusement of the young ladies, Porson immediately produced a copy of Euripides from ④ <u>his</u> pocket and issued the same challenge. In the last attempt to save face, the young man announced that the passage was, of course, from Aeschylus. However, on seeing the inevitable copy of Aeschylus emerge from Porson's pocket, ⑤ <u>he</u> finally admitted defeat. "Coachman!" he cried. "Let me out! There's a fellow here who has the whole Bodleian Library in his pocket."

정답 ④

간접 쓰기

Unit 18 무관한 문장 파악

대표 기출 문항

정답 ③

해석 SNS 상황에서, 'SNS 도구들을 사용할 때 사용자들이 자신들의 권리를 의식하게 하도록 하기 위해, 그리고 또한 그들이 인권이라는 가치를 배우거나 강화하고 타인의 권리와 자유를 존중하기 위해 필요한 태도를 기르도록 돕기 위해' 미디어 정보 해독력이 특히 중요하다고 주장되어 왔다. 약자 괴롭히기와 같은 사용자 간 위험과 관련하여, 이 마지막 요소는 특별히 중요하다. 이것은 아이들에게 오프라인 세계에서도 가르치는 기본 원칙인 '남들이 여러분에게 하지 않았으면 하는 일을 남들에게 하지 말라'와 관계가 있다. (우리가 아이들이 지식을 축적하는 것을 도울 때 아이들의 SNS 활동은 권장되어야 한다.) 이것은 SNS와 관련해서도 황금률이어야 하지만, 아이들과 젊은이들이 이 환경에서의 자신들의 행동 결과와 잠재적인 중대한 영향을 추정하는 것은 훨씬 더 어렵다. 이런 이유로, SNS의 특수한 특성과 겉보기에는 사소한 행동의 잠재적인 장기적인 영향에 대한 아이들의 의식을 아주 어린 나이부터 높이는 것이 필수적이다.

Practice 1

정답 ③

해석 과학 지식이 상당히 확장되면서 지식에 대한 우리의 접근법이 바뀌었을지도 모른다. 즉, 명백한 진리에 대한 이전의 순진한 믿음은 지식의 맥락화로 바뀌었는데, 이것은 거대 서사의 종말이라는 말로 극적으로 표현되었다. 이것은 전문가의 기술에 대한 완전한 신뢰에서 제한된 신뢰로 바뀌는, 전문 지식에 대한 접근법에서 분명한데, 이 제한된 신뢰는 더 큰 판단의 부담을 개인과 사회에 지운다. '과학'에서 '연구'로의 중대한 전환이 과학 지식의 생산에서 확인된다. (과학 지식은 우리가 개인으로도 집단으로도 새로운 기술을 개발하고, 실제 문제를 해결하며, 정보에 근거한 결정을 내릴 수 있게 해 준다.) 이런 변화에 따라 지식은 덜 확정적이고, 변화에 더 열려 있게 된다. 과학은 '확실성, 냉정함, 냉담함, 객관성, 거리감, 필연성'과 연관되었지만, 그에 반해서 연구는 '불명확했고, 상황에 따라 변경이 가능했으며, 돈, 수단, 노하우라는 많은 하찮은 문제에 몰두하게' 되었다.

권장 답안

1. 지문 적합성 검토 (아래 질문에 답하시오.)

① 지문 전체에 걸친 단일의 소재 및 주제는 무엇인가?

> 과학 지식을 단일 소재로, 과학 지식의 확장으로 인한 지식에 대한 접근법의 변화를 주제로 다루고 있다.

② 첫 문장과 이어지는 문장들의 논리 관계는 어떠한가?

> 문장 ❶ [주제문]: 과학 지식의 확장에 의해 그것에 대한 접근법이 명백한 진리에 대한 순진한 믿음에서 지식의 맥락화로 바뀜.
>
> 문장 ❷ [주제문 강화]: 이것(This)은 전문가의 기술에 대한 완전한 신뢰에서 제한된 신뢰로의 변화를 유도함.
>
> 문장 ❸ [뒷받침 문장]: 이러한 변화가 과학 지식 생산에서 '과학'에서 '연구'로의 전환을 유도함.
>
> 문장 ❺ [뒷받침 문장]: 이런 변화(this shift)에 따라 지식이 덜 확정적이고, 변화에 더 열리게 됨.
>
> 문장 ❻ [뒷받침 문장]: 과학과 연구가 서로 다른 특성을 가지게 됨.
>
> 문장 ❹ [무관한 문장]: 과학 지식의 효용성을 언급하고 있음 → 글의 흐름과 무관함.

③ 세부 사항의 위계가 명확하고 앞뒤 문장이 논리적으로 자연스럽게 연결되었는가?

> 주제문에 이은 주제문을 강화하는 문장과 뒷받침 문장들이 지시어(This, this shift)와 맥락(과학 지식에 대한 접근법이 '과학'에서 '연구'로 전환됨)에 의해 논리적으로 연결됨.

④ 주석을 제시하거나 순화시켜야 할 교육과정 밖의 단어는 없는가?

현재 주석으로 제공한 두 단어 이외에는 어려운 단어가 없음.

2. 선택지 적합성 검토 (각 선택지의 정답과 오답의 근거를 제시하시오.)

① 글의 요지에 해당하는 부분이 어디까지인가?

첫 문장에서 글의 요지를 명확하게 구성하고 있고, 주제문 이후에 5개의 선택지를 구성하고
있다.

② 선택지로 제시한 5개의 문장의 각각의 명확한 의미는 무엇이며, 각 문장의 난도와 정보량의 차이가
있는가?

무관한 문장을 포함한 5개의 문장이 각각의 의미 단위를 구성하고 있고, 정보량과 길이, 구문
및 어휘 수준이 서로 비슷하다.

③ 정답으로 제시한 무관한 문장이 지문 내용과 어떤 연관성을 가지고 있고, 그것이 명확하게 주제와
동떨어진 내용인가?

과학 지식이라는 공통의 주제를 담고 있으면서, 그것의 효용성을 설명하고 있어서 글의 주제
와 연관된 내용을 무관한 문장으로 제시했다. 다만, 본문은 과학 지식의 효용성이 아닌 과학
지식의 확장에 의한 그것에 대한 접근법의 변화를 다루고 있어서 글의 흐름과 무관하다.

④ 정답으로 제시한 무관한 문장이 너무 어렵지는 않은가?

정답으로 제시한 문장은 지문의 핵심어를 검색하여 나온 문장을 그대로 가져온 것으로, 평이
한 어휘 수준과 문장 구조를 가지고 있어서 글을 읽고 의미를 파악하기에 어려움이 없다.

Practice ❷

해석 영화와 만화는 때로 과학자를 흰색 실험실 가운을 입고 외딴 실험실에서 일하는 외톨이로 묘사한
다. 실제로 과학은 매우 사회적인 활동이다. 대부분의 과학자는 팀을 이루어 일하는데, 팀은 흔히 대학
원생과 학부생을 모두 포함한다. 그리고 과학에서 성공하기 위해서는 의사소통을 잘하는 것이 도움이 된
다. 연구 결과는 세미나, 출판물, 웹사이트를 통해 동료 집단과 공유되고 나서야 비로소 영향을 미친
다. (그러나 과학 지식이 효과적인 공공 정책과 시민행동으로 전환되지 않으면, 그 과학 지식의 전달이 자동
적으로 문제 해결로 이어지지는 않는다.) 그리고 사실 연구 논문은 '동료 심사' 과정이라고 불리는 것으로

동료들에 의해 심사를 받고 나서야 비로소 발표된다. 예를 들어 대학생용 과학 교재에 기술된 과학 연구 사례의 대부분은 모두 동료 심사를 받는 학술지에 발표되었다.

권장 답안

　　Movies and cartoons sometimes portray scientists as loners in white lab coats, working in isolated labs. In reality, science is an intensely social activity. Most scientists work in teams, which often include both graduate and undergraduate students. ① And to succeed in science, it helps to be a good communicator. ② Research results have no impact until shared with a community of peers through seminars, publications, and websites. ③ However, the communication of scientific knowledge does not automatically lead to problem resolution, unless it is translated into effective public policies and citizen action. ④ And, in fact, research papers aren't published until they are vetted by colleagues in what is called the "peer review" process. ⑤ Most of the examples of scientific inquiry described in science textbooks for college students, for instance, have all been published in peer reviewed journals.

* vet: 심사하다

정답 ③

Unit 19 글의 순서 파악

대표 기출 문항

정답 ④

해석 중대한 건강 문제를 해결하려고 노력하는 사람들에 대한 연구는 대다수의 응답자가 자신이 겪은 역경에서 이익을 얻었다고 보고한다는 것을 보여 준다. 스트레스를 주는 사건들은 때때로 사람들이 새로운 기술을 개발하고, 우선순위를 재평가하고, 새로운 통찰을 배우고, 새로운 강점을 얻게 한다. (C) 다시 말해, 스트레스에 의해 시작된 적응 과정은 더 나은 쪽으로의 개인적 변화를 가져올 수 있다. 참가자들의 37가지 주요 부정적인 사건 경험을 측정한 한 연구는 생애에서 겪은 역경과 정신 건강 사이의 곡선 관계를 발견했다. (A) 높은 수준의 역경은 예상대로 나쁜 정신 건강을 예측했지만, 중간 수준의 역경에 직면했던 사람들은 역경을 거의 경험하지 않았던 사람들보다 더 건강했는데, 이것은 적당한 양의 스트레스가 회복력을 촉진할 수 있음을 보여 준다. 후속 연구는 생애에서 겪은 역경의 양과 피실험자들이 실험 중 주어진 스트레스 요인에 반응하는 것 사이에서 비슷한 관계를 발견했다. (B) 중간 수준의 역경이 가장 큰 회복력을 예측했다. 따라서 적당한 양의 스트레스를 해결하기 위해 노력해야 하는 것은 미래에 스트레스를 직면할 때의 회복력을 기를 수도 있다.

Practice 1

정답 ②

해석 육아의 관점에서, 한정된 자금은 가령 가장 좋은 사립학교를 위한 비용을 지출하거나 최신 게임 콘솔을 원하는 아이의 요구를 충족시키는 것과 같은 부모의 능력을 제한할지도 모른다. 하지만 제약이 전적으로 금전적인 특성만을 띨 필요는 없다. (B) 많은 부모들에게 가장 중대한 제약은 시간과 능력이다. 어떤 부모들은 오랜 시간 일해야 해서 자기 아이들과 보낼 수 있는 시간을 줄이게 된다. (A) 몇몇 사례에서 시간 제약은 극단적일 수 있는데, 어떤 부모들은 일을 찾아서 가족이 없이 이주하여 수년 동안 자기 아이들과의 이별을 감내한다. 부모의 지식과 능력의 제약도 똑같이 중요하다. (C) 어떤 부모들은 자기 아이들을 돌볼 시간과 재원은 갖고 있을 수 있지만, 아이들에게 적절한 음식을 제공하지 못하는데, 여러 종류 음식의 영양 특성을 알지 못하기 때문이다. 다른 부모들은 사회에서 성공하는 수단으로서의 교육의 중요성을 과소평가하여 자기 아이들이 학교에서 잘하도록 동기를 부여하는 데 노력을 기울이지 않는다.

1. 지문 적합성 검토 (아래 질문에 답하시오.)

① 원문의 수정된 부분이 없는가? 수정된 부분이 있다면 그 수정이 적절한가?

원문의 첫 문장에서 like objectives를 삭제하여 지문에 제시했는데, 해당 부분은 원문의 앞 단락과 연관된 내용이어서 삭제하는 게 맞고, 원문의 마지막 두 문장을 삭제했는데, 해당 부분은 글의 중심 내용에 덧붙이는 내용이어서 삭제해도 글의 자연스러운 흐름에 전혀 문제가 없다.

② 전체 지문에 걸친 하나의 흐름은 무엇이며, 각 단락이 어떤 논리적 전개를 가지고 있는가?

육아에 있어서의 제약 사항을 전체적으로 다루고 있고, 자금의 문제에서 시작하여 부모의 시간과 능력의 문제로 확대하여 전개하고 있다.

③ 단락 배열 방법은 무엇인가?

육아의 제약 사항을 하나하나 제시하고 있는데, 각각의 내용적 전개와 논리적 흐름에 의해 한 가지 배열밖에 나올 수 없으며, 내용 전개는 아래와 같다.

주어진 글 (문장 ❶ + 문장 ❷ : 한정된 자금은 부모의 능력을 제한할 수 있지만, 제약이 전적으로 금전적인 특성을 띨 필요는 없음.

단락 (B) (문장 ❺ + 문장 ❻) : 주어진 글의 한정된 자금에 덧붙여 시간과 능력을 제약 사항으로 언급하면서, 일하느라 자녀와 함께하는 시간을 줄인다고 시간 제약을 설명

단락 (A) (문장 ❸ + 문장 ❹) : 시간 제약의 극단적 사례를 든 후, 부모의 지식과 능력의 제약도 중요하다고 언급

단락 (C) (문장 ❼ + 문장 ❽) : 부모가 지식의 한계로 적절한 음식을 제공하지 못하거나, 교육 중요성의 과소평가로 학교 공부 동기 강화를 소홀히 한다 설명함.

④ 지시적 표현 또는 연결 관계에 의해 순서가 정해지는가? 아니면 내용적 연결 관계에 의한 논리적 흐름에 의해 순서가 정해지는가?

some instances, Some [some] parents, Others [others]와 같은 표현이 여러 번 나왔지만, 이것이 단락의 순서를 고정시키는 장치로 작동하지 않았고, 순서를 고정시킬 만한 지시적 표현 또는 연결 장치는 별반 없으며, 글의 내용과 논리에 의해 단락의 순서를 고정시키고 있다.

⑤ 주석을 제시하거나 순화시켜야 할 교육과정 밖의 단어는 없는가?

전반적으로 평이한 어휘 수준을 보이고 있고, 주석으로 제공하였거나 순화시킨 단어가 전혀 없었다.

2. 선택지 적합성 검토 (각 선택지의 정답과 오답의 근거를 제시하시오.)

① 주제문에 해당하는 부분을 주어진 글로 제시하고 있는가?

주어진 글의 첫 문장(문장 ❶)에서 글의 주제를 제시한 다음, 주제를 강화하는 두 번째 문장 (Yet으로 시작하는 문장 ❷)까지 주어진 글로 제시하고 있다. 금전적인 특성 이외의 다양한 특성이 육아를 제한한다는 두 번째 문장이 사실상의 주제문이므로, 주제문에 해당하는 부분을 주어진 글로 제시하고 있는 셈이다.

② 주어진 글과 이어지는 글 (A), (B), (C)의 길이가 비슷한가?

단락 (C)가 상대적으로 긴 편이지만, 각 단락마다 2개의 문장을 구성하고 있고, 정보량에 있어서는 큰 차이가 없어서, 단락 배열에 지장을 줄 정도는 아니다.

③ 단락 구성이 의미 단위로 잘 구분되어 있는가?

전체적으로 의미 단위로 단락을 잘 구분하고 있다. (위의 1.–③번 단락 배열 방법 참조)

④ 정답 이외의 순서로 배열해도 글이 자연스럽게 연결되지는 않는가?

다음의 논리적 전개를 따르고 있어서 정답 이외의 순서로 배열할 수는 없다.
주제문(주어진 글) → 주제문에 이은 주제문 보충(단락 +(B))→ 단락 (B)에 대한 사례 제시 (단락 (A)) → 단락 (A)에 대한 보충(단락 (C))

Practice ❷

해석 요리되지 않은 달걀 속의 노른자와 흰자는 액체이고 껍질 안에서 약간 자유롭게 출렁거린다. 달걀을 회전시키려는 시도로 빨리 돌리면, 내용물은 움직임에 저항한다. (B) 즉, 내용물은 이런저런 어떤 힘에 의해 밀릴 때까지 움직이지 않고 싶은 욕구인 '관성'을 가지고 있다. 그것이 뉴턴의 운동 제1법칙인데, 정지 상태의 달걀노른자는 날달걀 흰자보다 더 단단한 무언가에 의해 떠밀릴 때까지 정지해 있을 것이다. (그가 정확히 그렇게 말한 것은 아니었다.) (A) 달걀의 바깥쪽에 돌리는 힘을 가하면, 그 힘은 달걀흰자에 두루 효과적으로 전달되지 않는데, 그것은 마치 액체의 큐로 당구 경기를 하려는 것과 같기 때문이다. 달걀의 내용물은 움직이지 않고 뒤처지려 한다. (C) 사실상, 여러분의 돌리는 힘 중 일부는 허비되고 달걀은 여러분이 그것을 얼마나 세게 돌렸는지로부터 예상한 만큼 많이 회전하지 않는다. 반면에 삶은 달걀에서는 고체의 내용물이 여러분의 힘을 전체 달걀 덩어리로 전달하여, 달걀은 예상하는 온전한 운동량을 가지고 회전한다.

주어진 글 다음에 이어질 글의 순서로 가장 적절한 것은?

> The yolk and white in an uncooked egg are liquid and free to slosh around slightly inside the shell. When you twist the egg fast in an attempt to spin it, the contents resist moving.

(A) When you apply a twisting force to the outside of the egg, the force isn't transmitted effectively through the egg white; it's like trying to play pool with a liquid cue. The egg's contents try to stay motionless and lag behind.

(B) That is, the contents have *inertia*, a desire to stay motionless until pushed by some force or other. That's Newton's First Law of Motion: an egg yolk at rest will remain at rest until shoved by something harder than raw egg white. (Those weren't his exact words.)

(C) In effect, some of your twisting force is wasted and the egg won't spin as much as you might expect from how hard you twisted it. In a hard egg, on the other hand, the solid contents transmit your force to the whole egg mass, and the egg spins with the full amount of momentum you expect.

*slosh: 출렁거리다   **inertia: 관성

① (A) − (C) − (B)   ② (B) − (A) − (C)
③ (B) − (C) − (A)   ④ (C) − (A) − (B)
⑤ (C) − (B) − (A)

[정답] ②

Unit 20 문장삽입

대표 기출 문항

정답 ④

해석 사람과 쥐 모두 '단' 음식에 대한 맛의 선호를 진화시켜 왔는데, 이것(단 음식)은 풍부한 열량의 원천을 제공한다. 탄자니아의 Hadza 수렵 채집인 사이의 음식 선호에 관한 연구는 가장 높은 열량 값을 가진 식품인 꿀이 가장 많이 선호되는 식품이었음을 발견했다. 인간의 갓난아기 또한 단 음료에 대한 강한 선호를 보인다. 사람과 쥐 모두 '쓰'고 '신' 음식을 싫어하는데, 이것(쓰고 신 음식)은 독소를 포함하는 경향이 있다. 그들은 또한 자신의 섭식 행동을 물, 열량, 소금의 부족에 대응하여 적절히 조정한다. 실험에서는 쥐가 소금 결핍을 처음 경험할 때 소금에 대한 즉각적인 선호를 보이는 것으로 나타난다. 그것들은 마찬가지로 에너지와 체액이 고갈되면 단것과 물 섭취를 늘린다. 이것들은 음식 선택의 적응적 문제를 다루고 음식 섭취 방식을 신체적 욕구와 조화시키도록 고안된, 특정한 진화된 기제처럼 보인다.

Practice 1

정답 ③

해석 아이들은 텔레비전보다 책을 더 빨리 허구로 인식한다. 명백하게, 인쇄물은 그것이 상징화하는 사물과 사건들을 물리적으로 닮지 않았다는 사실이 그것의 내용을 실제 세상과 더 쉽게 구분 짓게 한다. 따라서, 많은 사람들이 두려워해왔듯이 실제 행동을 보여 주는 텔레비전은 공상을 현실로 변형시키는 데 있어 더 유혹적인 매체이다. 하지만 허구를 보여 주는 데 있어 부정적 영향인 것이 사실을 보여 주는 데 있어서는 긍정적인 영향이 될 수 있다. 텔레비전은 실제 세상에 대해 어린이를 가르칠 수 있는 극히 강력한 매체가 될 수 있다. 스칸디나비아에서 만약 열한 살짜리가 똑같은 뉴스 사건에 대해 텔레비전, 부모, 교사, 그리고 신문을 통해 배우면, 다수는 주로 텔레비전에 의존할 것이라는 것이 밝혀졌다. 그들은 텔레비전을 최고의 정보 매체로 여기고, 텔레비전에서는 '어떤 일이 일어나는지 스스로 볼 수 있다'고 말한다.

권장 답안

1. 지문 적합성 검토

① 원문의 수정된 부분이 없는가? 수정된 부분이 있다면 그 수정이 적절한가?

원문에서 수정된 부분 없이 그대로 사용하고 있다.

② 전체 지문의 흐름은 어떠하고, 문단을 이루고 있는 각 문장이 어떤 의미 단위를 가지고 있는가?

정보 매체로서 책과 텔레비전을 비교하면서, 실제 세상을 가르치는 데 있어서는 텔레비전이 더 강력한 매체임을 서술하는 내용으로, 지문의 흐름이 논리적이다. 각 문장의 의미 단위는 아래와 같다.

문장 ❶: 아이들은 텔레비전보다 책을 더 빨리 허구로 인식함. [주제 제시]

문장 ❷: 물리적 유사성의 부재로 인해 인쇄물은 실제 세상과 더 쉽게 구분됨. [문장 ❶의 부연 설명]

문장 ❸: 따라서 텔레비전은 공상을 현실로 만드는 유혹적 매체임. [문장 ❷의 부연 설명]

문장 ❹(주어진 문장): 하지만, 사실을 보여 주는 데 있어서 텔레비전은 긍정적 영향이 될 수 있음. [글의 핵심 내용, 주제문]

문장 ❺: 스칸디나비아의 11살짜리 아이의 사례 제시(그는 뉴스 사건에 대해 텔레비전에 의존함). [문장 ❹의 사례 제시]

문장 ❻: 그들은 텔레비전을 최고의 정보 매체로 여김. [문장 ❺의 부연 설명]

③ 세부 사항의 앞뒤 관계와 글의 논리적 전개는 어떠한가?

위의 의미 단위를 통해 보면, 각 문장 간의 논리적 전개가 자연스럽게 연결되고 있다.

④ 지시적 표현 또는 연결 관계에 의해 순서가 정해지는가? 아니면 내용적 연결 관계에 의한 논리적 흐름에 의해 순서가 정해지는가?

접속사 But으로 주어진 문장을 시작하고 있는데, 해당 문장이 역접의 논리 관계를 유도하고 있음을 알아야 하는데, '텔레비전이 공상을 현실로 만드는 능력 vs. 텔레비전이 사실을 전달하고 가르치는 데 강력한 매체임'의 두 가지 상반된 논리를 끌어내는 것이 쉽지는 않아서, 문항의 난도가 낮지는 않았다.

⑤ 주석을 제시하거나 순화시켜야 할 교육과정 밖의 단어는 없는가?

주석으로 제공한 단어나 순화시켜야 할 단어는 없다.

2. 선택지 적합성 검토 (각 선택지의 정답과 오답의 근거를 제시하시오.)

① 지문의 첫 부분에서 글의 요지를 충분히 제시한 다음, 이어지는 문장부터 선택지를 구성하고 있는가?

주어진 문장이 글의 주제문은 아니지만, 주어진 문장에서 글의 주제를 충분히 제시한 다음 이후부터 선택지를 구성하고 있다.

② 해당 문장이 빠지면 전체 지문에서 어떤 논리적 비약이나 반전이 생기는가?

주어진 문장은 역접 관계를 유도하는 문장이므로, 주어진 문장이 없으면 역접 관계의 두 진술 (문장 ❸과 문장 ❺) 사이의 논리적 비약이 생긴다.

③ 주어진 문장이 들어갈 자리가 하나밖에 나올 수밖에 없는가?

주어진 문장이 주제문이고 주어진 문장이 나온 다음에 그 사례를 제시하고 있기 때문에, 주어진 문장은 반드시 ③에 들어가야 한다.

Practice ❷

해석 구석기 시대의 그림들에는 녹색 계열의 범위에 속하는 색깔이 하나도 존재하지 않는다. 동굴 벽에서 우리는 여러 색조의 빨간색, 검정색, 갈색 그리고 황토색 계열 색상을 발견하지만, 녹색이나 파란색은 전혀 찾을 수 없고 흰색은 거의 찾을 수 없다. 그리고 이는 수천 년이 지난 후인 신석기 시대에도 거의 그러한데, 그때 처음으로 염색을 하는 관습이 나타났다. 한곳에 머물러 살게 되면서 사람들은 녹색 계열이나 파란색 계열로 염색을 하기 훨씬 전부터 빨간색 색상이나 노란색 색상으로 염색을 했다. 식물 세계에서는 아주 흔하지만, 녹색은 인간이 늦게 그리고 어렵게 재현하고, 만들고, 통달한 색이다. 아마도 그것이, 서양에서 녹색이 오랜 기간 중요하지 않은 색으로 남아 있으면서 구석기 시대처럼 완전히 없는 것은 아니지만 눈에 띄지 않은 채, 사회적 삶, 종교적 의식 또는 예술적 창작에서 거의 어떤 역할도 하지 않은 이유를 설명해 준다. 대부분의 고대 유럽 사회에서 세 가지 '기본적' 색이던 빨간색, 흰색, 검은색과 비교하여 녹색의 상징적인 힘은 감정을 불러일으키거나 생각을 전달하거나, 범주 혹은 체계를 구축하기에는 확실히 너무나 제한적이었다.

권장 답안

Perhaps that explains why in the West it long remained a minor color, playing practically no role in social life, religious rituals, or artistic creation, not totally absent as in the Old Stone Age, but unnoticeable.

Not a single color belonging to the range of greens is present in Old Stone Age paintings. (①) On cave walls we find tones of red, black, brown, and ochers in different shades but no green or blue and scarcely any white. (②) And that is more or less the case a few thousand years later in the New Stone Age, when the first dyeing practices appeared. (③) Having become sedentary, humans dyed in red and yellow tones long before dyeing in greens or blues. (④) Ubiquitous in the plant world, green is a color that humans reproduced, made, and mastered late and with difficulty. (⑤) Compared to red, white, and black — the three "basic" colors in most ancient European societies — the symbolic power of green was undoubtedly too limited to prompt emotions, transmit ideas, or structure classifications or systems.

*ocher: 황토색 **sedentary: 한곳에 머물러 사는 ***ubiquitous: 아주 흔한

정답 ⑤

Unit 21 요약문 완성

대표 기출 문항

정답 ①

해석 시장 시스템이 있거나 없는 두 가지 인간 사회를 다 포함한 생물학적 유기체들은 불확실한 미래와 관련된 위험에 기초하여 현재 이용할 수 있는 생산물보다 (시간상으로) 멀리 있는 것들을 평가 절하한다. 투입과 생산의 시기가 에너지 유형에 따라 크게 다르기 때문에, 대체 에너지를 평가할 때 시간을 통합하려는 강력한 사례가 있다. 예를 들어 대부분의 투자가 생산하기 전에 발생하는 태양 전지판이나 풍력 엔진으로부터의 에너지 생산은 대부분의 화석 연료 추출 기술과 비교했을 때 다르게 평가될 필요가 있을 수 있는데, 화석 연료 추출 기술에서는 많은 비율의 에너지 생산이 훨씬 더 빨리 가능하고, 더 큰 (상대적) 비율의 투입이 추출 과정 동안에 적용되고 선행 투자되지는 않는다. 따라서 화석 연료, 특히 석유와 천연가스는 많은 재생 가능 기술보다 에너지 품질 이점(비용, 저장성, 운송 가능성 등)이 있을 뿐만 아니라 현재의 소비/수익에 대한 인간의 행동 선호를 설명하는 것에 비추어 보면 '시간적 이점'도 또한 갖는다.

→ 사람들이 더 즉각적인 생산물을 선호하는 경향이 있다는 사실 때문에, 화석 연료는 투입과 생산 간 거리의 면에서 재생 가능 대체 에너지보다 더 경쟁력이 있다.

Practice 1

정답 ②

해석 기후 변화가 동식물에 미치는 영향은 서식지 상실 및 단편화와 상호 작용을 한다. 이는 기후 변화의 주된 영향이 어느 한 종이 성공적으로 살 수 있는 지역을 바꾸는 것이기 때문이다. 온난화되고 있는 세상에서, 이러한 서식 가능한 공간이 전 지역에서 북극이나 남극의 극지로, 또는 높은 고도로 이동되면서, 종들은 과거 그 어느 때보다도 더 높은 산에 산다. 예를 들어, 평균 기온이 15℃인 지역이 지구 온난화하에서 이 방향으로 이동하기 때문에 이러한 현상이 발생한다. 그러면 생존은 특정한 종이 이동할 수 있는지, 그리고 만약 그럴 수 있다면 그 이동이 일어나는 적합한 통로가 있는지에 달려 있다. 이 두 가지 중 어느 것도 당연시될 수 없는데, 서식지가 너무 단편화되는 곳에서는 유기체가 다른 지역으로 이동하기에 적합한 통로는 현실적인 가능성이 낮아진다.

→ 어떤 종이 서식 가능한 공간이 기후 변화의 영향을 받아 이동될 때, 생존은 그 종의 이동 가능성과 새로운 지역으로 가는 경로의 이용 가능성에 달려 있는데, 후자는 서식지가 너무 단편화되는 곳에서는 줄어든다.

1. 지문 적합성 검토 (아래 질문에 답하시오.)

① 글의 요지는 무엇이며, 주제문이 명확하게 제시되어 있는가?

기후 변화로 인한 종의 서식지 변화를 주제로 삼아, 기후 변화로 인해 온난화되고 있는 세상에서 종의 서식지가 극지나 높은 고도로 이동되는데, 생존은 그 종이 이동할 수 있는지와 그 이동이 일어날 수 있는 적합한 통로가 있는지에 달려 있으며 서식지가 너무 단편화되는 곳에서는 다른 지역으로 이동하기에 적합한 통로의 현실적인 가능성이 줄어든다는 내용이다. 명확한 주제문을 제시하지 않고 있으며, 글 전체를 모두 읽고 난 다음 글의 내용을 종합하여 글의 요지를 추론하도록 구성된 지문이다.

② 지문이 담고 있는 정보는 무엇이며, 정보가 복문의 형태로 요약될 수 있을 만큼 충분한가?

기후 변화가 동식물에 미치는 영향을 주제로 종의 서식지 이동과 그와 관련한 적합한 이동 통로의 현실성을 다루고 있으며, 지문 안에 다양한 정보를 포함하고 있고, 내용 전개는 아래와 같다.

문장 ❶ + 문장 ❷: 기후 변화가 동식물의 서식지 상실 및 단편화, 상호 작용에 영향을 미쳐서, 종이 살 수 있는 지역을 바꾸어 놓음.
문장 ❸ + 문장❹: 온난화로 인해 이런 서식 가능한 공간이 극지 또는 높은 고도로 이동됨. + 그 사례
문장 ❺: 따라서 생존은 이동 가능성과 그 이동의 적합한 경로에 달려 있음.
문장 ❻: 이 두 가지 모두가 중요한데, 서식지가 너무 단편화되면 현실적인 이동 통로의 가능성이 낮아짐.

③ 배경지식에 의해 요약문만 읽고도 답을 낼 수 있는가?

빈칸 (A)는 지문의 앞부분을 읽어야 하고, 빈칸 (B)는 지문의 뒷부분과 연관되어 있으며, 상시적인 내용이라기보다는 지문의 정보에 근거해야 정답을 추론할 수 있도록 지문이 구성되었다.

④ 주석을 제시하거나 순화시켜야 할 교육과정 밖의 단어는 없는가?

주석으로 제공한 fragmentation 이외에 교육과정 밖의 단어는 없으며, 원전에 충실하게 지문을 구성하고 있다.

2. 선택지 적합성 검토 (각 선택지의 정답과 오답의 근거를 제시하시오.)

① 요약문이 어법상 올바르고, 글 전체의 내용을 포괄하고 있는가?

시간의 부사절로 유도한 다음, 주절에서는 계속적 용법의 관계절을 포함하고 있다. 다소 복잡한 구문 형태로 요약문이 구성되었으나 어법에 알맞고, 앞에 있는 부사절에서 지문의 전반부를 요약하고 있고, 주절에서 지문의 후반부를 요약하고 있어서 글 전체를 종합적으로 읽어야 요약문을 완성할 수 있도록 구성되었다.

② 요약문에 있는 빈칸의 위치가 적절하고, 둘 사이에 간섭이 생기지는 않는가?

주절에 해당하는 부분에 빈칸 두 개를 모두 배치하고 있지만, 둘 사이에 간격이 있고, 둘 모두 지문의 핵심 내용에 해당하는 정보와 연관이 있다. 빈칸 (A)는 문장 ❺의 Survival then depends on whether a particular species can move와 연관된 mobility가 정답이고, 빈칸 (B)는 문장 ❻의 a suitable pathway for organisms to move to other areas becomes less of a realistic possibility와 연관된 decreases가 정답이다.

③ 선택지로 제시된 단어가 요약문의 앞뒤 단어와 자연스럽게 연결되는가?

빈칸 (A)는 depends on과 collocation이 되어야 하고, 빈칸 (B)는 the latter (= the availability of a route to new areas)의 동사가 되어야 하는데, 현재 제시된 모든 선택지가 잘 연결된다.

Practice ❷

해석 달리는 사람에 관한 연구는 사회적 통념에 이의를 제기하고 발에 작용하는 지면 반발력과 발이 지면에 부딪히고 난 후에 다리 위로 몸을 통해 전달되는 충격은 달리는 사람이 매우 말랑말랑한 지표면에서 매우 단단한 지표면으로 옮겨갔을 때 거의 달라지지 않는다는 것을 알아냈다. 결과적으로 연구자들은 점차 달리는 사람은 자신이 달리고 있는 지표면의 경도나 경직도에 대한 자신의 인식을 바탕으로 발이 땅에 닿기 전에 다리의 경직도를 잠재의식적으로 조정할 수 있다고 믿기 시작했다. 이 견해에 따르면, 달리는 사람은 매우 단단한 지표면에서 달리고 있을 때는 충격력을 흡수하는 푹신한 다리를 만들고 물렁한 지형에서 움직일 때는 단단한 다리를 만든다. 그 결과 다리를 통해 전해지는 충격력은 아주 다양한 지표면 유형에 걸쳐서 놀랄 만큼 비슷하다. 통념과는 반대로, 콘크리트 위를 달리는 것은 푹신한 모래 위를 달리는 것보다 다리에 더 해롭지 않다.

→ 달리는 사람은 지표면의 경도에 대응하여 자신의 다리의 경직도를 <u>조절할</u> 수 있기 때문에 달리는 사람에게 전달되는 충격력의 수준은 거의 <u>일정하다</u>.

권장 답안

다음 글의 내용을 한 문장으로 요약하고자 한다. 빈칸 (A), (B)에 들어갈 말로 가장 적절한 것은?

Research with human runners challenged conventional wisdom and found that the ground-reaction forces (GRFs) at the foot and the shock transmitted up the leg and through the body after impact with the ground varied little as runners moved from extremely compliant to extremely hard running surfaces. As a result, researchers gradually began to believe that runners are subconsciously able to adjust leg stiffness prior to foot strike based on their perceptions of the hardness or stiffness of the surface on which they are running. This view suggests that runners create soft legs that soak up impact forces when they are running on very hard surfaces and stiff legs when they are moving along on yielding terrain. As a result, impact forces passing through the legs are strikingly similar over a wide range of running surface types. Contrary to popular belief, running on concrete is not more damaging to the legs than running on soft sand.

*compliant: 말랑말랑한   **terrain: 지형

↓

As human runners are able to ____(A)____ their leg stiffness in response to the surface hardness, the level of impact forces transmitted to the runner is almost ____(B)____.

	(A)		(B)
①	measure	……	moderate
②	measure	……	measurable
③	maximize	……	insufficient
④	regulate	……	substantial
⑤	regulate	……	constant

정답 ⑤

장문의 이해

대표 기출 문항

정답 01 ③   02 ②

해석 [1] 산업 자본주의는 일거리를 만들어 냈을 뿐만 아니라, 그 말의 현대적 의미로의 '여가'도 또한 만들어 냈다. 이것은 놀라운 것으로 보일 수 있는데, 초기의 목화 농장주들은 자신들의 기계를 가능한 한 오랫동안 가동하기를 원했고, 자신들의 일꾼들에게 매우 오랜 시간을 일하도록 강요했기 때문이다. 하지만 근무 시간 동안 지속적인 일을 요구하고 비업무 활동을 배제함으로써 고용주들은 여가를 업무와 분리했다. 어떤 사람들은 공장이 문을 닫는 별도의 휴가 기간을 만듦으로써 이 일을 매우 명시적으로 했는데, 왜냐하면 이렇게 하는 것이 그때그때 휴가를 내는 것에 의해 일을 <u>진척시키는(→ 중단시키는)</u> 것보다 더 나았기 때문이었다. 휴일의 형태이건, 주말의 형태이건, 혹은 저녁이라는 형태이건, 일하지 않는 별도의 기간으로서의 '여가'는 자본주의 생산으로 만들어진 통제되고 제한된 근로 시간의 결과였다. 그 후 노동자들은 더 많은 여가를 원했고, 여가 시간은 노동조합 운동에 의해 확대되었는데, 이 일은 면화 산업에서 맨 처음 시작되었고, 결국 노동 시간을 제한하고 노동자들에게 휴가의 권리를 주는 새로운 법이 통과되었다.

[2] 다른 의미에서 여가는 또한 여가의 상업화를 통한 자본주의의 창조였다. 이것은 더 이상 전통적인 스포츠와 여가 활동에의 참여를 의미하지 않았다. 노동자들은 자본주의 기업이 조직한 여가 활동에 돈을 지불하기 시작했다. 사람들에게 입장료를 받을 수 있는 관중 스포츠, 특히 축구와 경마로의 대중의 이동이 이제는 가능했다. 이것의 중요성은 아무리 강조해도 지나치지 않는데, 왜냐하면 완전히 새로운 산업이 출현해서 레저 시장을 개발하고 발전시키고 있었기 때문이었으며, 그 시장은 나중에 소비자의 수요, 고용, 그리고 이익의 거대한 원천이 될 것이었다.

Practice 1

해석 [1] 아프리카에 머무르기로 결정한 우리의 조상들은 더운 기후에서 살며 상당히 편안하게 지내는 법을 배운 것 같다. 하지만 일 년 내내 따뜻하지는 않은 지역으로 이주한 사람들은 어떤가? 북쪽의 아시아, 유럽, 아메리카 대륙으로 흘러들어 온 우리의 조상들은 어떤가? 사람들은 매년 일부 기간 동안 추운 계절이 뚜렷하게 있는 지역에 살기 시작했다. 그들은 어떻게 따뜻하게 지냈는가?

[2] 답의 일부는 물론 그들이 따뜻한 옷을 개발했다는 것이다. 동물 모피는 많은 다른 천연 섬유와 직물들처럼 추위를 막는 데 매우 효과적일 수 있다. 하지만 따뜻한 옷으로는 충분하지 않았다. 사람들은 따뜻하게 지내려고 노력하는 데 너무 많은 시간이나 에너지를 소비할 필요가 없게 될 살 곳을 찾아야 했다. 가장 인기 있는 초기 집들 중 하나는 동굴, 특히 태양을 향해 개방된 동굴이었던 것처럼 보인다. 사람들은 더운 여름날 동안 동굴 안은 쾌적하게 시원하고, 추운 날씨 동안에는 동굴 밖에 있을 때보다 동굴 안에 있을 때가 훨씬 더 따뜻하다는 것을 알아챘을 것이다. 이 답의 일부는 동굴의 두꺼운 벽 때문인데, 그 동굴 벽이 집의 벽에 있는 좋은 단열재와 마찬가지로 계절 변화의 열 효과를 완충했다. 그러나 그 답의 일부는 또한 겨울 동안 태양이 하늘에 낮게 떠서 동굴 깊숙이 스며들어 태양이 비추는 모든 것을 따뜻하게 해 줄 수 있었고, 반면에 여름에 태양의 높은 각도는 동굴의 내부가 하루 종일 <u>밝은(→ 그늘이 드리워지는)</u> 것을 의미했기 때문이다.

권장 답안

1. 지문 적합성 검토 (아래 질문에 답하시오.)

① 각각의 문단이 구성하고 있는 의미 단위는 무엇이며, 지문 전체가 하나의 독립적인 글로 이해될 수 있는가?

> 두 개의 단락으로 구성되었는데, 단락 [1]은 조상들의 열 쾌적성 유지에 대한 문제 제기를 하는 부분이고, 단락 [2]가 그것에 대한 답을 내놓는 내용이다. 조상들의 열 쾌적성 유지법이라는 주제를 두고 글 전체가 하나의 논리를 구성하고 있다.

② 글 전반에 두루 녹아 있는 필자가 전달하고자 하는 핵심 내용은 무엇인가?

> 질문과 응답의 전형적인 논리 구조를 가진 글이다. 조상들의 열 쾌적성 유지법에 대해 어떻게 그것이 가능했는지 묻고 답하는 과정에서 필자의 논지가 글 전반에 두루 녹아 있다.

③ 지나치게 전문적이거나 학술적인 내용은 없는가?

> 전문적이거나 학술적인 내용이 아닌 일반적인 내용에 관한 글이다.

④ 주석을 제시하거나 순화시켜야 할 교육과정 밖의 단어는 없는가?

현재 제시된 두 개의 단어(buffer, thermal)를 주석으로 제공한 것 외에 교육과정 밖의 단어는 없다.

2. 선택지 적합성 검토 (각 선택지의 정답과 오답의 근거를 제시하시오.)

(1) 두 개의 문항의 해결 과정이 상호 간섭되지 않는가?

제목 문항을 해결할 때는 글의 대의 파악 능력에 기반하도록 했고, 어휘 문항을 해결할 때는 해당 문장과 앞뒤 문장 간의 논리를 글 전체의 맥락에 비추어 판단하도록 했기에 상호 간섭은 일어나지 않는다.

(2) 글의 대의는 무엇이며, 이를 포괄하는 제목을 구성하고 있는가?

우리 조상들이 추운 날씨와 계절에 어떻게 열 쾌적성을 유지했는가에 대해 서술하는 것이 글의 대의인데, 이를 바탕으로 제목을 구성하고 있다.

(3) 제목 문항의 오답지가 지문의 어떤 내용과 연관이 있는가?

① Returning to Old Ways of Staying Warm → 따뜻함을 유지하려는 조상들의 방법이 다양하게 본문에 제시되었는데, 이를 이용한 선택지이다. 하지만 그것으로 돌아간다(Returning)는 내용은 언급되지 않았다. 오답

② A Variety of Advantages of South-Facing Caves → 단락 [2]에 해당되는 내용이 그대로 언급되었음을 이용한 선택지이다. 하지만, 글의 일부에 국한되는 내용이다. 오답

③ How Our Ancestors Maintained Thermal Comfort in Cold Seasons → 질문과 응답 구조로 제시된 글의 내용을 종합적으로 표현한 선택지 정답

④ The Mystery of Ancient Caves That Could Rewrite History → 마찬가지로 단락 [2]에 제시된 내용을 가지고 구성한 선택지이다. 마찬가지로, 글의 일부에 국한되는 내용이다. 오답

⑤ External Conditions as the Foundation of Building Design → 글의 내용과 연관성이 적어 다소 아쉬움이 있는 선택지이다. 오답

(4) 어휘 문항의 선택지가 지문 전체에 걸쳐 적절히 배치되었고, 문장 내에서의 쓰임뿐만이 아니라 글의 전체 맥락에 비추어 적절성을 판단하도록 구성되었는가?

지문 전체에 걸쳐 다섯 개의 선택지가 골고루 배치되었는데, 정답인 (e)는 여름철에 동굴 내부에 그늘이 드리워지는지 여부를 판단하도록 했는데, 앞부분에 있는 겨울철 태양의 각도와 대조해야 하고, 글 전체의 맥락(열 쾌적성 유지)에 비추어 판단하도록 구성되었다. 5개의 선택지 중 4개가 형용사이고, 1개가 명사인 점은 품사의 다양성 측면에서 다소 아쉬운 부분이다.

(5) 어휘 문항을 해결할 때, 특정 선택지가 다른 선택지의 적절성 판단에 영향을 주지 않는가?

밑줄의 앞뒤 문장과 글 전체의 맥락에 비추어 적절성을 판단하게 했으므로, 선택지 간의 간섭은 없는 편이다.

Unit 23 1지문 3문항

대표 기출 문항

정답 01 ③   02 ④   03 ③

해석 (A) 새 학기의 첫날이었다. Steve와 Dave는 다시 학교에 가게 되어 흥분해 있었다. 그날 아침 그들은 대체로 그랬던 것처럼 자전거를 타고 함께 등교했다. Dave는 수학 수업이 일층에서 있었고 Steve는 이층에서 역사 수업이 있었다. 교실로 가는 도중에 Steve의 선생님이 그에게 다가와 그가 학생회장에 출마하기를 원하는지 물었다. Steve는 잠시 생각하다가 "그럼요, 그것은 큰 경험이 될 겁니다."라고 대답했다.

(C) 수업이 끝난 후에 Steve는 복도에서 Dave를 발견하고는 그에게 신나게 달려가 말했다. "좋은 소식이 있어! 내가 학생회장에 출마할 건데 내 생각으로는 나만 추천을 받을 것 같아." Dave는 목청을 가다듬고 놀라면서 응답했다. "실은, 나도 방금 내 이름을 등록했어!" 그는 계속해서 또렷하게 말했다. "그래, 행운을 빌어! 그러나 네가 선거에서 이길 거라고 생각하지 마, Steve." Dave는 재빨리 떠났고 그 순간 이후로 계속해서 두 친구 사이에는 불편한 긴장의 기색이 있었다. Steve는 Dave에게 다정하게 대하려고 했지만 그는 전혀 관심을 쓰는 것처럼 보이지 않았다.

(D) 선거일이 다가 왔을 때, Steve는 자신의 자전거가 펑크가 난 것을 발견했고 그래서 학교로 뛰어가기 시작했다. 그가 막 도로의 끝에 이르렀을 때 Dave를 학교로 태워다 주고 있던 Dave의 아버지가 그를 태워 주기 위해 차를 길옆에 세웠다. 차속의 죽음과 같은 정적으로 인해 차를 타고 가기가 고통스러웠다. 좋지 않은 분위기를 알아차리고 Dave의 아버지가 말했다. "너희도 알겠지만 너희 중 단지 한 명만 이길 수 있단다. 너희는 태어날 때부터 서로 알고 지냈잖아. 이 선거로 인해 너희의 우정이 깨지게 하지 말거라. 서로에 대해 기쁘게 생각하도록 해 보렴!" 그의 말은 Dave에게 큰 충격을 주었다. Steve를 보면서 Dave는 그날 늦게 그에게 사과를 해야 할 필요를 느꼈다.

(B) Steve는 선거에서 이겼다. 결과를 듣자마자 Dave는 Steve에게 가서 악수를 하면서 그에게 축하를 했다. Steve는 여전히 그의 눈에서 실망감이 불타고 있는 것을 볼 수 있었다. 그날 저녁 늦게 집으로 가는 길에서야 비로소 Dave는 사과를 하면서 "정말 미안해, Steve! 이번 선거가 우리의 우정을 해친 건 아니지, 그렇지?"라고 말했다. "물론 아니지, Dave. 우린 언제나처럼 친구야!" Steve는 미소로 대답했다. Steve가 집에 도착했을 때 그의 아버지는 자랑스럽게 그를 기다리다가 말했다. "이긴 것을 축하해! Dave는 그것을 어떻게 받아들였니?" Steve는 "우린 평생을 함께 할 최고의 친구니까 이제 괜찮아요!"라고 응답했다. 그의 아버지는 웃으면서 "넌 오늘 두 번의 싸움에서 이긴 것처럼 들리는구나!"라고 말했다.

Practice 1

정답 01 ⑤   02 ⑤   03 ③

해석 (A) Paul이 고등학교 졸업반 학생이었던 어느 날, 그는 학교에서 집으로 걸어가다가 한 노부부가 매우 큰 소나무 밑에 서 있는 것을 보게 되었다. 그들은 위를 올려다보며 소리를 지르고 있었고 매우 속상한 것이 분명했다. 그는 아마도 그들의 고양이가 나무에 갇혀 있나 보다고 생각했고, 어린 소년이었을 때 자신의 가장 좋았던 시간 중 많은 시간을 나무에 오르면서 보냈기 때문에, 자신이 도와줄 수 있는지 보러 갔다.

(D) 나무 꼭대기에는 아주 어린 소년이 있었다. 그는 서너 살에 불과해 보였다. 그는 자신의 조부모와 함께 있다가, 그들이 보고 있지 않았을 때, 나무 위로 올라갔던 것이다. 그들이 이미 소방서에 전화했지만, Paul은 그 어린 소년이 떨어지기 시작하면 적어도 그를 잡을 수 있도록 충분히 높이 올라가야 한다고 생각했다. 그가 소년이 있는 곳의 몇 피트 이내로 다가갔을 때, 그는 Paul을 향해 활짝 미소를 띠고는 "안녕."이라고 말했다.

(C) 소년이 전혀 두려워하지 않았기 때문에 Paul은 하마터면 웃음을 터뜨릴 뻔했다. 사실 그는 자신이 보금자리로 삼고 있는 나뭇가지에 있는 원숭이만큼 편안해 보였다. 그들은 결국, 나무를 오르는 것이 얼마나 기분이 좋은지에 대해 잠시 이야기하게 되었고, 그들이 그 소나무에서 요람에 있는 것처럼 앉아서 말하는 동안 Paul은 온몸의 긴장이 풀려 나무 속에 묻히는 것을 느낄 수 있었다. 그는 세상에 모든 것이 정말 제대로 되어 있다는 이 멋진 느낌이 들었다.

(B) 그때 소년은 "이제 내려가는 게 좋겠어요."라고 말했고, 그들이 나무 아래로 내려오는 동안 (Paul은 매우 조심스럽게 자신을 소년 가까이 아래에 두었다) 그는 소년이 결코 어떤 실제적인 위험에 처해 있지 않았다는 것을 알 수 있었다. 그는 마치 수없이 그 나무를 기어 오르내리면서도 결코 거의 미끄러지지 않을 수 있을 것처럼 움직였다. Paul은 집으로 걸어오면서, 자신이 나뭇가지 위로 기어 올라간 것이 정말 수년 만에 처음이라는 것을 깨달았다. 그 생각이 나자 Paul은 다시 돌아가서 그 어린 소년에게 감사하고 싶은 마음이 들었다.

권장 답안

1. 지문 적합성 검토 (아래 질문에 답하시오.)

① 원문을 수정하고도 글의 이야기 전개가 자연스러운가?

> 원문의 I를 Paul로 수정한 다음 1인칭 화자를 3인칭인 Paul로 바꾸었고, 원문의 a very young lady를 a very young girl로 바꾸어 이야기를 전개하였다. 지칭 추론 문항을 제작하기 위해 기본적인 수정을 했지만 글이 자연스럽게 연결될 수 있는 지문이다.

② 글의 초반에 등장인물이 몇 명 등장하고, 그들은 누구인가?

> 단락 (A)에 주인공인 Paul과 한 노부부가 등장했고, 단락 (B)부터는 어린 소년(the boy)이 등
> 장했다. 어린 소년(the boy)이 단락 (A)부터 등장했으면 하는 아쉬움이 있지만, He [he]나
> him에 대한 두 개 이상의 지칭 대상이 모든 단락에 위치하고 있다.

③ 각 문단에 어떤 이야기가 제시되었고, 각각 유기적으로 잘 연결되었는가?

> '등장인물 소개 → 사건의 제시 → 사건의 전개 → 사건의 결말'로 이어지는 기승전결의 구조인
> 데, 나무 꼭대기에 올라간 어린 소년을 중심으로 사건의 전개가 자연스럽게 잘 구성되었고, 각
> 각의 단락마다 자신만의 이야기를 담고 있다.

④ 주석을 제시하거나 순화시켜야 할 교육과정 밖의 단어는 없는가?

> 평이한 단어와 문장 구조가 사용되어 가독성이 높은 지문이다.

2. 선택지 적합성 검토 (각 선택지의 정답과 오답의 근거를 제시하시오.)

① 단락 간의 전후 관계가 명확한가?

> 등장인물 소개 [단락 A] → 나무꼭대기에 올라간 어린 소년과 주인공 Paul의 만남 [단락 D] →
> 긴박한 상황에서의 편안함 묘사 [단락 C] → 나무에서 내려온 다음의 감상 [단락 B]의 순서로
> 배열되는데, 시간적 공간적 전후 관계가 명확하도록 단락을 구성했다.

② 지칭 추론 문항과 내용 불일치 문항간의 간섭은 없는가?

> 밑줄이 있는 문장에서는 선택지를 구성하지 않았기에, 상호간의 간섭은 없다.

③ 지칭 추론과 내용 불일치의 각 선택지가 각 단락마다 최소 1개 이상인가?

> 단락 B에 밑줄이 2개 있고, 단락 D에서 내용 불일치 선택지 2개를 구성하고 있고, 나머지 단
> 락에서는 각 1개의 선택지를 구성했다. 단락의 길이와 정보량에 근거하여 선택지를 적절하게
> 구성하였다.

참고문헌

• 강문구. (2015). 전라남도 교육연수원 「수능 평가문항 분석 및 제작과정」 직무연수 원고

• 강문구. (2021). 전라남도교육청-한국교육방송공사(EBS) 「2021년 수능형 문항 출제 역량 강화 교사 직무연수」 원고

• 강문구, 김용명. (2013). 2014 수능 수준별 영어 시험의 검사지 구성을 위한 외국어 영역 문항 유형에 대한 내외적 타당성 분석. 영어교과교육, 12(2), 1-35.

• 김용명. (2007). Diagnosis and Remedy Systems (DRS) for Teaching English Based on the Common Metric Scale (CMS) Model. 한국영어교육학회 ENGLISH TEACHING(영어교육) Vol.62 No.2

• 교육부. (2015b). 영어과 교육과정. 교육부 고시 제2015-74호 [별책14]

• 한국교육방송공사. (2020). 2021학년도 EBS 수능완성 영어 개발 계획안

• Bachman, L. F., & Palmer, A. S. (1996). Language testing in practice: Designing and developing useful language tests. Oxford: Oxford University Press.

• Brown, H. D. (2007). Teaching by principles: An interactive approach to language pedagogy. New York: Longman.

• Ellis, R. (2003). Task-based language learning and teaching. Oxford: Oxford University Press.

• Y.-M. Kim, "A plan for designing and developing the listening and the reading test of National English Ability Test", English Education, vol. 65, no. 4, (2010a), pp. 313-342.

• Y.-M. Kim, "A blueprint for designing and developing the listening and the reading test of National English Ability Test: Item-type decision-making model", English Language & Literature Teaching, vol. 16, no. 4, (2010b), pp. 153-183.

평가 문항 출제의 정석

영어과
선다형 시험 평가 문항
어떻게 만들어지나?

초판 1쇄 발행 2021년 12월 10일
초판 2쇄 발행 2024년 1월 15일

지은이 강문구·김경환·박선하·조금희·황진호

펴낸이 김유열

편성센터장 김광호 | **지식콘텐츠부장** 오정호

단행본출판팀 장효순·최재진·서정희 | **북매니저** 박성근

책임진행 (주)글사랑 | **편집** 권경희 | **표지디자인** 가인 | **제작** 애드그린인쇄

펴낸곳 한국교육방송공사(EBS)

출판신고 2001년 1월 8일 제2017-000193호

주소 경기도 고양시 일산동구 한류월드로 281

대표전화 1588-1580

홈페이지 www.ebs.co.kr

전자우편 ebsbook@ebs.co.kr

ISBN 978-89-547-6187-1 94370

    978-89-547-6045-4 (세트)